BGB AT 1
Willenserklärung, Vertragsschluss, Stellvertretung u.a

2020

Dr. Jan Stefan Lüdde
Rechtsanwalt und Repetitor

ALPMANN UND SCHMIDT Juristische Lehrgänge Verlagsges. mbH & Co. KG
48143 Münster, Alter Fischmarkt 8, 48001 Postfach 1169, Telefon (0251) 98109-0
AS-Online: www.alpmann-schmidt.de

Zitiervorschlag: Lüdde, BGB AT 1, Rn.

Dr. Lüdde, Jan Stefan

BGB AT 1
Willenserklärung, Vertragsschluss, Stellvertretung u.a

23. Auflage 2020
ISBN: 978-3-86752-717-0

Verlag Alpmann und Schmidt Juristische Lehrgänge
Verlagsgesellschaft mbH & Co. KG, Münster

Unterstützen Sie uns bei der Weiterentwicklung unserer Produkte.
Wir freuen uns über Anregungen, Wünsche, Lob oder Kritik an:
feedback@alpmann-schmidt.de.

INHALTSVERZEICHNIS

LITERATURVERZEICHNIS

Verweise in den Fußnoten auf „RÜ“ und „RÜ2“ beziehen sich auf die Ausbildungszeitschriften von Alpmann Schmidt. Dort werden Urteile so dargestellt, wie sie in den Examensklausuren geprüft werden: in der RechtsprechungsÜbersicht als Gutachten und in der Rechtsprechungs-Übersicht 2 als Urteil/Behördenbescheid/Anwaltsschriftsatz etc.

RÜ-Leser wussten mehr: Immer wieder orientieren sich Examensklausuren an Gerichtsentscheidungen, die zuvor in der RÜ klausurmäßig aufbereitet wurden. Die aktuellsten RÜ-Treffer aus ganz Deutschland finden Sie auf unserer Homepage.

Abonnenten haben Zugriff auf unser digitales RÜ-Archiv.

Bork	Allgemeiner Teil des Bürgerlichen Gesetzbuchs 4. Auflage 2016
Brox/Walker	Allgemeiner Teil des BGB 43. Auflage 2019
Canaris	Die Vertrauenshaftung im deutschen Privatrecht, 1981
Erman	Bürgerliches Gesetzbuch 1. Band (§§ 1–853) 15. Auflage 2017 (zitiert: Erman/Bearbeiter)
Faust	Bürgerliches Gesetzbuch Allgemeiner Teil 6. Auflage 2018
Jauernig	Bürgerliches Gesetzbuch 17. Auflage 2018 (zitiert: Jauernig/Bearbeiter)
Medicus/Petersen	Allgemeiner Teil des BGB 11. Auflage 2016 (zitiert: Medicus/Petersen AT)
Medicus/Petersen	Bürgerliches Recht 27. Auflage 2019 (zitiert: Medicus/Petersen BR)
Münchener Kommentar	zum Bürgerlichen Gesetzbuch Band 1: Allgemeiner Teil (§§ 1–240) 8. Auflage 2018

	Band 2: Schuldrecht Allgemeiner Teil (§§ 241–432) 8. Auflage 2019
	Band 5: Schuldrecht Besonderer Teil III/2 (§§ 651 a–704) 8. Auflage 2020
	Band 7: Sachenrecht (§§ 854–1296) 8. Auflage 2020
	(zitiert: MünchKomm/Bearbeiter)
Münchener Kommentar	Band 1: ZPO 5. Auflage 2016 (zitiert: MünchKomm/Bearbeiter, ZPO)
Palandt	Bürgerliches Gesetzbuch 79. Auflage 2020 (zitiert: Palandt/Bearbeiter)
Soergel	Bürgerliches Gesetzbuch
	Band 2: Allgemeiner Teil 2 (§§ 104–240) 13. Auflage 1999
	Band 2a: Allgemeiner Teil (§§ 13, 14, 126a–127, 194–218) 13. Auflage 2002
	(zitiert: Soergel/Bearbeiter)
Staudinger	J. v. Staudingers Kommentar zum Bürgerlichen Gesetzbuch §§ 90–124; 130–133 BGB (2017) §§ 134–138 BGB (2017) §§ 139–163 BGB (2015) §§ 164–240 BGB (2019) §§ 255–304 BGB (2019) § 812–822 BGB (2007) (zitiert: Staudinger/Bearbeiter)
Thomas/Putzo	ZPO, 40. Auflage 2019 (zitiert: Thomas/Putzo/Bearbeiter)
Wolf/Neuner	Allgemeiner Teil des Bürgerlichen Rechts 11. Auflage 2016

1. Teil: Einleitung

A. Regelungsinhalte des BGB AT und ihre Darstellung

Die allgemeinen Regeln des Zivilrechts sind im 1. Buch des BGB („BGB AT") enthalten. Sie sind **„vor die Klammer" gezogen** und gelten als leges generales im gesamten Zivilrecht, soweit keine vorrangigen Sonderregeln (leges speciales) aus den Büchern 2–5 des BGB oder aus anderen Spezialgesetzen (insbesondere dem HGB) eingreifen. 1

Beispiel: Für das Zustandekommen des Kaufvertrags durch Angebot und Annahme gelten die §§ 145 ff.[1] Bei der Berechnung der Verjährungsfrist des § 438 gelten die §§ 186 ff.

Beispiel: Die Übereignung einer Sache erfordert eine vertragliche Einigung (§ 929 S. 1: „einig sind"; § 873 Abs. 1: „Einigung"). Die hierfür erforderlichen Willenserklärungen können nach Maßgabe der §§ 164 ff. durch Vertreter abgegeben und nach Maßgabe der §§ 142 Abs. 1, 119 ff. angefochten werden.

Beispiel: Eheverträge (§§ 1408 ff.) dürfen weder gegen gesetzliche Verbote verstoßen (§ 134) noch sittenwidrig sein (§ 138). Sind sie teilweise nichtig, richtet sich die Wirksamkeit des Restes nach § 139.

Beispiel: Auch ein Testament ist eine Willenserklärung. Daher findet grundsätzlich BGB AT Anwendung, allerdings gibt es in erheblichem Umfang Sonderregeln: Als Sonderform der Geschäftsfähigkeit (§§ 104 ff.) ist die Testierfähigkeit in § 2229 geregelt. Eine Vertretung (§§ 164 ff.) ist gemäß § 2064 ausgeschlossen. Die Anfechtung richtet sich nicht nach §§ 142 Abs. 1, 119 ff., sondern nach §§ 2078 ff.

Beispiel: Gemäß § 137 S. 1 kann die Verfügungsbefugnis über ein Recht (z.B. das Eigentum oder eine Forderung) nicht ausgeschlossen werden. Bei einer Forderung ist aber gemäß § 399 Var. 2 ein solcher Ausschluss doch möglich. Hinsichtlich bestimmter Geldforderungen erklärt jedoch § 354 a Abs. 1 S. 1 HGB den Ausschluss für unbeachtlich (wobei § 354 a Abs. 2 HGB wiederum eine Rückausnahme enthält).

Einige Regelungsbereiche des BGB AT lassen sich gleichwohl besser **im Zusammenhang mit spezielleren Regelungen** darstellen: 2

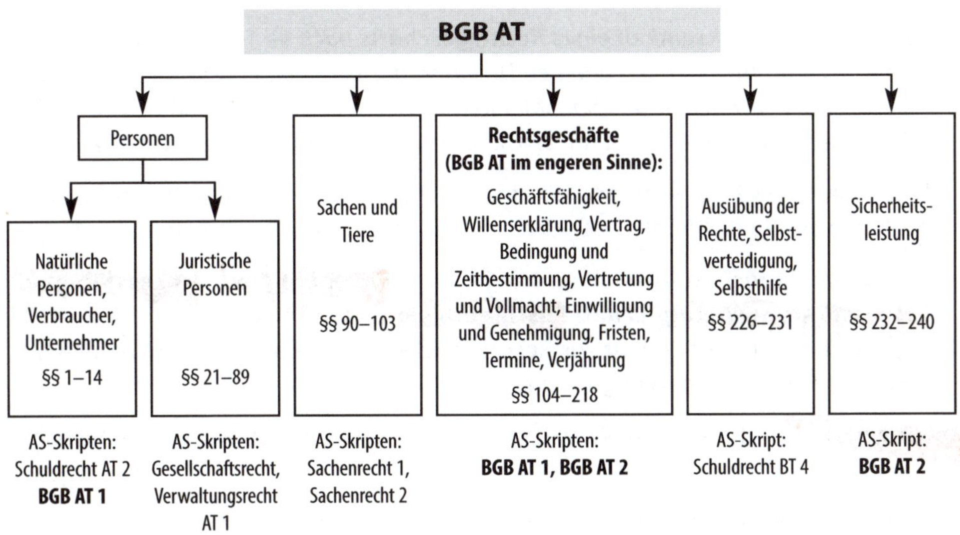

B. Rechtsfähigkeit und Rechtssubjekte; Rechtsobjekte

Die Rechtsfähigkeit bezeichnet die **Fähigkeit eines Subjekts, Träger von Rechten und Pflichten**, also **Rechtssubjekt** zu sein.[2] 3

---

1 Paragrafen ohne Gesetzesangabe sind solche des BGB.

2 Palandt/Ellenberger, Einf v § 1 Rn. 1.

Manche Rechtssubjekte sind **Verbraucher** (§ 13), **Unternehmer** (§ 14) oder **Kaufmann** (§§ 1 ff. HGB). Dies sind aber lediglich personenbezogene Tatbestandsmerkmale bestimmter Normen,[3] die die Rechtsfähigkeit des Subjekts an sich unberührt lassen.

4 Rechtssubjekte sind klassischerweise Menschen, also **natürliche Personen**. Bereits mit der **Vollendung der Geburt** erwirbt der Mensch die **Rechtsfähigkeit** im zivilrechtlichen Sinne, § 1. Bereits ein Säugling kann z.B. Partei eines Kaufvertrags, Eigentümer einer Sache, Erbe eines Verstorbenen und Gesellschafter einer Gesellschaft sein.

Strafrechtlichen Schutz (§§ 211 ff., 223 ff. StGB) besteht bereits ab **Beginn der Eröffnungswehen**.[4]

5 Ferner sind **juristische Personen** rechtsfähige Rechtssubjekte.[5]

Beispiele: GmbH, § 13 Abs. 1 GmbHG; AG, § 1 Abs. 1 S. 1 AktG; e.V., § 21

Auch **Personengesellschaften bzw. -vereinigungen** können generell bzw. partiell rechtsfähige Rechtssubjekte sein.

Beispiele: OHG, § 123 HGB; KG, §§ 123, 161 Abs. 2 HGB; GbR i.S.d. §§ 705 ff. (nicht normiert, aber h.M.)

6 Von der Rechtsfähigkeit sind andere Eigenschaften **abzugrenzen**:

- Die **Geschäftsfähigkeit** bestimmt, ob eine natürlich Person Rechtsgeschäfte selbstständig vollwirksam vornehmen kann, vgl. § 105 Abs. 1.[6] Diese Fähigkeit haben grundsätzlich nur geistig gesunde Menschen, die bei Bewusstsein sowie volljährig sind, vgl. §§ 104, 105 Abs. 2. Die Volljährigkeit tritt gemäß § 2 mit Vollendung des 18. Lebensjahres ein, vorher besteht Minderjährigkeit. Minderjährige sind **beschränkt geschäftsfähig**. Von Ihnen abgeschlossene Rechtsgeschäfte sind nach Maßgabe der §§ 107 ff. wirksam bzw. unwirksam.

  Hinweis: *Die* ***Unwirksamkeit eines Rechtsgeschäfts nach §§ 104 ff.*** *wird im AS-Skript BGB AT 2 zusammen mit den anderen Unwirksamkeitsgründen ausführlich dargestellt. Auch für einen nicht (voll) Geschäftsfähigen kann ein* ***Vertreter*** *Geschäfte abschließen, dazu näher in diesem AS-Skript Rn. 296 ff. sowie ebenfalls im AS-Skript BGB AT 2.*

- Die **Deliktsfähigkeit** bestimmt, ob eine natürliche Person deliktisch (insbesondere nach den §§ 823 ff.) haftet. Dies richtet sich nach den §§ 827 und 828.[7]

- Im Zivilprozessrecht müssen Ihnen die Begriffe **Parteifähigkeit, Prozessfähigkeit, Prozessführungsbefugnis und Postulationsfähigkeit** bekannt sein.[8] Die Parteifähigkeit ist dabei das Pendant zur Rechtsfähigkeit, denn parteifähig ist gemäß § 50 Abs. 1 ZPO jedenfalls derjenige, der rechtsfähig ist.

7 **Rechtsobjekte** sind Vermögenswerte, an denen ein Rechtssubjekt ein Recht haben kann.

Beispiele: Sachen und Tiere (§§ 90, 90 a S. 3) sowie unkörperliche Gegenstände

---

3 Näher zum Verbraucher und Unternehmer AS-Skript Schuldrecht AT 2 (2018), Rn. 151 ff.; siehe dort in Rn. 150 auch den Überblick über die Darstellung des Verbraucherschutzes in den AS-Skripten. Näher zum Kaufmann AS-Skript Handelsrecht (2019), Rn. 5 ff.

4 Siehe näher AS-Skript Strafrecht BT 2 (2019), Rn. 11 ff.

5 Näher zu juristischen Personen und Personengesellschaften bzw. -vereinigungen AS-Skript Gesellschaftsrecht (2018).

6 Palandt/Ellenberger Einf v § 104 Rn. 3.

7 Näher zur Deliktsfähigkeit AS-Skript Schuldrecht BT 4 (2019), Rn. 221 ff.

8 Näher zu den zivilprozessualen Begriffen AS-Skript ZPO (2018), Rn. 17, 133 ff. und 143 ff.

C. Ansprüche sowie Einwendungen und Einreden gegen diese

Ansprüche machen einen ganz wesentlichen Teil der Rechte und Pflichten aus, die ein rechtsfähiges Rechtssubjekt innehaben bzw. denen es ausgesetzt sein kann. Sie spielen daher nicht nur eine große Rolle in der Praxis, sondern sind in beiden **Examina** oft das „Gewand", in welchem Sie **zivilrechtliche Fragestellungen** erörtern müssen. **8**

Gelegentlich sind die Fragestellungen enger und zielen nur auf die **Inhaberschaft eines Rechts** ab („Ist A Eigentümer?"). In der Regel gilt es aber, diese Rechte (und überhaupt die gesamten zivilrechtlichen Normen) **inzident in einem Anspruch zu prüfen**. So kann die Eigentumslage beispielsweise im Rahmen des § 985, des § 812 Abs. 1 (als erlangtes Etwas), des § 823 Abs. 1 (als verletztes Rechtsgut), des § 823 Abs. 2 i.V.m. § 242 StGB (Fremdheit der Sache) und des § 433 Abs. 1 S. 1 Var. 2 (Erlöschen des Anspruchs gemäß § 362 Abs. 1 durch wirksame Übereignung der Kaufsache an den Käufer) zu prüfen sein.

I. Ansprüche

Die Legaldefinition des Anspruchs liefert Ihnen § 194 Abs. 1: Als Anspruch wird das **Recht** bezeichnet, **von einem anderen ein Tun oder Unterlassen zu verlangen**. **9**

Die Merkformel für die Anspruchsprüfung lautet **„Wer will was von wem woraus?"**

- **„Wer"** meint das rechtsfähige Rechtssubjekt, das Inhaber des Anspruchs ist, also den **Gläubiger**.
- **„von wem"** meint das rechtsfähige Rechtssubjekt, das zur Erfüllung des Anspruchs verpflichtet ist, also den **Schuldner**.
- **„woraus"** meint die **Anspruchsgrundlage**. Das kann
  - eine **gesetzliche Norm** (z.B. § 122; §§ 280 ff.; §§ 812 ff.; §§ 823 ff.; § 985) oder
  - ein **Verpflichtungsvertrag** (dazu auch Rn. 22) sein. Aufgrund der **Vertragsfreiheit**, welche Ausfluss der allgemeinen Handlungsfreiheit (Art. 2 Abs. 1 GG) ist und in § 311 Abs. 1 einfachgesetzlich deklaratorisch erwähnt wird, steht es rechtsfähigen Rechtssubjekten frei, Verträge zu schließen.

  Klausurhinweis: *Bei im Schuldrecht BT näher ausdefinierten **typischen Verträgen** hat es sich eingebürgert, als Anspruchsgrundlage nicht (nur) den Verpflichtungsvertrag zu nennen, obwohl streng genommen allein dieser den Anspruch entstehen lässt. Es wird (auch) die entsprechende Norm aus dem Schuldrecht BT angeführt oder sogar in den Vordergrund gestellt. Der Anspruch des Verkäufers gegen den Käufer auf Kaufpreiszahlung wird z.B. üblicherweise aus § 433 Abs. 2 Var. 1 (i.V.m. dem Kaufvertrag) hergeleitet.*
- **„was"** meint die Rechtsfolge des Anspruchs (auch: **Anspruchsinhalt**). Dies ist häufig
  - ein **Realakt** (Tun, Dulden oder Unterlassen) oder
  - eine rechtsgeschäftliche **Verfügung** (dazu auch Rn. 23) über ein Rechtsobjekt.

Klausurhinweis: *Im **Gutachten** müssen sowohl Ihr in die Anspruchsprüfung einleitender **Obersatz** als auch Ihr korrespondierender **Ergebnissatz** die vier genannten Elemente beinhalten, z.B.: „Die V-GmbH könnte gegen den K einen Anspruch auf Herausgabe des Teppichs aus § 985 haben. ... Die V-GmbH hat somit gegen K (k)einen Anspruch auf Herausgabe des Teppichs aus § 985."*

II. Einwendungen und Einreden

10 Auch wenn die Voraussetzungen der Anspruchsgrundlage isoliert betrachtet erfüllt sind, kann es dem Gläubiger verwehrt sein, den Anspruch geltend zu machen.

***Hinweis:** Es folgt ein **knapper Überblick** über die **Begrifflichkeiten** und die **Systematik**. Die einzelnen Einwendungen und Einreden werden ausführlich im Zusammenhang mit der jeweiligen Materie in den AS-Skripten dargestellt.*

11 ■ **Einwendungen** greifen kraft Gesetzes (ipso iure). Sie werden von den Gerichten von Amts wegen berücksichtigt, soweit ihre Voraussetzungen vorliegen.

- **Rechtshindernde Einwendungen** lassen den Anspruch bereits nicht entstehen.

  Beispiele: Formnichtigkeit, § 125; Sittenwidrigkeit, § 138

- **Rechtsvernichtende Einwendungen** vernichten den Anspruch im Nachhinein.

  Beispiele: Erfüllung, § 362 Abs. 1; Aufrechnung, § 389

Obgleich ein **Gestaltungsrecht** (z.B. Aufrechnung, Widerruf i.S.d. §§ 355 ff.) erst nach seiner Ausübung durch **Gestaltungserklärung** (vgl. § 388; § 355 Abs. 1 S. 2) Wirkung entfaltet, ergibt sich auch aus diesen eine **Einwendung, sobald sie ausgeübt werden**. Denn die unmittelbaren Auswirkungen auf den Anspruch ergeben sich nicht aus der Gestaltungserklärung, sondern aus dem Gesetz (vgl. § 389; § 355 Abs. 1 S. 1).

12 ■ **Rechtshemmende Einreden** wirken nur, soweit der Schuldner sich auf sie beruft (**Merksatz:** „Über Einreden muss man reden."). Sie lassen den Anspruch nicht erlöschen, sondern hemmen nur seine Durchsetzbarkeit.

- **Dilatorische Einreden** (lat. dilatio: Verzögerung) hemmen die Durchsetzbarkeit des Anspruchs nur für eine gewisse Zeit.

  Beispiele: Zurückbehaltungsrechte (insbesondere § 273 und § 320); Stundung (aufgrund Vertragsfreiheit zulässig, in § 205 hinsichtlich ihrer Auswirkungen auf die Verjährung erwähnt)

- **Peremptorische Einreden** (lat. peremptio: Vernichtung) hemmen die Durchsetzbarkeit des Anspruchs hingegen dauerhaft

  Beispiele: Verjährung (§ 214 Abs. 1); Einrede der Bereicherung (partiell in § 821 erwähnt); Arglisteinrede (partiell in § 853 erwähnt)

§ 275 Abs. 1 enthält eine rechtshindernde bzw. rechtsvernichtende Einwendung (je nachdem, wann die Unmöglichkeit eintritt). **§ 275 Abs. 2 u. 3** enthält unstreitig Einreden, aber nach h.M. ausnahmsweise nicht mit bloß hemmender, sondern mit vernichtender Wirkung („rechtsvernichtende Einrede").[9]

13 Die vorstehende Einteilung ist kein unnötiges dogmatisches Wissen, sondern **extrem relevant** für das zivilrechtliche **Grundverständnis** und für die **konkrete Falllösung**. Beispielsweise in diesen Fällen führen Ungenauigkeiten zum falschen Ergebnis:

■ Im **Bereicherungsrecht**[10] ergibt sich bei rechtshindernden Einwendungen ein Anspruch aus § 812 Abs. 1 S. 1 Var. 1, bei rechtsvernichtenden Einwendungen hingegen aus § 812 Abs. 1 S. 2 Var. 1. Im Falle einer peremptorischen Einrede liefert grundsätz-

9 Vgl. AS-Skript Schuldrecht AT 1 (2018), Rn. 126.

10 Das Bereicherungsrecht wird ausführlich im AS-Skript Schuldrecht BT 3 dargestellt.

lich § 813 Abs. 1 S. 1 den Anspruch (nicht jedoch bei der Leistung auf eine verjährte Forderung, §§ 813 Abs. 1 S. 2, 214 Abs. 2). Die Leistung auf eine Forderung, der nur eine dilatorische Einrede entgegensteht, ist hingegen regelmäßig nicht kondizierbar.

Es ist umstritten, ob die **Anfechtung** unter § 812 Abs. 1 S. 1 Var. 1 (h.M.) oder § 812 Abs. 1 S. 2 Var. 1 fällt, wenn sie nach der Leistung erklärt wird, denn sie führt gemäß § 142 Abs. 1 rückwirkend zur Nichtigkeit des Rechtsgeschäfts.[11] Auf eine Entscheidung dieses Streits kommt es an, wenn § 814 erfüllt ist, da dieser nur auf den Anspruch aus § 812 Abs. 1 S. 1 Var. 1 Anwendung findet.

- Die **Abtretung** einer Forderung ist nicht möglich, wenn diese aufgrund einer Einwendung im Zeitpunkt der Abtretung nicht (mehr) existiert, denn mit Ausnahme des § 405 **findet der gutgläubige Erwerb einer nicht bestehenden Forderung nicht statt**. Entsteht die Einwendung hingegen erst nach Abtretung oder besteht nur eine Einrede, so kann die Forderung abgetreten werden. Allerdings gelten die Einwendungen und Einreden dann gemäß **§ 404** auch gegenüber dem neuen Gläubiger.[12]
- Besteht für die Forderung eine **Kreditsicherheit**,[13] so richtet sich auch deren Schicksal nach der Klassifizierung des Verteidigungsmittels gegen die Forderung.

Beispiele: Die **Bürgschaft** erlischt bei Einwendungen gegen die Forderung (§ 767 Abs. 1 S. 1), ist aber bei Einreden gegen die Forderung nur einredebehaftet (§ 768 Abs. 1 S. 1). Auch die **Hypothek** ist bei Einreden gegen die Forderung einredebehaftet (§ 1137 Abs. 1 S. 1 Var. 1), bei Einwendungen gegen die Forderung entsteht aber eine Eigentümergrundschuld (§§ 1163 Abs. 1, 1177 Abs. 1).

Beachten Sie, dass das Gesetz mitunter mit dem Begriff „Einwendung“ **Einwendungen** 14
im weiteren Sinne meint, also sowohl Einwendungen als auch Einreden.

Beispiel: § 404

III. Dreistufiger Aufbau (Entstehung, Erlöschen, Durchsetzbarkeit)

Zum Studienbeginn werden Sie Bekanntschaft mit dem **dreistufigen Anspruchsauf-** 15
bau gemacht haben. Er besagt, dass zuerst zu erörtern sei, ob der Anspruch entstanden ist, also ob die Voraussetzungen der gesetzlichen Anspruchsgrundlage bzw. eine vertragliche Einigung vorliegen und ob keine rechtshindernden Einwendungen entgegenstehen. Dann sei zu prüfen, ob der Anspruch aufgrund einer rechtsvernichtenden Einwendung untergegangen ist. Schließlich sei zu erörtern, ob der Anspruch aufgrund einer rechtshemmenden Einrede (derzeit oder für immer) nicht durchsetzbar ist. – Auch Alpmann Schmidt verwendet in den Reihen B-Basiswissen und F-Fälle, die sich an **Studenten in den unteren Semestern** richten, aus **didaktischen Gründen** diesen Aufbau.

Als **Denkschema** hat dieser Aufbau auch einen gewissen Wert, selbst für berufserfahrene Praktiker. Dieser liegt aber lediglich darin, Sie „für die Selbstverständlichkeit zu sensibilisieren, dass [Sie] **auf das mögliche Vorliegen von Einwendungen und Einreden im Sachverhalt achten** sollen. **Einen darüber hinausgehenden Wert hat das Schema ... nicht.**“[14] Wesentlich wichtiger als dieses Denkschema ist, dass Sie die unter II. dargestellte **Differenzierung beherrschen.**

---

11 Vgl. für weitere Nachweise AS-Skript Schuldrecht BT 3 (2019), Rn. 124 in der Fußnote.

12 Vgl. AS-Skript Schuldrecht AT 2 (2018), Rn. 395 ff.

13 Die Kreditsicherheiten sind nur partiell und über das BGB verstreut normiert. Sie werden daher im jeweiligen Zusammenhang in den AS-Skripten Schuldrecht AT 2, Schuldrecht BT 2, Sachenrecht 1 und Sachenrecht 2 dargestellt.

14 Fervers, ZJS 2015, 454, 459, Hervorhebungen durch den Autor.

16 Spätestens in den **Klausuren zum 1. Examen** sollten Sie daher in dem von Ihnen zu verfassenden **Gutachten** dieses Schema allenfalls **dezent im Hintergrund durchschimmern** lassen. Anderenfalls droht die Gefahr, dass Sie abwegige Aspekte zu ausführlich ansprechen anstatt **Schwerpunkte zu setzen**, was aber für eine juristische Leistung im Prädikatsbereich zwingend erforderlich ist. Zudem werden Ihnen ansonsten laien- und anfängerhafte Floskeln ohne jeden Sinn und Mehrwert unterlaufen. Sie müssen stattdessen nach Möglichkeit vom **Wortlaut der Normen** ausgehen.

Beispiel: Zu prüfen ist ein Anspruch auf Kaufpreiszahlung. Der Sachverhalt enthält Probleme zur Einigung der Parteien, zu ihrer Sittenwidrigkeit und zur Erfüllung. Einreden bestehen offensichtlich nicht.

Ein **gutes, auf Schwerpunkte ausgelegtes Gutachten** sieht auszugsweise etwa so aus:

> „V könnte gegen K einen Zahlungsanspruch aus § 433 Abs. 2 Var. 1 (i.V.m. einem Kaufvertrag) haben.
>
> I. V und K müssten sich über den Abschluss einen Kaufvertrags geeinigt haben. ... [Problemerörterung] ... V und K haben sich somit über den Abschluss eines Kaufvertrags geeinigt.
>
> II. Die Einigung könnte sittenwidrig und daher gemäß § 138 Abs. 1 nichtig sein. ... [Problemerörterung] ... Die Einigung ist also nicht sittenwidrig und daher nicht gemäß § 138 Abs. 1 nichtig.
>
> III. Der Anspruch ist aber gemäß § 362 Abs. 1 durch Erfüllung erloschen, soweit die geschuldete Leistung an V bewirkt wurde ... [Problemerörterung] ... Der Anspruch wurde mithin nicht erfüllt und ist daher nicht gemäß § 362 Abs. 1 erloschen.
>
> V hat somit gegen K einen Anspruch auf Kaufpreiszahlung aus § 433 Abs. 2 Var. 1 (i.V.m. dem zwischen K und V bestehenden Kaufvertrag)."

Es ist hier zwar sprachlich möglich, aber **überflüssig und zeitraubend**, die Punkte I. und II. mit einem weiteren Obersatz („Der Anspruch müsste entstanden sein.") und einem weiteren Ergebnissatz („Der Anspruch ist somit entstanden.") einzurahmen. Ebenso wenig besteht ein Anlass dafür, zwischen die Ausführungen zu III. und den Ergebnissatz einen Satz zur Durchsetzbarkeit („Dem Anspruch stehen keine Einreden entgegen, sodass er auch durchsetzbar ist.") einzuschieben. Solche Sätze haben **keinen zusätzlichen Informationsgehalt**. Sie zeugen im Gegenteil von einer **Unsicherheit**, die durch die Erwähnung von Einreden „vorsichtshalber, damit der Prüfer nicht denkt, ich wüsste nicht, dass man auch Einreden prüfen muss" kaschiert werden soll. Lassen Sie diese Sätze weg!

Die Benutzung des Verbs „erlöschen" unter III. ist hingegen sogar **geboten**. Der **Wortlaut** des § 362 Abs. 1 legt die Rechtsfolge mit diesem Verb fest, dann dürfen und sollten auch Sie es **verwenden**.

17 ***Klausurhinweis:*** *Die gekonnte Verwendung des Anspruchsaufbaus und des Gutachtenstils (sowie der ebenso gekonnte Verzicht auf sie) ist nur einer von vielen methodischen Aspekten. Eine* ***Prädikatsnote*** *erzielt nur, wer sein Fachwissen* ***methodisch gekonnt und sprachlich ansprechend*** *präsentiert sowie unvermeidbare Lücken im Fachwissen mit methodisch sauberer Gesetzesauslegung schließt. Sie werden im Examen bei weitem nicht Ihr gesamtes Fachwissen benötigen, aber* ***auf die Methodik kommt es in jeder Klausur an****.*

Sie müssen daher spätestens bei Beginn der Examensvorbereitung Ihre methodischen Kenntnisse ausmotten und auffrischen (oder endlich erwerben), z.B. mit dem ***B-Basiswissen „Methodik der Fallbearbeitung im Studium und Examen – Wie schreibe ich eine Klausur?"*** *von Alpmann Schmidt. In diesem wird das* ***Handwerkszeug*** *dargestellt, welches ab dem ersten Semester passiv bekannt und* ***aktiv (!) beherrscht*** *werden sollte. Erfahrungsgemäß haben hier aber* ***viele Examenskandidaten unglaublich große Defizite****. Das Werk führt daher auch in der Examensvorbereitung in der Regel zu einem erheblichen Erkenntnisgewinn. Sodann müssen Sie den Umgang mit dem Handwerkszeug* ***üben****, etwa mit dem staatlich zugelassenen* ***K1-Fernklausurenkurs*** *zum ersten Examen von Alpmann Schmidt.*

2. Teil: Rechtsgeschäfte

1. Abschnitt: Grundsätzliches

A. Unterscheidung von Willenserklärung und Rechtsgeschäft

Eine **Willenserklärung** ist die Äußerung eines auf Herbeiführung einer Rechtswirkung gerichteten Willens.[15] Eine (fehlerfreie) Willenserklärung setzt sich also zusammen aus einer **objektiven Äußerung** und dem **inneren Willen** des Erklärenden (näher dazu im 2. Abschnitt). 18

Ein **Rechtsgeschäft** besteht aus einer oder mehreren Willenserklärungen, die allein oder i.V.m. anderen Tatbestandsmerkmalen eine gewollte Rechtsfolge herbeiführen.[16]

Nach dieser heute üblichen Terminologie ist also **zwischen der Willenserklärung und dem Rechtsgeschäft zu unterscheiden**. Zwar setzt jedes Rechtsgeschäft zumindest eine Willenserklärung voraus, aber nicht jede Willenserklärung und nicht jede aus zwei Willenserklärungen bestehende vertragliche Einigung ist ein Rechtsgeschäft.[17]

Beispielsweise ist die **Anfechtungserklärung** i.S.d. § 143 Abs. 1 sowohl eine Willenserklärung als auch zugleich ein **einseitiges Rechtsgeschäft**. Hingegen ist das **Angebot zum Abschluss eines Kaufvertrags** zwar eine Willenserklärung, aber noch kein Rechtsgeschäft, weil es allein noch keine Rechtsfolge auslöst. Erst mit der Annahmeerklärung kommt das **beidseitige Rechtsgeschäft „Kaufvertrag"** zustande und es entstehen als Rechtsfolge die Verpflichtungen der Parteien gemäß §§ 433 ff. Ebenso ist das **Angebot zum Abschluss einer dinglichen Einigung** i.S.d. § 929 S. 1 kein Rechtsgeschäft. Darüber hinaus ist aber auch die durch die Annahme entstehende **dingliche Einigung** noch kein Rechtsgeschäft. Vielmehr bedarf es zudem der Übergabe (§ 929 S. 1) bzw. des Übergabesurrogats (§§ 929 S. 2, 930, 931) und der Berechtigung bzw. ihrer Überwindung, damit das **beidseitige Rechtsgeschäft „Übereignung"** zustande kommt und als Rechtsfolge das Eigentum auf den Erwerber übergeht.

Das Gesetz verwendet aber „Willenserklärung" und „Rechtsgeschäft" entsprechend des Sprachgebrauchs bei Schaffung des BGB AT (Ende des 19. Jahrhunderts) **synonym**.[18]

Beispielsweise sprechen die §§ 119 Abs. 1, 120 und 123 von der Anfechtung einer Willenserklärung. In den §§ 142, 143, 144 ist hingegen von der Anfechtung des Rechtsgeschäfts die Rede.

Klausurhinweis: *Sie müssen daher bei der* ***Auslegung des Gesetzes*** *die synonyme Verwendung im Hinterkopf haben. Bei der* ***Formulierung eigener juristischer Texte*** *– wie etwa eines Gutachtens – sollten Sie aber die heutzutage übliche Differenzierung benutzen.*

B. Arten von Rechtsgeschäften

I. Einseitige und mehrseitige Rechtsgeschäfte

1. Verträge

Zur Herbeiführung von Rechtsfolgen ist oft eine **Einigung** zwischen den berechtigten und verpflichteten Personen erforderlich. Die Parteien müssen **übereinstimmende Er-** 19

15 Palandt/Ellenberger, Einf v § 116 Rn. 1.

16 Palandt/Ellenberger Überbl v § 104 Rn. 2; Brox/Walker § 4 Rn. 28.

17 Medicus/Petersen AT Rn. 243.

18 Medicus/Petersen AT Rn. 242; Brox/Walker § 4 Rn. 28.

klärungen bezüglich des erstrebten Rechtserfolgs abgeben. Die Erklärungen werden als **Angebot oder Antrag** und als **Annahme** bezeichnet, vgl. §§ 145 ff.[19]

- Eine Person kann sich einer anderen gegenüber grundsätzlich zu jedem ihr möglichen Verhalten durch **Verpflichtungsvertrag** verpflichten.[20]
  - Es gibt die **typischen**, insbesondere im 8. Abschnitt des 2. Buchs des BGB sowie im HGB ausdefinierten Verpflichtungsverträge, z.B. den Kaufvertrag nach §§ 433 ff. Aus der Vertragsfreiheit (Art. 2 Abs. 1 GG; § 311 Abs. 1) ergibt sich, dass diese Regelungen grundsätzlich **modifiziert** werden können. Nur in Grenzen modifizierbar sind aber etwa die Vorschriften des Kaufrechts im Rahmen eines Verbrauchsgüterkaufs (vgl. § 476) oder des Wohnraummietrechts (vgl. den jeweils letzten Absatz vieler Regelungen der §§ 551 ff.).
  - Die typisierten Regelungen können von den Parteien auch **kombiniert** werden (**typengemischter** Verpflichtungsvertrag).

    Beispiel: Miete des Hotelzimmers nebst Kauf des Frühstücks
  - Es kann sogar ein gänzlich **nicht gesetzlich definierter** Vertrag (**atypischer** Verpflichtungsvertrag) abgeschlossen werden.

  In vielen Bereichen haben sich verbindliche modifizierte, typengemischte und atypische Verpflichtungsverträge herausgebildet (**verkehrstypische Verpflichtungsverträge**). Große Examensrelevanz haben z.B. das Leasing oder der Sicherungsvertrag.[21]
- Eine Verfügung ist darauf gerichtet, auf ein bestehendes Recht einzuwirken. Sie setzt in aller Regel einen **Verfügungsvertrag** voraus. Näher sogleich unter II.
- Eheleute können einen **Ehevertrag** (§§ 1408 ff.) und der Erblasser kann zugunsten eines Dritten einen **Erbvertrag** (§§ 2274 ff.) abschließen.

2. Einseitige Rechtsgeschäfte

20 Eine Person kann im Verhältnis zu einer anderen Person **einseitig durch Willenserklärung Rechtsfolgen auslösen**, wenn es vereinbart wurde oder das Gesetz es gestattet.

Ausführlich zum einseitigen Rechtsgeschäft Rn. 260 ff.

3. Gesellschaftsverträge und Beschlüsse

21 Zwei oder mehr Personen können zur **Gründung einer Gesellschaft oder eines Vereins** einen **Gesellschaftsvertrag** abschließen. Den Gesellschaftsvertrag einer GmbH kann auch nur eine Person abschließen („Ein-Personen-GmbH", vgl. § 1 GmbHG). Die Gesellschafter können sodann **Beschlüsse** zur Regelung der inneren Angelegenheiten ohne grundsätzliche Bedeutung fassen. Anders als Änderungen des Gesellschaftsvertrags müssen diese oft nicht einstimmig, sondern nur mehrheitlich gefasst werden.[22]

---

19 Ausführlich zur vertraglichen Einigung noch Rn. 152 ff.
20 Vgl. zum Folgenden Palandt/Grüneberg, Überbl v § 311 Rn. 11 ff.
21 Viele weitere Beispiele liefert Palandt/Grüneberg, Überbl v § 311 Rn. 12 f.
22 Ausführlich zu Gesellschaftsverträgen und Beschlüssen AS-Skript Gesellschaftsrecht.

II. Verpflichtungsgeschäfte, Verfügungsgeschäfte, Hilfsgeschäfte

Verpflichtungsgeschäfte (Synonyme: Grundgeschäft, Kausalgeschäft) sind alle Rechtsgeschäfte, die ein Schuldverhältnis i.w.S. – also eine **Sonderbeziehung** mit mindestens einem **Anspruch** i.S.d. § 194 Abs. 1 – **begründen.**[23] In der Regel sind Verpflichtungsgeschäfte – wie oben erwähnt – Verträge, sie können aber auch durch einseitiges Rechtsgeschäft (Auslobung, § 657) oder in Form eines Gesellschaftsvertrags vorliegen. **22**

Verpflichtungsgeschäfte wirken zugunsten und zulasten der an ihnen Beteiligten (**Relativität der Schuldverhältnisse**) und nur ausnahmsweise nach §§ 328 ff. zugunsten einzelner Dritter. Sie können – wie ausgeführt – wegen der **Vertragsfreiheit** grundsätzlich beliebig ausgestaltet werden.

Beispiel: Verkauft V seinen Stuhl an K, so treffen die Rechte und Pflichten aus §§ 433, 437 nur V und K, es sei denn, es wurde vereinbart, dass D gegen V den Anspruch aus § 433 Abs. 1 haben soll (§ 328 Abs. 1). Dabei können V und K vereinbaren, dass abweichend von § 438 Abs. 1 Nr. 3 u. Abs. 2 die Mängelansprüche erst nach 3 Jahren verjähren, selbst wenn es sich um einen Verbrauchsgüterkauf handeln sollte (arg. e con. § 476 Abs. 2).

Verfügungsgeschäfte sind alle **Rechtsgeschäfte**, die **unmittelbar auf ein bestehendes Recht einwirken**. Die Einwirkung kann durch Übertragung, Belastung, Aufhebung oder Inhaltsänderung erfolgen.[24] Verfügungsgeschäfte über Rechte an Sachen i.S.d. § 90 sind im Sachenrecht (3. Buch des BGB) statuiert, während das Schuldrecht (2. Buch des BGB) Verfügungsgeschäfte insbesondere über Forderungen regelt.[25] **23**

Beispiele: Aufhebung einer Hypothek an einem Grundstück (§§ 875, 1183); Inhaltsänderung bei Beschränkung der Nutzungsziehung aus einem Nießbrauch (§ 877); Übertragung des Eigentums an einer Sache (Übereignung gemäß §§ 929 ff. bzw. §§ 873, 925) oder der Inhaberschaft an einer Forderung (Abtretung gemäß § 398); Belastung eines Grundstücks mit einer Grundschuld (§§ 873, 1191)

Einwirkungen aufgrund einer Verfügung hinsichtlich **Sachen i.S.d. § 90 Abs. 1** wirken **absolut**, d.h. gegenüber jedermann. Daher gilt für sie der **Bestimmtheitsgrundsatz**, d.h. spätestens bei Wirksamwerden der Verfügung muss feststehen, auf welche Sachen sie sich bezieht. Ferner können die Beteiligten die Verfügung nicht frei ausgestalten, sondern sie müssen sich der gesetzlich normierten Verfügungstypen bedienen (**Typenzwang; numerus clausus**) und dürfen die Ausgestaltung des betroffenen Rechts nicht modifizieren (**Typenfixierung**). Schließlich muss für Dritte grundsätzlich offenkundig werden, dass eine Verfügung erfolgt (**Publizität**).

Beispiel: Übereignet der Veräußerer dem Erwerber eine Sache, so kann der Erwerber fortan gemäß §§ 1004, 903 BGB jeden anderen von Einwirkungen auf die Sache ausschließen. Allerdings muss der Veräußerer eine bestimmte Sache („den grünen Stuhl im Arbeitszimmer"; nicht: „irgendeinen Stuhl") übereignen. Er darf weder selber festlegen, wie eine Übereignung von statten geht (das steht in den §§ 929 ff. bzw. in den §§ 873, 925) noch was unter Eigentum zu verstehen ist (das steht in §§ 903 ff.). Die Übergabe muss für Dritte offenkundig gemacht werden (durch Übergabe [§ 929 S. 1] oder ein Übergabesurrogat [§§ 929 S. 2, 930, 931] bzw. durch Eintragung im Grundbuch [§ 873 Abs. 1]).

Grundsätzlich kann nur der **Berechtigte** verfügen, das ist i.d.R. der Rechtsinhaber.

---

23 Näher zum engen und zum weiten Begriff des Schuldverhältnisses AS-Skript Schuldrecht AT 1 (2018), Rn. 2 ff.

24 Medicus/Petersen AT Rn. 208.

25 Die Verfügungen des Schuldrechts werden näher dargestellt im AS-Skript Schuldrecht AT 2. Die Verfügungen des Sachenrechts werden näher dargestellt in den AS-Skripten Sachenrecht 1 und Sachenrecht 2.

Grundschema für die Prüfung einer jeden Verfügung
I. Erforderliche **Willenserklärung(en)**; i.d.R.: Einigung
[II. Nur bei Bestellung (Ersterwerb) oder Übertragung (Zweiterwerb) einer **akzessorischen dinglichen Sicherheit: Bestehen der Forderung]**
III. Publizität/Vollzugsmoment
bei Sachen Übergabe bzw. Grundbucheintragung; bei Forderungsabtretung grds. nicht erforderlich, Ausnahme § 1154
IV. Berechtigung …
▪ Inhaber des Rechts, es sei denn es fehlt Verfügungsbefugnis (z.B. § 81 InsO) oder
▪ der rechtsgeschäftlich gemäß § 185 Abs. 1 zur Verfügung Ermächtigte oder
▪ der kraft Gesetzes Ermächtigte (z.B. § 80 InsO)
… oder Überwindung der fehlenden Berechtigung
▪ Genehmigung/Konvaleszenz (§§ 185 Abs. 2 S. 1 Var. 1, 184, 182 / § 185 Abs. 2 S. 1 Var. 2 u. 3.) oder
▪ Erwerb vom Nichtberechtigten aufgrund Publizität: §§ 932 ff. bzw. § 892; bei Forderungsabtretung grds. nicht möglich, Ausnahme § 405

24 Weder Verpflichtungs- noch Verfügungsgeschäft sind **Hilfsgeschäfte**, die Verpflichtungen oder Verfügungen vorbereiten oder Verpflichtungen wirksam werden lassen.[26]

Beispiele: Vollmachtserteilung (§ 167); Einwilligungen, also vorherige Zustimmung und nachträgliche Genehmigung (§§ 182–185 Abs. 1), **nicht** aber die Genehmigung nach § 185 Abs. 2 S. 1 Var. 1, diese ist selbst Verfügung.

C. Trennungsprinzip

25 Wenn die Parteien eine Rechtsänderung avisieren, ist zu trennen. Das **Verpflichtungsgeschäft** bewirkt noch keine Rechtsänderung, sondern **verleiht** nur einen **Anspruch** auf selbige (Ersterwerb). Dieser Anspruch wird **durch das Verfügungsgeschäft erfüllt**.

Beispiel: Kaufverträge bewirken keinen Eigentumsübergang, sondern verleihen dem Käufer gemäß § 433 Abs. 1 S. 1 Var. 2 lediglich einen Anspruch auf Übereignung. Dieser wird erfüllt durch Übereignung gemäß §§ 929 S. 1 ff. bzw. §§ 873, 925 und erlischt dann nach Maßgabe der §§ 362 ff.

D. Abstraktionsprinzip

26 Das Verfügungsgeschäft ist von dem Vorhandensein eines wirksamen Verpflichtungsgeschäfts unabhängig. Beide Geschäfte sind daher **unabhängig voneinander auf ihre Wirksamkeit zu prüfen**.[27] Die Unwirksamkeit der Verpflichtung lässt die Verfügung unberührt, es muss aber nach Maßgabe der §§ 812 ff. „zurückverfügt" werden.

---

26 Palandt/Ellenberger Überbl v § 104 Rn. 18 u. 16.

27 Palandt/Ellenberger Überbl v § 104 Rn. 22; Medicus/Petersen AT Rn. 224.

Beispiel: V verkauft und übergibt dem Minderjährigen M ein Fahrrad. Dabei handelt M ohne Einwilligung seiner Eltern, die auch eine Genehmigung ablehnen. M hat noch nicht bezahlt, als ihm das Fahrrad gestohlen wird. –
I. Der **Kaufvertrag** ist gemäß § 107 unwirksam. Er ist nicht lediglich rechtlich vorteilhaft, weil er den M gemäß § 433 Abs. 2 Var. 1 verpflichten würde, den Kaufpreis zu zahlen. § 110 ist jedenfalls deshalb nicht erfüllt, weil M noch nicht bezahlt, also die Leistung noch nicht bewirkt hat.
II. Bei Übergabe haben V und M sich konkludent über die **Übereignung** des Fahrrades geeinigt, sodass M gemäß § 929 S. 1 Eigentümer des Fahrrades geworden ist. Dieser Eigentumserwerb ist lediglich rechtlich vorteilhaft i.S.d. § 107, sodass es auf die Zustimmung der Eltern nicht ankommt. Die Unwirksamkeit des Kaufvertrags hat keine Auswirkung auf die Übereignung. M ist Eigentümer des Fahrrades.
III. V hat gegen M **keinen Anspruch aus § 985**, denn V ist nicht mehr Eigentümer des Fahrrades. V hatte aber gegen M zunächst einen **Anspruch aus § 812 Abs. 1 S. 1 Var. 1** auf Rückgabe und Rückübereignung des Fahrrades. M hat durch Leistung des V Besitz und Eigentum an dem Fahrrad erlangt. Für diese Vermögensverschiebung besteht kein Rechtsgrund, da der Kaufvertrag unwirksam ist. Seit dem Diebstahl war dieser Anspruch gemäß § 818 Abs. 2 theoretisch auf Wertersatz gerichtet, zeitgleich ist er aber aufgrund der Entreicherung des M gemäß § 818 Abs. 3 untergegangen.

I. Ausnahmen: Bedingte Verfügung, einheitliches Rechtsgeschäft

Obschon das Abstraktionsprinzip ein tragendes Prinzip ist, **geht der Parteiwille vor**. Es gibt zwei Wege, wie die Parteien das Abstraktionsprinzip aushebeln können: 27

- Die Parteien können die Wirksamkeit des Verpflichtungsgeschäfts als **auflösende oder aufschiebende Bedingung** (§ 158) für die Wirksamkeit der Verfügung vereinbaren. 28

  § 449 Abs. 1 zeigt, dass bei der Übereignung einer beweglichen Sache eine aufschiebende Bedingung zulässig ist. Die Erklärungen zur Übereignung eines Grundstücks (sog. Auflassung) sind gemäß **§ 925 Abs. 2** bedingungsfeindlich, dann muss im Umkehrschluss im Übrigen eine Bedingung zulässig sein.

  Eine solche Bedingung kann im Einzelfall sogar **konkludent** vereinbart werden. In der Regel ist dies bei **Geschäften des täglichen Lebens** anzunehmen, wenn Verpflichtung und Verfügung – was selten vorkommt – **zeitlich auseinanderfallen**.[28]

  Beispiel: K schließt mit V am Gründonnerstag einen Kaufvertrag über Brötchen, abzuholen am Ostersonntag, um nicht dem an diesem Tag geltenden Verkaufsverbot zu unterfallen. Am Ostersonntag holt K, der nur am Gründonnerstag vorübergehend geschäftsunfähig war, die Brötchen ab. – Nimmt man an, dass K und V konkludent vereinbart haben, dass die Übereignung von der Wirksamkeit des (gemäß § 104 Abs. 2 nichtigen) Kaufvertrags abhängig sein soll, so ist die Übereignung gemäß § 158 Abs. 1 nichtig.

- Nach der h.M. können das Verpflichtungs- und das Verfügungsgeschäft im Einzelfall ein **einheitliches Rechtsgeschäft i.S.d. § 139** darstellen.[29] Dafür sind allerdings **besondere Anhaltspunkte** erforderlich, die über das allgemeine Interesse an der einheitlichen Behandlung beider Geschäfte (und der entsprechenden Erwartung eines Laien, der das Abstraktionsprinzip nicht kennt) hinausgehen. Die Nichtigkeit der Verpflichtung hat dann gemäß § 139 im Zweifel die Nichtigkeit der Verfügung zur Folge. 29

  Ein eindeutiger Anhaltspunkt ist natürlich eine entsprechende ausdrückliche Vereinbarung aufgrund entsprechenden Problembewusstseins der Parteien. Dann wird aber in der Regel der Weg über § 158 gewählt, sodass die **Lösung über § 139 in der Praxis kaum Relevanz** hat.

---

28 Palandt/Ellenberger Überbl v § 104 Rn. 24.

29 BGH, NJW 1991, 917, 918; Palandt/Ellenberger § 139 Rn. 7; a.A. Wolf/Neuner § 56 Rn. 12; Medicus/Petersen AT Rn. 241; Staudinger/Roth § 139 Rn. 54.

II. Fehleridentität

30 **Verpflichtung und Verfügung** können auch **beide** – aus verschiedenen Gründen oder **aus demselben Grund – nichtig** sein. Der letztgenannte Fall wird **Fehleridentität** genannt. Dies ist aber keine Ausnahme vom Abstraktionsprinzip, sondern lediglich die Bezeichnung für ein dem Grunde nach zufälliges Ergebnis.

Klausurhinweis: *„Fehleridentität" ist also nur eine ergänzende Vokabel, aber* ***kein Sachargument****. Sie müssen die Nichtigkeit eines jeden Geschäfts getrennt prüfen und sachlich begründen. Liegt Fehleridentität vor, so sollten Sie dies in Klammern (nur) zur Abrundung ihrer sachlich-inhaltlichen Ausführungen erwähnen.*

31 In einigen Fällen liegt **regelmäßig** (d.h. oft, aber nicht immer [!]) **Fehleridentität** vor:

32 ■ **Wucher** nach **§ 138 Abs. 2** führt regelmäßig zur Nichtigkeit der Verpflichtung („versprechen ... lässt") sowie der Verfügung zulasten des Bewucherten („gewähren lässt").[30] Die Nichtigkeit erstreckt sich aber nicht auf die Verfügung des Wucherers.[31]

Die Verfügung auf eine wegen **allgemeiner Sittenwidrigkeit** gemäß **§ 138 Abs. 1** nichtige Verpflichtung ist hingegen grundsätzlich wirksam. Die Herbeiführung einer Rechtsänderung ist nämlich in der Regel wert- und motivneutral. Liegt aber die Sittenwidrigkeit gerade im Vollzug der Leistung, dann ist auch die Verfügung nichtig.[32]

Beispiele:[33] Die Sicherungsabtretung einer Forderung ist nach h.M. gemäß § 138 Abs. 1 nichtig bei anfänglicher Übersicherung, bei Knebelung und bei Verleitung zum Vertragsbruch. Die beiden erstgenannten Fälle sind in gleicher Weise bei der Sicherungsübereignung einer Sache relevant.

33 ■ Ein **Gesetzesverstoß** führt gemäß **§ 134** regelmäßig nur zur Nichtigkeit der Verpflichtung. Betreffen aber die Verbotsumstände auch die Verfügung, dann ist auch diese nichtig.[34]

34 ■ Bei der **Anfechtung** ist zu differenzieren:

- **Arglistige Täuschung** und **Bedrohung** berechtigen gemäß § 123 Abs. 1 zur Anfechtung der Rechtsgeschäfte, die unter ihrer Einwirkung abgeschlossen wurden. Das sind regelmäßig sowohl die Verpflichtung als auch die Verfügung.[35]

- Beim **Erklärungs- oder Inhaltsirrtum** (§ 119 Abs. 1) ist der Einzelfall entscheidend.

  Beispiel: V will 20 Bierdosen veräußern. Verspricht er sich und sagt „21 Bierdosen", so kann er den Kaufvertrag anfechten. Sagt er „20 Bierdosen", vergreift sich aber und gibt 21 Dosen an den Käufer, so kann er die Übereignung (konkludente dingliche Einigung durch die Übergabe) anfechten. Verspricht er sich und greift „konsequent" nach 21 Dosen, so kann er beide Geschäfte anfechten.

- Bezüglich eines Irrtums über eine **verkehrswesentliche Eigenschaft** i.S.d. § 119 Abs. 2 ist umstritten, ob dieser (auch) zur Anfechtung der Verfügung berechtigt. Teilweise wird angenommen, über die Sache werde nur abstrakt als solche verfügt

---

30 BGH, NJW 1994, 1470; Palandt/Ellenberger § 138 Rn. 75.

31 Staudinger/Sack/Fischinger § 138 Rn. 305

32 Vgl. BGH, DB 1997, 1511; näher zu § 138 AS-Skript BGB AT 2 (2019), Rn. 132 ff.

33 Näher AS-Skripten BGB AT 2 (2019), Rn. 142 ff.; Schuldrecht AT 2 (2018), Rn. 425 ff. und Sachenrecht 1 (2018), Rn. 313 ff.

34 BGH, NJW 1993, 1638; näher zu § 134 AS-Skript BGB AT 2 (2019), Rn. 99 ff.

35 Palandt/Ellenberger Überbl v § 104 Rn. 23 a. Näher zur Anfechtung AS-Skript BGB AT 2 (2019), Rn. 212 ff.

und nicht mitsamt ihrer Eigenschaften, sodass eine Anfechtung der Verfügung ausscheide. Nach der Gegenansicht bezieht sich die Verfügung stets auf eine ganz bestimmte Sache und daher gleichsam auch auf deren bestimmten Eigenschaften, sodass die Verfügung anfechtbar sein muss.[36]

2. Abschnitt: Willenserklärung

Eine Willenserklärung ist **die Äußerung eines auf Herbeiführung einer Rechtswirkung gerichteten Willens.**[37] Damit eine Willenserklärung Wirkungen entfaltet, **35**

- muss zum einen ihr **äußerer Tatbestand vollständig** und ihr **innerer Tatbestand in gewissem, spiegelbildlichem Umfange** erfüllt sein, anderenfalls ist sie nichtig oder zumindest durch Anfechtung gemäß § 142 Abs. 1 vernichtbar (dazu A.), und
- zum anderen muss die Willenserklärung **abgegeben** werden und, soweit sie nicht ausnahmsweise nicht empfangsbedürftig ist, dem Empfänger **zugehen** (dazu B.).

Willenserklärungen sind **regelmäßig empfangsbedürftig**, um denjenigen zu schützen, den die Erklärung (neben dem Erklärenden) betrifft. **Ausnahmsweise** sind solche Willenserklärungen **nicht empfangsbedürftig**, bei denen es niemanden gibt, der durch ein Zugangserfordernis geschützt werden muss. **36**

Beispiele für nicht empfangsbedürftige Willenserklärungen: Testament (§§ 2064 ff.); Auslobung (vgl. § 657 a.E.); Eigentumsaufgabe an beweglichen Sachen (§ 959); Annahmeerklärung unter den Voraussetzungen des § 151 (dazu näher unten Rn. 176).

A. Tatbestand der Willenserklärung

Damit eine Willenserklärung überhaupt **existiert**, müssen einige äußere (also objektive) und innere (also subjektive) Merkmale vorliegen. **37**

I. Äußerer Erklärungstatbestand

Der Erklärende muss **den Willen zeigen, eine Rechtsfolge herbeizuführen**. Dieser Wille hat **drei Elemente** (dazu 1. – 3.), ohne die keine Willenserklärung besteht. **38**

Ob die Elemente vorliegen, müssen Sie durch **Auslegung**[38] nach den §§ 133, 157 klären. Nach dem Wortlaut erfordern diese Normen zwar das Vorliegen einer Willenserklärung bzw. eines Vertrags und dienen (nur) der Ermittlung des **Inhalts**. Sie werden aber auch bereits angewendet, um zu klären, **ob** überhaupt eine Willenserklärung bzw. ein Vertrag (also zwei deckungsgleiche Willenserklärungen) vorliegen.[39] **39**

Empfangsbedürftige Willenserklärungen werden **normativ ausgelegt**, d.h. aus Sicht des objektiven Empfängers. Das gebietet der Schutz des Rechtsverkehrs, und es lässt sich auch aus §§ 116, 117 Abs. 1 herleiten (zu diesen noch unten Rn. 70 ff.). **Nicht empfangsbedürftige Willenserklärungen** werden hingegen **natürlich** ausgelegt,

36 Zusammenfassend MünchKomm/Oechsler § 929 Rn. 34 m.w.N. zu beiden Ansichten.
37 Palandt/Ellenberger Einf v § 116 Rn. 1.
38 Ausführlich zur Auslegung noch unten Rn. 267 ff.
39 Allgemeine Ansicht und st.Rspr., vgl. BGH, BB 2016, 1997.

d.h. es wird ausnahmsweise bereits im objektiven Erklärungstatbestand ausschließlich der wahre Wille des Erklärenden ermittelt.

Hinweis: *Zu einer* ***Diskrepanz zwischen äußerem und innerem Erklärungstatbestand*** *kann es daher nur bei empfangsbedürftigen Willenserklärungen kommen. Diese Diskrepanz ist Grundlage vieler typischer Klausurprobleme. Auch* ***Zugangsprobleme*** *können definitionsgemäß nur bei empfangsbedürftigen Willenserklärungen auftreten.* ***Die folgende Darstellung konzentriert sich daher auf empfangsbedürftige Willenserklärungen****.*

1. Äußerer Handlungswille

40 Nur **willensgesteuerte Verhaltensweisen** können rechtlich erheblich sein. Der Erklärende muss objektiv erkennbar willensgesteuert handeln.

Beispiel: In einer Versteigerung gilt Kopfnicken als Angebot zum Kaufabschluss. A ist müde und nickt (im wahrsten Sinne des Wortes) ein, begleitet von einem deutlich hörbaren Schnarchen. –
Trotz des Reglements liegt keine Willenserklärung vor. A wollte erkennbar nicht seinen Kopf bewegen.

2. Äußerer Rechtsbindungswille

41 Aus objektiver Sicht muss die willentliche Verhaltensweise **(irgend-)einen rechtlich verbindlichen Erklärungsgehalt** ausdrücken. In einigen klassischen Fallgruppen wird der Rechtsbindungswille generell verneint oder nur ausnahmsweise bejaht:

a) Äußerungen ohne rechtlichen Bezug

42 Manche Äußerungen sollen **rechtlich unbeachtlich** sein und sind dies dann auch.

Beispiele: Stellungnahmen zu politischen Ereignissen; wissenschaftliche Äußerungen; Gedankenaustausch zwischen Freunden und Bekannten; Erklärung einer Frau gegenüber ihrem nichtehelichen Partner, sie werde die Anti-Baby-Pille nehmen;[40] Hilferufe, wobei diese im Zusammenhang mit der Geschäftsführung ohne Auftrag (§§ 677 ff.) mittelbar zu einer rechtlichen Bindung führen können.[41]

b) Warenanpreisungen – invitatio ad offerendum

43 Werden **Waren angepriesen**, so hat der Verkäufer mitunter keinen Rechtsbindungswillen und gibt daher kein Angebot auf Abschluss eines Kaufvertrags ab. Er fordert lediglich potenzielle Kaufinteressenten zur Angebotsabgabe auf (**invitatio ad offerendum**).

Hinweis: *Die Gemeinsamkeit der folgenden Fallgruppen ist, dass sich die Warenanpreisung an eine unbestimmte Personengruppe (****offerta ad incertas personas****) richtet. Dies ist ein Problem des* ***Geschäftswillens*** *und wird daher in Rn. 88 erörtert.*

aa) Schaufensterauslage

44 Verkäufer, die Waren ins Schaufenster legen, haben **in der Regel keinen Rechtsbindungswillen**.

---

40 BGH, NJW 1986, 2043.

41 Vgl. dazu Fall 3 im AS-Skript Schuldrecht BT 3 (2019), Rn. 63.

Fall 1: Preisgünstige Schaufensterauslage

K sieht im Schaufenster des V einen Verstärker zum Preis von 1.300 €. Er geht in das Geschäft und erklärt, er kaufe das Gerät und wolle es sofort bezahlen und mitnehmen. V weigert sich, denn er hatte das Gerät kurz zuvor an X verkauft und war nur noch nicht dazu gekommen, es aus dem Schaufenster zu nehmen. Ansprüche des K?

K hat gegen V einen Anspruch auf Übereignung und Übergabe des Verstärkers aus § 433 Abs. 1 S. 1, wenn er mit V einen Kaufvertrag abgeschlossen hat. K und V müssten sich per **Angebot und Annahme geeinigt** haben. **45**

Hinweis: *Näher zu* ***Angebot und Annahme*** *noch unten Rn. 152 ff.*

Angebot und Annahme sind **empfangsbedürftige Willenserklärungen**. Das Verhalten von V und K muss daher aus Sicht eines **objektiven Empfängers** gewürdigt und analog §§ 133, 157 **ausgelegt** werden. Auf beiden Seiten muss der **äußere Erklärungstatbestand** einer Willenserklärung erfüllt sein, es muss also Handlungswille, Rechtsbindungswille und Geschäftswille im Zeitpunkt der Erklärung vorgelegen haben.

I. Als V den Verstärker **im Schaufenster platzierte**, könnte er gegenüber jedermann (also auch gegenüber K) ein Angebot abgegeben haben. Aus Sicht eines objektiven Dritten tat V dies willentlich und hatte daher **Handlungswillen**. Zweifelhaft ist aber, ob V mit diesem Verhalten aus objektiver Sicht auch eine rechtlich verbindliche Erklärung abgeben wollte, ob er also **Rechtsbindungswillen** hatte. **46**

   Läge Rechtsbindungswille des V vor, so könnte jedermann das an eine unbestimmte Personengruppe (ad incertas personas) gerichtete Angebot des V **ohne Weiteres** mit einem „Ja, ich kaufe." annehmen und den V so **vertraglich binden**. Daher liegt aus objektiver Sicht kein Rechtsbindungswille vor, wenn der Verkäufer nicht dem Kunden das letzte Wort überlassen, sondern sich die **Möglichkeit vorbehalten** will, auf die Erklärung des Kunden noch zu reagieren. Der Verkäufer fordert dann den Kunden auf, ein Angebot abzugeben, dessen Annahme er – der Verkäufer – sich noch überlegen kann (**invitatio ad offerendum**).[42]

   Ein Verkäufer will, zumindest wenn nicht sofort bezahlt wird, die **Bonität** des Interessenten prüfen. Mitunter will er spezielle Vereinbarungen treffen, insbesondere einen **Gewährleistungsausschluss** vereinbaren. Ferner will jeder Verkäufer die Gefahr des **Zustandekommens mehrerer Kaufverträge** über dieselbe Sache verhindern, denn er kann nur einen dieser Verträge erfüllen. Der letztgenannte Punkt hatte sich hier sogar bereits konkret realisiert, denn V hatte den Verstärker bereits an X verkauft.

   Mangels Rechtbindungswillens ist die Schaufensterauslage keine Willenserklärung.

II. K gab zwar ein Angebot ab, als er erklärte, den **Verstärker kaufen zu wollen**. Dieses Angebot lehnte V jedoch ab, als er den Vertragsschluss verweigerte, vgl. § 146 Var. 1.

Mithin haben K und V sich nicht über den Abschluss eines Kaufvertrags geeinigt. Daher hat K gegen V keinen Anspruch auf Übergabe und Übereignung aus § 433 Abs. 1 S. 1.

---

42 MünchKomm/Busche § 145 Rn. 11; Staudinger/Bork § 145 Rn. 7; Palandt/Ellenberger § 145 Rn. 2.

bb) Inserat in der Zeitung oder im Internet

47 Ein **Verkäufer** oder **Vermieter** gibt ein Inserat, sei es in einer Zeitung oder im Internet, regelmäßig **ohne Rechtsbindungswillen**, also als bloße invitatio ad offerendum auf. Wie bei der Schaufensterauslage will er zunächst das Rechtliche (z.B. Gewährleistungsausschluss; Abwälzung von Schönheitsreparaturen) sowie das Finanzielle (Bonität des Käufers oder des Mieters) prüfen.

Hinweis: *Kommt jedoch der Vertrag unter Bezugnahme auf das Inserat und ohne abweichende Abrede zustande, so werden die* ***Angaben im Inserat Vertragsinhalt****. Sie sind ferner bei der* ***Auslegung*** *des Vertrags heranzuziehen.*

48 Der **Auslobende** hingegen hat aus objektiver Sicht regelmäßig **Rechtsbindungswillen**. Der andere Teil erbringt seine Handlung im Vertrauen auf die Auslobung und muss in diesem Vertrauen geschützt werden, zumal gemäß § 657 sogar ein Handelnder den Anspruch erwirbt, der die Auslobung gar nicht kannte. Der Auslobende hingegen ist nicht schützenswert, denn er hat es in der Hand, seine Erklärung einseitig so zu formulieren, dass nur eine Person oder eine begrenzte Zahl ihn in Anspruch nehmen kann.

Beispiele: „derjenige, der meinen Hund zurückbringt"; „das schönste Bild"; „die ersten zehn Anrufer"

Der **Rechtsbindungswille** besteht bereits **vor Zustandekommen der Auslobung**. Auch der Auslobende haftet daher – wie jeder, der § 311 Abs. 2 erfüllt – für vorvertragliche Pflichtverletzungen nach Maßgabe der §§ 280 Abs. 1, 311 Abs. 2, 241 Abs. 2. Wer **beispielsweise** ein Springreitturnier veranstaltet und für den Gewinner einen Preis auslobt, muss das Turniergelände sicher ausgestalten.[43]

cc) Versandhandel und Softwarekauf im Internet

49 Die **Präsentation von Produkten auf einer Internetseite** als „virtuellem Schaufenster" ist eine bloße invitatio ad offerendum **ohne Rechtsbindungswillen.**[44] Die typischen Risiken der Schaufensterauslage kann der Verkäufer hier zwar theoretisch minimieren. Er kann z.B. nur solche Produkte anzeigen lassen, die vorrätig sind. Bestimmte Produkte wie **Software** und **Daten** sind zudem unendlich verfügbar.[45] Gleichwohl hat der Verkäufer auch hier keinen Anlass, vorschnell eine verbindliche Erklärung abzugeben. Es besteht immer das Risiko, dass eine atypische Situation eintritt (z.B. technische Störung; Kunde steht auf „schwarzer Liste"), in der der Verkäufer keine rechtliche Bindung will. Selbst Software und Daten sind während einer technischen Störung nicht verfügbar.[46]

Die erste Willenserklärung (das Angebot) gibt also der **Kunde durch seine Bestellung** ab. Die korrespondierende Willenserklärung des Verkäufers (die Annahme) wird von der h.M. nicht bereits in der **Bestellbestätigung** gesehen.[47] Der Verkäufer ist angesichts § 312 i Abs. 1 S. 1 Nr. 3 gezwungen, diese abzugeben. Daher kann aus ihr nicht der freie Wille zu einer rechtlichen Bindung entnommen werden. Sie ist vielmehr eine reine Wissenserklärung. Der Rechtsbindungswille des Verkäufers lässt sich daher erst einer **gesonderten Annahmeerklärung** oder spätestens dem **Versand** der Ware entnehmen.

---

43 BGH RÜ 2010, 681.

44 MünchKomm/Busche § 145 Rn. 13.

45 Daher ausnahmsweise für Rechtsbindungswillen beim Softwarekauf Scherer/Butt DB 2000, 1009.

46 Daher gegen Rechtsbindungswillen auch beim Softwarekauf Taupitz/Kritter JuS 1999, 839, 840.

47 MünchKomm/Wendehorst § 312 g Rn. 96, m.w.N.

Die Problematik wird nur bei nicht eindeutigen Erklärungen des Verkäufers relevant. Es steht ihm natürlich frei, bereits in der Bestellbestätigung die Annahme ausdrücklich zu erklären. Regelmäßig sorgen Verkäufer aber in entgegengesetzter Richtung für Rechtsklarheit, indem sie in der Bestellbestätigung **ausdrücklich** (deklaratorisch/vorsichtshalber) darauf hinweisen, dass sie **keine Annahme** darstellt.

dd) Selbstbedienungsladen

Teilweise wird vertreten, das Auslegen der Ware im Selbstbedienungsladen sei (wie die Schaufensterauslage) lediglich eine Aufforderung, ein Angebot abzugeben. Das rechtlich verbindliche Angebot gebe der Kunde erst an der Kasse ab, das Einbuchen/Einscannen sei die Annahme des Verkäufers.[48] **Andere** meinen, bereits das Auslegen der Ware durch den Verkäufer sei ein verbindliches Angebot, die Annahme des Kunden erfolge mit dem Vorlegen an der Kasse.[49] 50

Für die zweitgenannte Ansicht spricht, dass der Verkäufer (anders als bei Schaufensterauslagen) nicht prüfen muss, ob die Ware vorrätig ist, sodass **nicht die Gefahr unerfüllbarer Kaufverträge** besteht. Die erstgenannte Ansicht hat daher ihre Berechtigung vor allem in atypischen Fällen, in denen der Selbstbedienungsladen-Verkäufer ausnahmsweise die **Bonität** des Käufers prüfen oder **Vertragsmodalitäten** aushandeln möchte.

Klausurhinweis: *Einer* ***Entscheidung*** *bedarf diese Frage* ***nur****, wenn es darauf ankommt, ob ausgerechnet* ***zwischen Vorlegen und Einscannen*** *ein Kaufvertrag entstanden ist.*

ee) Selbstbedienungstankstelle

Nach **h.M.** liegt bereits in dem **Bereitstellen der Zapfsäule** an einer Selbstbedienungstankstelle das Angebot des Verkäufers zum Abschluss des Kaufvertrags und zur Übereignung. Die Annahme erfolge konkludent durch das **Einfüllen** seitens des Kunden. 51

Der **Kaufvertrag** werde dabei **unbedingt** abgeschlossen, während die **Übereignung aufschiebend bedingt** auf die vollständige Kaufpreiszahlung vereinbart werde.[50] Eine solche Bedingung ist zulässig, vgl. § 158 Abs. 1 und Umkehrschluss aus § 925 Abs. 2.

Klausurhinweis: *Allerdings wird der Kunde bereits beim Einfüllen gemäß §§ 948 Abs. 1, 947 Abs. 1 (bzw. Abs. 2)* ***kraft Gesetzes Miteigentümer*** *(oder gar Alleineigentümer) am getankten Kraftstoff, wenn sein Tank vor dem Tanken bereits eine nicht unerhebliche Menge Kraftstoff enthält. Nur wenn der Tank vor dem Befüllen (so gut wie) leer war, erwirbt der Kunde kein Eigentum am getankten Kraftstoff (und im Gegenteil wird der Verkäufer gemäß §§ 948 Abs. 1, 947 Abs. 2 Eigentümer des bereits vorhandenen Kraftstoffs).*

Andere sehen in dem Bereitstellen der Zapfsäule nur eine invitatio ad offerendum. Der Einfüllvorgang sei das Kaufangebot des Kunden und das Dulden des Einfüllens durch den Verkäufer die Annahme.[51] **Teilweise** wird auch angenommen, dass Kaufvertrag und Übereignung erst an der Kasse abgeschlossen werden.[52] (Nur) die letztgenannte Ansicht weicht also hinsichtlich des Zeitpunkts des Vertragsschlusses von der h.M. ab.

---

48 Erman/Armbrüster § 145 Rn. 10; MünchKomm/Busche § 145 Rn. 12, jeweils m.w.N.
49 Palandt/Ellenberger § 145 Rn. 8; Staudinger/Bork § 145 Rn. 7; jeweils m.w.N.
50 BGH RÜ 2011, 488; Palandt/Ellenberger § 145 Rn. 8.
51 OLG Düsseldorf, JR 1982, 343, mit Anm. Herzberg.
52 OLG Koblenz, NStZ-RR 1998, 364.

Für die h.M. (und die zweitgenannte Ansicht) spricht, dass bereits durch das Einfüllen der Kraftstoff nahezu unumkehrbar in den Besitz des Käufers übergeht und ggf. sogar gemäß §§ 948 Abs. 1, 947 dessen Eigentum wird. Dann muss auch der Kaufvertrag zu diesem frühen Zeitpunkt zustande kommen, um die dingliche Rechtslage zu legalisieren und um dem Verkäufer als Ausgleich für den Verlust des Besitzes (und des Eigentums) den Kaufpreisanspruch aus § 433 Abs. 2 Var. 1 zu gewähren.

ff) Online-Auktion

52 Bereits der **Start einer Internet-Auktion** (z.B. über den Dienstleister eBay) erfolgt nach h.M. mit Rechtsbindungswillen, denn der Verkäufer ist bereits in diesem Moment bereit, sich **vertraglich an den Höchstbietenden zu binden.**[53]

Hinweis: *Die weiteren Problemfelder werden beim* ***Vertragsschluss*** *dargestellt (Rn. 179 ff.).*

c) Auskunft, Rat und Empfehlung

53 **Grundsätzlich** will derjenige, der eine Auskunft bzw. einen Rat erteilt oder eine Empfehlung ausspricht, mit der Erklärung **keine Rechtsfolgen auslösen**, sondern nur über Ereignisse berichten, Tatsachen mitteilen, Überzeugungen kundtun usw. Die Erklärung lässt also nicht auf einen Rechtsbindungswillen schließen. Sonst würde der Auskunftserteilende für eine falsche Auskunft nach §§ 280 Abs. 1 S. 1, 241 Abs. 1 haften. **§ 675 Abs. 2** soll dies aber gerade grundsätzlich ausschließen.

Beispiel:[54] A, der vorfahrtsberechtigt ist, winkt dem B zu, um ihn darauf hinzuweisen, dass er ihm die Vorfahrt gewähren will. B fährt an und stößt mit dem Fahrzeug des X zusammen. B verlangt vom A Schadensersatz, weil A ihm die Auskunft gegeben habe, dass die Kreuzung frei sei. –
B hat gegen A mangels Vertrags keinen Anspruch aus § 280 Abs. 1 S. 1. A hatte keinen Rechtsbindungswillen: Zweifelhaft ist bereits, ob ein objektiver Dritter das Winken als Auskunft mit dem Erklärungsgehalt „Kreuzung ist frei" oder nur als Vorfahrtsverzicht verstehen durfte. Jedenfalls durfte ein objektiver Dritter nach dem Grundsatz des § 675 Abs. 2 nicht annehmen, dass A rechtlich für die Wahrheit seiner (vermeintlichen) Auskunft einstehen wollte, denn auf das Verhalten des X hatte A keinen Einfluss.

54 Gleichwohl kann aufgrund der Vertragsfreiheit ein **rechtlich verbindlicher Auskunfts- oder Beratungsvertrag** abgeschlossen werden. Der Grundsatz des § 675 Abs. 2 gilt u.a. „unbeschadet der sich aus einem Vertragsverhältnis ... ergebenden Verantwortlichkeit".

Ein solcher Vertrag kann **ausdrücklich oder konkludent** (durch schlüssiges Verhalten) zustande kommen. Letzteres ist anzunehmen, wenn eine Auslegung anhand der Gesamtumstände den Rückschluss zulässt, dass die Parteien die **Auskunft zum Gegenstand vertraglicher Rechte und Pflichten gemacht** haben.[55] Indizien dafür sind:[56]

- erhebliche **Bedeutung** der Auskunft für den Empfänger, insbesondere als **Grundlage wesentlicher Entscheidungen**,
- besondere **Sachkunde** des Auskunftgebers und

53 BGH RÜ 2014, 205.
54 Nach OLG Frankfurt NJW 1965, 1334.
55 BGH NJW 1992, 2080.
56 Vgl. Palandt/Sprau § 675 Rn. 36.

- eigenes **wirtschaftliches Interesse** des Auskunftgebers, insbesondere die Vereinbarung einer **Vergütung**.[57]

Auskunftsverträge können auch **neben einem weiteren Vertrag** entstehen. Die **Beratung** muss dafür so wichtig sein, dass sie **als eigenständige Verpflichtung** erscheint. 55

- Insbesondere bei der **Anlage- und Vermögensberatung** können Beratungsverträge entstehen.[58] Für den Kunden hat eine Beratung erhebliche Bedeutung und die Bank hat besondere Sachkunde sowie ein wirtschaftliches Interesse daran, dass der Kunde eines ihrer Finanzprodukte wählt. Die Bitte des Kunden um Beratung geschieht daher mit Rechtsbindungswillen und ist ein Angebot. Durch die Beratung nimmt die Bank – vertreten durch den Angestellten – dieses Angebot konkludent an.

  Die Anlageberatung muss **anleger- und objektgerecht** sein. Maßgeblich sind der Wissensstand, die Risikobereitschaft und das Anlageziel des Kunden, die allgemeinen Risiken – wie etwa die Konjunkturlage und die Entwicklung des Kapitalmarkts – sowie die speziellen Risiken, die sich aus dem konkreten Anlageobjekt ergeben. Während die **Aufklärung des Kunden** über diese Umstände richtig und vollständig zu sein hat, muss die **Bewertung und Empfehlung eines Anlageobjekts** unter Berücksichtigung der genannten Gegebenheiten ex ante betrachtet lediglich vertretbar sein.

- Auch **neben einem Kaufvertrag** kann im Einzelfall ein Beratungsvertrag entstehen.

  Beispiel:[59] K handelt mit Gartenmöbeln aus Kunststoff. Er nimmt von X einen größeren Auftrag über Holzmöbel an und verpflichtet sich, diese mit einem geeigneten Lack dauerhaft zu konservieren. K fehlt hierfür der Sachverstand. Daher wendet er sich an V, der einen Fachhandel für Lack betreibt. V holt Erkundigungen bei verschiedenen Farbherstellern ein und empfiehlt K schließlich einen bestimmten Lack. K kauft den Lack bei V. –
  Zwischen K und V kommt neben dem Kaufvertrag auch ein Auskunftsvertrag zustande. Für K hat die Lieferung des richtigen Lacks große Bedeutung und V hat spezielle Sachkunde. Eine zusätzliche Vergütung wurde zwar nicht vereinbart, aber der Kunde erwartet im Fachhandel eine qualifizierte Beratung und der Fachhandel kalkuliert die Kosten für diese in die Kaufpreise ein.

  Die **Ansprüche aus dem Beratungsvertrag** erlangen **entscheidende Bedeutung**, sobald die **Gewährleistungsansprüche** aus dem Kaufvertrag **verjährt** sind.

  Fortsetzung des Beispiels: K erhält den Lack von V im März 2018. K behandelt die Holzmöbel mit dem Lack und liefert sie an X im Juli 2018. Im Juni 2020 verfärben sich die Möbel aufgrund eines Pilzbefalls. Ursache ist, dass der Lack für die Holzsorte nicht geeignet war. Ein Laie konnte dies nicht erkennen, für einen Fachmann war dies hingegen offensichtlich. X verlangt daher von K Gewährleistung. K verlangt von V, dass dieser die Kosten trägt. –
  Aus dem Kaufvertrag hat K gegen V zwar einen solchen Anspruch aus §§ 280 Abs. 1, 434, 437 Nr. 3. Jedoch ist dieser Anspruch bereits seit März 2020 verjährt, denn die Verjährungsfrist beträgt gemäß § 438 Abs. 1 Nr. 3 u. Abs. 2 lediglich zwei Jahre ab Ablieferung der Kaufsache beim Käufer. Der Anspruch aus dem Beratungsvertrag aus § 280 Abs. 1 verjährt hingegen – mangels Sonderregelung – gemäß §§ 195, 199 Abs. 1 erst mit Ablauf des dritten Jahres nach Anspruchsentstehung und Kenntniserlangung des Gläubigers hiervon, also Ende Dezember 2023.

d) Gefälligkeiten

Nach allgemeinem Sprachgebrauch erweist eine Gefälligkeit bzw. einen Gefallen, wer eine **Leistung** erbringt, **ohne** vom Empfänger eine **Gegenleistung** zu erhalten. Rechtlich sind **drei Fälle** zu unterscheiden, je nach „Grad" des Rechtsbindungswillens: 56

---

57 BGH ZIP 1999, 275.

58 Vgl. zum Folgenden BGH NJW 2006, 2041, und BGH NJW 2007, 1362.

59 Nach BGH DB 2004, 2472.

	Alltägliche Gefälligkeit	**Gefälligkeitsverhältnis – von h.M. nicht anerkannt**, gilt als alltägliche Gefälligkeit	**Gefälligkeitsvertrag**, z.B. § 662; § 598
Primärpflichten/ Leistungspflichten, § 241 Abs. 1	(–)	(–)	(+)
Schutzpflichten, § 241 Abs. 2	(–)	h.M. (-); a.A. (+), ggf. beschränkt	(+), ggf. beschränkt
Schadensersatz aus §§ 823 ff.	(+), ggf. beschränkt	(+), ggf. beschränkt	(+), ggf. beschränkt

57 Ob ein Rechtsbindungswille vorliegt, ist auch in diesen Fällen durch **Auslegung aus Sicht eines objektiven Dritten** insbesondere anhand folgender Kriterien zu ermitteln:

- der **Wert** einer anvertrauten Sache,
- die **wirtschaftliche Bedeutung** einer Angelegenheit,
- die **wirtschaftlichen Interessen der Beteiligten** und
- das **Risiko**, das dem ohne Gegenleistung tätigen Gefälligen für den Fall droht, dass er die zugesagte Handlung nicht oder nur unzureichend vornimmt.

aa) Alltägliche Gefälligkeiten

58 Alltägliche Gefälligkeiten unter Familienangehörigen, Nachbarn, Freunden, Bekannten, Vereinsmitgliedern usw. können und sollen regelmäßig rechtlich unverbindlich sein. Der Gefällige hat **keinen Rechtsbindungswillen**. Er gibt also keine Willenserklärung ab.

(1) Vertrag

59 Zwischen dem Gefälligen und dem Begünstigten besteht **keine schuldrechtliche Beziehung** und daher **weder vertragliche Leistungs- noch Schadensersatzpflichten**.

Beispiel 1: Nachbar N, der Nachbar A zusagt, für ihn aus der Stadt ein Fahrrad mitzubringen, haftet A nicht aus Vertrag auf Erfüllung oder gemäß § 280 Abs. 1 auf Schadensersatz, wenn er vergisst, das Fahrrad mitzubringen. Ein Anspruch aus § 823 Abs. 1 scheidet bereits mangels Rechtsgutsverletzung aus.

Beispiel 2:[60] B erklärt sich ohne Gegenleistung bereit, den Garten seines Nachbarn N zu bewässern, während N auf Reisen ist. B vergisst, den Wasserhahn abzudrehen. Der Schlauch platzt ab, sodass Wasser ins Erdreich und in den Keller des N einsickert. N verlangt von B Schadensersatz. –
Ein Anspruch aus § 280 Abs. 1 scheitert daran, dass zwischen B und N weder ein Gefälligkeitsvertrag noch ein (nach h.M. ohnehin generell abzulehnendes) Gefälligkeitsverhältnis besteht. Das Versprechen, den Garten eines Nachbarn während dessen Abwesenheit zu bewässern, gehört – jedenfalls wenn es unentgeltlich geschieht – zu den typischen alltäglichen Gefälligkeiten unter Nachbarn.

60 Nach BGH RÜ 2016, 545 und OLG Hamm RÜ 2016, 142; ähnlich auch LG Hamburg VersR 1989, 468 (Einfrieren der Heizungsanlage trotz Zusage, auf das Haus des Nachbarn zu achten).

(2) Deliktsrecht

Gleichwohl haftet der Gefällige gegenüber dem Versprechensempfänger aus **§ 823 Abs. 1**, soweit dessen Voraussetzungen vorliegen. Allerdings kann der **Haftungsmaßstab gemildert** sein, sodass nicht bereits (einfache) Fahrlässigkeit i.S.d. § 276 Abs. 2, sondern erst grobe Fahrlässigkeit oder Vorsatz die Haftung auslösen.[61] 60

- Manche entnehmen den **§§ 521, 599, 690** den **allgemeinen Rechtsgedanken**, dass derjenige, der unentgeltlich tätig wird, stets nicht für einfache Fahrlässigkeit haften soll. Was im Gefälligkeitsvertrag gelte, müsse erst recht im Gefälligkeitsverhältnis gelten.[62] Das ist mit der h.M. aber **abzulehnen**.[63] Die Formulierung „erst recht" ist kein Sachargument und im Gegenteil gilt in Schuldverhältnissen vieles, was außerhalb von Schuldverhältnissen eben nicht gilt, z.B. die §§ 278, 280 ff. Ferner ist die Haftungserleichterung in den genannten Normen ein Äquivalent für das unentgeltliche Handeln. Dem Deliktsrecht ist der Äquivalenzgedanke aber fremd, es schützt nur die Integrität der absoluten Rechtsgüter. Außerdem enthält gerade das Auftragsrecht als typischer Gefälligkeitsvertrag keine Haftungserleichterung. 61

- Eine **haftungsbeschränkende Vereinbarung** kann im Rahmen der Vertragsfreiheit getroffen werden, allerdings muss diese **ausdrücklich** geschehen. Ein konkludenter Haftungsausschluss lässt sich nach h.M. einer Gefälligkeit nicht im Wege der Auslegung entnehmen,[64] denn wenn die Beteiligten überhaupt keinen Rechtsbindungswillen haben, dann wollen sie auch nicht einzelne Rechtsfragen regeln. 62

- Trotzdem kann sich im Einzelfall ein **Haftungsausschluss** aus einer an Treu und Glauben (§ 242) orientierten **ergänzenden Vertragsauslegung** ergeben. Da mit dieser ein Wille hinsichtlich eines Regelungsgegenstandes fingiert wird, an den bei Beginn der Gefälligkeit niemand gedacht hat, müssen aber enge Voraussetzungen erfüllt sein:[65] Sowohl das **Gesetz** als auch die **Vereinbarung** müssen hinsichtlich des Haftungsausschlusses **lückenhaft** sein, was – wie in den beiden Absätzen zuvor ausgeführt – regelmäßig der Fall ist. Außerdem muss die Annahme eines Haftungsausschlusses dem **hypothetischen Parteiwillen** entsprechen. Zu fragen ist, ob der Gefällige alias spätere Schädiger das Haftungsrisiko übernommen hätte, wenn er dieses zuvor erkannt hätte.[66] Das ist in der Regel nicht anzunehmen, wenn:[67] 63
  - der Schädiger **keine Haftpflichtversicherung** hat,
  - den Schädiger ein **nicht hinzunehmendes Haftungsrisiko** trifft, weil die Tätigkeit **gefahrgeneigt** ist und Schäden besonders leicht oder hoch eintreten können **und**
  - **besondere weitere Umstände** im konkreten Fall einen Haftungsverzicht als besonders naheliegend erscheinen lassen, z.B. **familiäre oder freundschaftliche Bindungen** zwischen den Beteiligten.[68]

---

61 Vgl. zum Folgenden Palandt/Grüneberg, Einl v § 241 Rn. 8.

62 Medicus/Petersen AT Rn. 188 (relativierend in Rn. 189); Erman/Wilhelmi Vor § 823 Rn. 28. Näher zu den genannten Haftungserleichterungen bei Gefälligkeitsverträgen noch in Rn. 68.

63 BGH RÜ 2016, 545, Rn. 8.

64 Medicus/Petersen AT Rn. 187.

65 Allgemein zu den Voraussetzungen der ergänzenden Vertragsauslegung Rn. 291 ff.

66 BGH NJW 1974, 1705, 1706.

67 BGH RÜ 2016, 545, Rn. 8; BGH RÜ 2009, 273, Rn. 16.

68 OLG Bamberg BeckRS 1998, 15845.

64 **Ergänzung zum Beispiel 2:**[69] B, der eine Haftpflichtversicherung hat, haftet N aus § 823 Abs. 1. Insbesondere eine ergänzende Vertragsauslegung ergibt nicht, dass ein Haftungsausschluss besteht. B ist haftpflichtversichert. Zudem ist das Bewässern eines Gartens nicht in erhöhtem Maße gefahrgeneigt.

Beispiel 3: G nimmt mit seinem Pkw an einer Tankstelle den ihm unbekannten Anhalter B mit. Auf der Fahrt verursacht G infolge leichter Fahrlässigkeit einen Unfall, bei dem B verletzt wird. –
Davon ausgehend, dass für den Pkw des G die gesetzlich vorgeschriebene Haftpflichtversicherung existiert, besteht auch hier kein Haftungsausschluss. G haftet dem B aus § 7 StVG und aus §§ 18, 7 Abs. 1 StVG.

(3) Geschäftsführung ohne Auftrag oder Gefälligkeit ohne Auftrag

65 Ansprüche aus **Geschäftsführung ohne Auftrag** (§§ 677 ff.) entstehen aufgrund der Geschäftsführung als Realakt. Auf diese sind die Regeln über Rechtsgeschäfte grundsätzlich nicht anwendbar.[70] Daher ist es **grundsätzlich unerheblich, ob der Geschäftsführende Rechtsbindungswillen** hatte. Diese Frage lässt sich in Notsituationen als typische Fallgruppe ohnehin nur schwer und hypothetisch beantworten.

Beispiele: Rettung einer Katze aus einem brennenden Haus; Ausweichmanöver im Straßenverkehr

Soweit allerdings die Situation eine **Nähe zum Vertragsschluss** aufweist, kommt es **ausnahmsweise** darauf an, ob der Geschäftsführende Rechtsbindungswillen hatte, um Wertungswidersprüche zu vermeiden. Denn wenn bei vorheriger Absprache keine vertragliche Haftung eingetreten wäre, dann soll bei einer alltäglichen **Gefälligkeit ohne Auftrag** keine quasi-vertragliche Haftung aus den §§ 677 ff. begründet werden.

Beispiel:[71] E ist 10 Jahre alt und spielt im eingetragenen Fußballverein F. Es sind zu wenige Fahrzeuge vorhanden, um alle Spielerinnen zu einem Ausfahrtsspiel zu fahren. Die Oma O der E beschließt spontan und ohne Rücksprache mit der Trainerin, E und andere Spielerinnen zu fahren. Auf der Fahrt wird der Pkw der O beschädigt. O verlangt vom rechtsfähigen F (vgl. § 21) Schadensersatz. –
I. Ein Anspruch aus § 280 Abs. 1 besteht mangels vertraglicher Vereinbarung nicht.
II. Nach §§ 683 S. 1, 670, 677 sind zwar entgegen des Wortlauts bestimmte Schäden zu ersetzen (Allgemeiner Rechtsgedanke des § 110 Var. 2 HGB). O hatte aber aus objektiver Sicht keinen Rechtsbindungswillen. Der Transport Minderjähriger zu einer Amateur-Sportveranstaltung durch Angehörige ist sowohl gegenüber dem Sportler als auch gegenüber dem Verein eine typische Gefälligkeit. Der Amateursport wird ehrenamtlich organisiert und Vereinsbeiträge sind (anders als das Entgelt für ein Fitnessstudio o.ä.) bei weitem nicht kostendeckend. Es entspricht dem Vereinsgedanken, dass jeder die Vereinsgemeinschaft fördert und „mit anfasst".

***Klausurhinweis:** Sie dürfen den Rechtsbindungswillen nicht wie üblich unter dem Prüfungspunkt „Willenserklärung" erörtern, denn eine solche ist im Rahmen der §§ 677 ff. gerade keine Voraussetzung. Vielmehr müssen Sie Ihre **Ausführungen in den anerkannten und vom Gesetz vorgegebenen Prüfungspunkten** vornehmen: Entweder bereits unter „Geschäftsbesorgung" (§ 677 Hs. 1) oder unter „Fremdgeschäftsführungswille" (arg. ex § 687).*[72]

bb) Gefälligkeitsverhältnis

66 Es wird **teilweise** die Existenz eines **rechtsgeschäftsähnlichen Schuldverhältnisses** namens Gefälligkeitsverhältnis bejaht. Es soll entstehen, wenn eine Auslegung ergibt, dass der Gefällige zwar **keine Leistungspflichten** i.S.d. § 241 Abs. 1, **aber Schutzpflich-**

69 Nach BGH RÜ 2016, 545, Rn. 12.
70 MüKo/Schäfer § 677 Rn. 14, 50; Palandt/Sprau Einf v § 677 Rn. 2.
71 Nach BGH RÜ 2015, 694.
72 Ausführlich und m.w.N. zum Prüfungsstandort AS-Skript Schuldrecht BT 3 (2019), Rn. 51.

ten nach § 241 Abs. 2 eingehen wolle. Der Gefällige sei dann nicht gezwungen, die Gefälligkeit zu erbringen, hafte aber entsprechend §§ 280 Abs. 1, 241 Abs. 2 auf Schadensersatz, wenn er sie dennoch erbringe und einen Schaden verursache. Haftungsmilderungen aus gesetzlichen Schuldverhältnissen seien entsprechend anzuwenden.

Mit der h.M. ist ein solches Verhältnis aber **abzulehnen.**[73] Eine ohne leistungspflichtbezogenen Rechtsbindungswillen vereinbarte und erbrachte Gefälligkeit kann eine an das Vertragsrecht angelehnte Haftung nicht begründen, denn Leistungspflichten sind prägender Inhalt von Verträgen. Es kann also **nur eine alltägliche Gefälligkeit ohne jegliche Pflichten oder ein Gefälligkeitsvertrag mit vollem Pflichtenprogramm** vorliegen, es sei denn, die Parteien vereinbaren ausdrücklich ein abweichendes Konstrukt.

cc) Gefälligkeitsvertrag

Ein Gefälligkeitsvertrag entsteht, wenn die Parteien sich darüber einigen, dass eine Partei eine **Leistung erbringen muss und dafür keine Gegenleistung** erhalten soll. Es besteht also eine **einseitige** (notfalls einklagbare) **Leistungspflicht** i.S.d. § 241 Abs. 1. Der Gesetzgeber hat für die häufigsten Konstellationen typische Verträge normiert: 67

- Beim **Schenkungsvertrag** wird ein Vermögensteil unentgeltlich übertragen (§ 516).
- Beim **Leihvertrag** wird der Gebrauch einer Sache unentgeltlich gestattet (§ 598).
- Beim **Verwahrungsvertrag** wird eine bewegliche Sache grundsätzlich unentgeltlich aufbewahrt (§ 688). Ist allerdings eine Vergütung vereinbart oder nach Maßgabe des § 689 geschuldet, liegt keine Gefälligkeit vor.
- Beim **Auftragsvertrag** wird ein Geschäft unentgeltlich besorgt (§ 662).

Bei der Schenkung, der Leihe und der unentgeltlichen Verwahrung ist die **Schadensersatzhaftung** des Gefälligen auf Vorsatz und eigenübliche Sorgfalt (**diligentia quam in suis**) bzw. grobe Fahrlässigkeit (vgl. § 277) **beschränkt** (§§ 521, 599, 690). Nach der systematischen Stellung gelten die Normen nur für den vertraglichen Schadensersatzanspruch aus § 280 Abs. 1. Nach h.M. wird aber auch die deliktische Haftung nach § 823 Abs. 1 modifiziert, um in beiden Haftungssystemen einen Gleichlauf zu erreichen.[74] 68

Der **Beauftragte** haftet hingegen gemäß § 280 Abs. 1 für eine Pflichtverletzung, es sei denn, er hat sie nicht zu vertreten. Aus § 276 Abs. 1 ergibt sich, dass er also grundsätzlich für **Vorsatz und jede Fahrlässigkeit** haftet. Denselben Haftungsmaßstab legt § 823 Abs. 1 an. Allerdings kann eine an § 242 orientierte ergänzende Vertragsauslegung im Einzelfall ergeben, dass der Beauftragte nicht für einfache Fahrlässigkeit haftet. Es gilt hier das zur alltäglichen Gefälligkeit Gesagte (Rn. 60) entsprechend.

Beispiel:[75] A, B, C und D sind Nachbarn und haben sich zu einer Lottospielgemeinschaft zusammengeschlossen. B erklärt sich unentgeltlich bereit, die Spieleinsätze einzusammeln, Lottoscheine mit stets denselben Zahlen zu kaufen und ggf. einen Gewinn zu verteilen. Eines Tages vergisst B leicht fahrlässig, den Lottoschein zu kaufen. Mit den Zahlen wäre ein Gewinn i.H.v. 15.000 € erzielt worden. –

73 BGH RÜ 2016, 545, Rn. 8; BGH RÜ 2010, 616, Rn. 13.

74 BGH NJW 1992, 2474, 2475; Palandt/Weidenkaff § 599 Rn. 4.

75 BGH NJW 1974, 1705.

I. B hat als Beauftragter gegen A, C und D gemäß § 670 einen Leistungsanspruch auf anteilige **Zahlung der Spieleinsätze**. Dieser ist allerdings für die bereits abgeschlossene Ziehung gemäß § 275 Abs. 1 ausgeschlossen.
II. A,C und D können von B gemäß § 662 den **Erwerb von Spielscheinen** verlangen. Hinsichtlich der abgeschlossenen Ziehung ist dieser Anspruch jedoch gemäß § 275 Abs. 1 ausgeschlossen.
III. A, C und D haben gegen B gemäß § 667 einen Leistungsanspruch auf anteilige Auszahlung der **tatsächlich erzielten Lottogewinne**. Bei der in Rede stehenden Ziehung wurde aber kein Gewinn erzielt.
IV. A, C und D haben gegen B hingegen keinen Anspruch aus § 280 Abs. 1 auf eine Schadensersatzzahlung i.H.d. ihnen anteilig **entgangenen Lottogewinns**. Obgleich für A, C und D erhebliche Summen auf dem Spiel standen, ergibt eine **ergänzende Vertragsauslegung**, dass die Haftung des B jedenfalls für einfache Fahrlässigkeit ausgeschlossen war. Gesetz sowie Vertrag weisen zu dieser Frage eine Lücke auf und der hypothetische Parteiwille geht in diese Richtung. Denn die erheblichen möglichen Gewinne von A, C und D sind die Kehrseite einer erheblichen Gefahrgeneigtheit für den insofern nicht haftpflichtversicherten B. Zwar sinkt die Wahrscheinlichkeit eines (entgehenden) Gewinns, je höher die Gewinnklasse ausfällt, aber zugleich erhöht sich dadurch der Betrag des (entgehenden) Gewinns.

Beispiel:[76] A erklärt sich gegenüber seinem Freund B bereit, unentgeltlich eine Immobilie „auf Herz und Nieren" zu prüfen. A ist zwar Architekt, hat aber – wie B weiß – keine Expertise als Immobiliengutachter und ist für diese Tätigkeit auch nicht haftpflichtversichert. B kauft die Immobile zu einem überteuerten Preis, weil das Gutachten des A aufgrund Fahrlässigkeit fehlerhaft ist. –
Zwischen B und A besteht ein Haftungsausschluss jedenfalls bezüglich leichter Fahrlässigkeit. A hatte keine Haftpflichtversicherung. Die Fehlbewertung einer Immobilie kann relativ leicht geschehen und löst dann oft hohe Schäden aus, sie ist also gefahrgeneigt. Mangels Expertise hätte A auch nie gegenüber Dritten ein Gutachten in seiner Funktion als Architekt erstattet; gegenüber B machte A zwar eine Ausnahme, aber nicht als Architekt, sondern als Freund.

69 Der Gefällige kann sich **unter erleichterten Voraussetzungen einseitig** vom Vertrag **lösen**. Er erhält keine Gegenleistung, daher ist der andere Teil weniger schutzwürdig.

- Im **Schenkungsrecht** besteht gemäß § 530 die Möglichkeit des Widerrufs. Gemäß § 528 kann der Schenker im Falle des Notbedarfs das Geschenkte zurückfordern.
- Der **Verleiher** kann die verliehene Sache nach Maßgabe des § 604 zurückfordern.
- Der **Verwahrer** kann die Rücknahme der Sache nach Maßgabe des § 696 verlangen.
- Der **Beauftragte** kann den Auftrag nach Maßgabe des § 671 kündigen.

e) Vorbehalt, Scheingeschäft und Scherzgeschäft

aa) (Geheimer) Vorbehalt, § 116

70 § 116 liefert den gesetzlichen Anknüpfungspunkt dafür, dass die Frage, ob Rechtsbindungswille besteht, aus **Sicht eines objektiven Dritten** zu bestimmen ist.

- Der von außen nicht erkennbare, **geheime Vorbehalt**, das Erklärte nicht zu wollen, ist nämlich gemäß § 116 S. 1 rechtlich unerheblich.
- Nach § 116 S. 2 ist eine empfangsbedürftige Willenserklärung hingegen „nichtig", wenn der Empfänger den **Vorbehalt kennt**.

  Diese Formulierung ist ungenau. Wenn der Empfänger den Vorbehalt kennt, erkennt auch der objektive Dritte in der Position des Empfängers, dass der Erklärende sich nicht binden will. Mangels Rechtsbindungswillens liegt dann **überhaupt keine Willenserklärung** vor. Die Frage der Nichtigkeit einer Willenserklärung stellt sich erst, wenn ihr Grundtatbestand erfüllt ist.

---

76 Nach OLG Frankfurt, Urt. v. 28.03.2007 – 13 U 62/05, BeckRS 2007, 09800.

bb) Scheingeschäft, § 117

§ 117 enthält **zwei Aussagen** zum Scheingeschäft. **71**

(1) Simuliertes Rechtsgeschäft/Scheingeschäft im engeren Sinn, § 117 Abs. 1

Wenn die Parteien einverständlich **nur den äußeren Schein** eines Rechtsgeschäfts hervorrufen, es also simulieren, aber die mit dem Geschäft verbundenen **Rechtsfolgen nicht eintreten lassen wollen**, ist dieses Rechtsgeschäft gemäß § 117 Abs. 1 „nichtig". **72**

Auch hier erkennt der objektive Dritte in der Position des Empfängers, dass kein Rechtsbindungswille vorliegt. Die **Willenserklärung** ist also nicht nichtig, sondern bereits ihr **Tatbestand** ist **nicht erfüllt**.[77]

Die Beteiligten bezwecken im Regelfall die **Täuschung eines Dritten**, der glauben soll, dass die simulierten Rechtsfolgen eintreten.

Beispiel:[78] Die B-Bank hat gegen die X-GmbH Forderungen über 250.000 €. Der Prokurist der B legt dem Ehemann E der Geschäftsführerin der X einen Darlehensvertrag vor und erklärt, dass das Darlehen nur „pro forma" benötigt werde, um bankintern für ausgeglichene Konten zu sorgen. Wechselseitige Zahlungspflichten würden nicht entstehen. E unterschreibt. –
Zwischen B und E besteht gemäß § 117 Abs. 1 kein Darlehensvertrag. Nur sein Anschein sollte erweckt werden. Seine Rechtsfolgen, insbesondere Zahlungspflichten aus § 488 Abs. 1, sollten nicht eintreten.

Anders ist es beim **Strohmanngeschäft**, wenn also der wirtschaftliche Geschäftsherr unerkannt bleiben will und eine Mittelsperson vorschickt. Hier ist gerade **gewollt**, dass der Strohmann (zunächst) ein **wirksames Rechtsgeschäft** vornimmt und (zunächst) ihn die wirtschaftlichen Folgen treffen, um diese (sodann) nach Maßgabe der § 667, 670 an den Geschäftsherrn weiterzuleiten (sog. **mittelbare „Stellvertretung"**).[79] **73**

Beispiel: Kauft S bei V ein Bild, dann besteht zwischen S und V ein Kaufvertrag, auch wenn S zuvor mit G vereinbart hat, ihm das Bild gegen Zahlung (§§ 667, 670) zu geben und zu übereignen.

Beispiel:[80] Verkauft Verbraucher S an Verbraucher K ein Bild, dann besteht zwischen S und K ein wirksamer Kaufvertrag, auch wenn Unternehmer U Eigentümer des Bildes ist und er den S nur vorgeschickt hatte, um zu verhindern, dass zwischen ihm – U – und K ein (angesichts §§ 474 ff. für den Käufer vorteilhafter) Verbrauchsgüterkaufvertrag zustande kommt.

(2) Dissimuliertes/verdecktes Rechtsgeschäft, § 117 Abs. 2

Wollen die Parteien allerdings zugleich ein anderes Rechtsgeschäft tätigen, so finden gemäß § 117 Abs. 2 die **Regeln für dieses verdeckte Rechtsgeschäft** Anwendung. Beachten Sie, dass das nicht nur die Regeln für die **Abwicklung**, sondern auch die Regeln für die **Entstehung** dieses Rechtsgeschäfts betrifft. **74**

Hinweis: *§ 117 Abs. 2 ist also* ***kein Freifahrtschein****. Er überwindet keine Nichtigkeitsgründe!*

---

77 Palandt/Ellenberger § 117 Rn. 1.

78 Nach BGH NJW 1993, 2435.

79 Vgl. zum Strohmanngeschäft aus Sicht des Vertretungsrechts und zur mittelbaren Stellvertretung auch Rn. 314, 330, 469.

80 Nach BGH RÜ 2013, 137.

Fall 2: Scheingeschäft aus Sparsamkeit – Die Unterverbriefung

V will K ein Grundstück für 250.000 € verkaufen. Um Grunderwerbsteuer, Grundbuchgebühren und Notarkosten zu sparen, werden im notariellen Vertrag als Kaufpreis 150.000 € angegeben. Es kommt zum Streit. K verlangt Auflassung, V weigert sich.

75 K kann gemäß **§ 433 Abs. 1 S. 1 Var. 2** von V die Übereignung des Grundstücks und damit die dazu gemäß §§ 873, 925 erforderliche Auflassungserklärung verlangen, wenn ein **wirksamer Kaufvertrag** über dieses Grundstück zustande gekommen ist.

Der Kaufvertrag ist das Verpflichtungsgeschäft, die Übereignung ist das Verfügungsgeschäft. Die Übereignung eines Grundstücks erfolgt gemäß §§ 873, 925, indem die Parteien sich vor dem Notar über den Eigentumsübergang einigen und der Eigentumswechsel in das Grundbuch eingetragen wird. Diese Einigung heißt **Auflassung** (§ 925 Abs. 1 S. 1), sie besteht aus zwei Auflassungserklärungen.

I. Es könnte ein **Kaufvertrag zu 150.000 €** zustande gekommen sein.

1. Eine entsprechende Vereinbarung wurde, wie von §§ 311 b Abs. 1 S. 1, 128 gefordert, beurkundet, sodass sie **formwirksam** und nicht nach § 125 S. 1 nichtig ist.

2. Mangels Rechtsbindungswillens könnten V und K keine Willenserklärungen abgegeben haben bzw. nach der Terminologie des § 117 Abs. 1 könnten diese als **simuliertes Scheingeschäft** nichtig sein. V und K haben einen Kaufvertrag zu 150.000 € übereinstimmend nicht gewollt. Sie haben einen solchen nur vorgegaukelt, um den Notar, das Grundbuchamt und das Finanzamt zu täuschen und so Gebühren und Steuern, welche sich nach der Höhe des Kaufpreises bemessen, zu sparen (sog. **Unterverbriefung**). Daher handelten sie ohne Rechtsbindungswillen bzw. ihre Erklärungen sind gemäß § 117 Abs. 1 nichtig.

Ein Kaufvertrag zu 150.000 € ist nicht zustande gekommen.

II. Es könnte ein **Kaufvertrag zu 250.000 €** zustande gekommen sein.

1. Über diesen Preis haben V und K sich **mit Rechtsbindungswillen geeinigt**.

2. Der Kaufvertrag könnte jedoch gemäß **§ 125 S. 1 formnichtig** sein.[81] Gemäß § 117 Abs. 2 finden die für einen Kaufvertrag zu 250.000 € geltenden Vorschriften Anwendung, also u.a. auch das Formerfordernis der §§ 311 b Abs. 1 S. 1, 128. Einen Kaufvertrag zu 250.000 € haben V und K nicht beurkunden lassen, sondern nur mündlich geschlossen. Der Kaufvertrag ist daher gemäß § 125 S. 1 nichtig.

Zwischen V und K besteht kein wirksamer Kaufvertrag. Daher hat K gegen V auch keinen Anspruch aus § 433 Abs. 1 S. 1 Var. 2 auf Abgabe einer Auflassungserklärung.

Abwandlung: V und K erklären trotzdem die Auflassung. K wird als Eigentümer im Grundbuch eingetragen. V verlangt von K nun Zahlung von 250.000 €. Zu Recht?

76 V könnte gegen K einen Zahlungsanspruch aus **§ 433 Abs. 2 Var. 1** haben.

Der nur mündlich vereinbarte Kaufvertrag zu 250.000 € ist gemäß **§ 311 b Abs. 1 S. 2 gültig**, soweit die rechtswirksame[82] Auflassung und Eintragung erfolgen. Die Auflas-

81 Näher zur Formnichtigkeit AS-Skript BGB AT 2 (2019) Rn. 151 ff.

82 Palandt/Grüneberg, § 311 b Rn. 47.

sung wurde von V und K insbesondere nicht zum Schein (§ 117 Abs. 1), sondern mit vollem Rechtsbindungswillen hinsichtlich des Eigentumsübergangs des Grundstücks erklärt. Sie ist daher wirksam. K wurde auch eingetragen. Der Formmangel wurde somit **geheilt** und der Kaufvertrag zu 250.000 € ist gemäß § 311 b Abs. 1 S. 2 gültig.

V hat gegen K einen Zahlungsanspruch i.H.v. 250.000 € aus § 433 Abs. 2 Var. 1.

Den **Notar** treffen aus § 17 BeurkG **keine Belehrungspflichten hinsichtlich des dissimulierten Geschäfts.** Er haftet daher nicht nach (dem § 839 entsprechenden) § 19 Abs. 1 S. 1 BNotO für Schäden aus diesem Geschäft, selbst wenn eine Beratung sie verhindert hätte.[83] **77**

cc) Scherzgeschäft, § 118

Ein Scherzgeschäft i.S.d. § 118 liegt beim **„guten Scherz"** vor, wenn also der Erklärende das Erklärte **nicht will, aber erwartet, dass der Empfänger dies erkennt.** **78**

Beispiel:[84] V bietet einen Pkw zum Kauf für wertangemessene 11.500 € an. K fragt, ob V auch mit 8.000 € zufrieden wäre. V ist über das unseriöse Gegenangebot empört. Er entschließt sich, seine Antwort mit Ironie zu würzen und entgegnet augenzwinkernd: „Also für 15 € kannste die Karre haben."

Da der Wortlaut alleine auf die subjektive Erwartung des Erklärenden abstellt, greift die Vorschrift **nach h.M. auch, wenn die fehlende Ernstlichkeit objektiv nicht erkennbar** ist.[85] Dafür spricht, dass § 122 Abs. 1 auch im Fall des § 118 einen Schadensersatzanspruch verleiht, dieser aber gemäß des § 122 Abs. 2 ausgeschlossen ist, soweit der Erklärungsempfänger den guten Scherz erkannt hat oder hätte erkennen müssen. Würde nämlich § 118 nur bei Erkennbarkeit eingreifen, dann wäre der Schadensersatzanspruch nach § 122 Abs. 2 stets ausgeschlossen, sodass der Verweis in § 122 Abs. 1 auf § 118 im Ergebnis nie zu einem Schadensersatzanspruch führen würde.

Ein **Unterfall des guten Scherzes** ist das **misslungene Scheingeschäft**, wenn also der Erklärende seine Erklärung nur zum Schein abgibt, aber der Empfänger dies (anders als im Fall des § 117) nicht erkennt und daher die Erklärung für ernstgemeint hält.[86] **79**

Der **„böse Scherz"** hingegen, bei welchem der Erklärende **hofft, dass der Empfänger den fehlenden Rechtsbindungswillen nicht erkennen wird**, ist ein Fall des geheimen Vorbehalts nach § 116.[87] Der Scherzende ist nicht schutzwürdig, das Rechtsgeschäft ist grundsätzlich wirksam.

Rechtsfolge des guten Scherzes ist gemäß § 118 die **Nichtigkeit** der Willenserklärung. Allerdings schuldet der Scherzende nach Maßgabe des § 122 **Schadensersatz.**[88] **80**

Das Gesetz trägt einerseits dem Umstand Rechnung, dass der gutwillig Scherzende darin **zu schützen** ist, dass er das objektiv Erklärte nicht gewollt hat. Da dieser **Missstand aber aus seiner Sphäre stammt** und der andere Teil in seinem Vertrauen auf das objektiv Erklärte schutzwürdig ist, muss der Scherzen-

---

83 BGH RÜ 2019, 768. Das BeurkG findet sich im Schönfelder unter Ordnungsziffer 23 und die BNotO im Schönfelder Ergänzungsband unter Ordnungsziffer 98a.

84 Nach OLG Frankfurt/Main RÜ 2017, 477.

85 MünchKomm/Armbrüster § 118 Rn. 5 f. m.w.N.; a.A. (speziell zu beurkundungspflichtigen Geschäften, aber wohl auch generell) OLG München NJW-RR 1993, 1168.

86 Palandt/Ellenberger § 118 Rn. 2.

87 Palandt/Ellenberger § 118 Rn. 2 u. § 116 Rn. 6.

88 Näher zu § 122 AS-Skript BGB AT 2 (2019), Rn. 389 ff.

de einen u.U. entstandenen Schaden beseitigen. Diese **Interessenlage entspricht derjenigen der Anfechtung nach §§ 119 u. 120**, deshalb ordnet § 122 für alle Fälle dieselbe Rechtsfolge an.

Fall 3: Der ahnungslose Verkäufer

Mit notariellem Vertrag verkaufte der E dem K ein Grundstück für 200.000 €. Der Angestellte des E, der V, hatte mit dem K zuvor einen Kaufpreis von 210.000 € ausgehandelt, der aber aus „steuerlichen Gründen" nicht beurkundet wurde. Von dieser Abrede hatte E bei Abschluss des notariellen Vertrags keine Kenntnis. Ansprüche des K?

81 A. Ein Anspruch des K gegen E auf **Übergabe und Übereignung** des Grundstücks könnte sich aus **§ 433 Abs. 1 S. 1** ergeben. E und K müssten sich mittels wirksamer, korrespondierender Willenserklärungen über einen Kaufvertrag geeinigt haben.

Ein Kaufvertrag **zu 210.000 €** wurde weder (wie von § 311 b Abs. 1 S. 1 gefordert) beurkundet noch nach § 311 b Abs. 1 S. 2 geheilt, sodass er **gemäß § 125 S. 1 nichtig** ist. Ein Kaufvertrag **zu 200.000 €** wurde zwar beurkundet. Ihm könnten aber die **§§ 117, 118** entgegenstehen.

82 I. Der Vertrag könnte als **Scheingeschäft gemäß § 117 Abs. 1** „nichtig" sein bzw. es könnten mangels Rechtsbindungswillens keine Willenserklärungen vorliegen. E und K müssten **einvernehmlich** nur den äußeren Schein eines Rechtsgeschäfts hervorgerufen, die tatsächlichen Rechtsfolgen aber nicht gewollt haben.

Zwar ist **analog § 166 Abs. 1** dem E das Wissen seines Verhandlungsgehilfen V zuzurechnen. Hier geht es aber nicht um Wissenszurechnung, sondern um das Einvernehmen, nur den äußeren Schein eines Rechtsgeschäfts hervorrufen zu wollen. Diese **Willensübereinstimmung kann nicht durch eine Wissenszurechnung ersetzt werden.**[89]

Es liegt daher kein einvernehmliches Scheingeschäft vor. § 117 Abs. 1 steht der Wirksamkeit des Vertrags nicht entgegen.

83 II. Als **einseitiges, also misslungenes Scheingeschäft** könnte die Erklärung des K (und daher der Kaufvertrag) aber **gemäß § 118 als Scherzgeschäft** nichtig sein. Dann muss K seine beurkundete Erklärung in der Erwartung abgegeben haben, dass E erkennt, dass K nur zum Schein kontrahieren will.

1. Die Erwartung des Erklärenden, nicht missverstanden zu werden, liegt bei mündlichen Erklärungen mit entsprechender Mimik, Gestik und Tonfall besonders nahe. Das bedeutet aber nicht, dass § 118 auf **Erklärungen unter Abwesenden** (etwa per **Brief, Mail, SMS**)[90] generell nicht anwendbar ist. Vielmehr ist es eine Frage des **Einzelfalls**, ob die Erwartung des Erklärenden trotz der Abwesenheit berechtigt ist.[91] So deutet hier in der Tat alles darauf hin, dass K davon ausging, dass V den E in die Intention des K eingeweiht hatte.

---

89 Vgl. BGH RÜ 2000, 444; BGH RÜ 2001, 195.

90 Näher zur Erklärung unter Abwesenden und Anwesenden Rn. 115 f., 126 ff.

91 BGH RÜ 2017, 477 Rn. 29.

2. Zweifelhaft ist aber, ob § 118 auch für **beurkundete Erklärungen** gilt.

   a) **Teilweise** wird das verneint.[92] Es sei mit der **Funktion** des § 311 b Abs. 1 und dem **Verkehrsschutz** nicht zu vereinbaren, wenn eine vor dem Notar als staatliche Stelle äußerlich ernsthaft abgegebene Erklärung allein mit der Begründung vernichtet werden könne, man habe die Erklärung nicht gewollt und gemeint, der Vertragspartner werde das schon erkennen.

   b) Die besseren Argumente sprechen aber dafür, § 118 **auch bei beurkundeten Erklärungen** greifen zu lassen.[93] Zunächst enthält sein **Wortlaut** keine Einschränkung. § 311 b Abs. 1 S. 1 verfolgt ferner den **Zweck**, den Veräußerer und den Erwerber von Grundstücken vor übereilten Verträgen zu bewahren und ihnen die Beratung durch den Notar zu gewähren (**Warn- und Schutzfunktion**) sowie den Inhalt der Vereinbarung eindeutig festzuhalten (**Beweis- und Gewährsfunktion**). Die Beurkundung schützt aber **nicht** vor Vorbehalten oder Scheinerklärungen, zumal der Notar diese weder erkennen noch verhindern kann. § 118 setzt lediglich voraus, dass der Erklärende der Ansicht ist, die mangelnde Ernstlichkeit werde erkannt werden, nicht dagegen auch, dass die Nichternstlichkeit dem Empfänger (oder gar dem unparteiischen Notar) hätte auffallen müssen. Das Vertrauen in die Gültigkeit der Erklärung wird ausreichend durch § 122 geschützt.

§ 118 greift daher auch bei beurkundeten Erklärungen ein. Die Erklärung des K und der Kaufvertrag sind nichtig. K hat gegen E keinen Anspruch aus § 433 Abs. 1 S. 1.

B. Ein Anspruch des K gegen E auf **Ersatz** eines (zudem nicht ersichtlichen) **Schadens** aus **§ 122 Abs. 1** scheitert gemäß § 122 Abs. 2 daran, dass V wusste, dass K seine Erklärung nicht ernst meinte. Dieses Wissen wird E gemäß § 166 Abs. 1 zugerechnet. 84

---

3. Äußerer Geschäftswille und vertragswesentliche Bestandteile (essentialia negotii)

Der Erklärende muss die von ihm **konkret gewollten Rechtsfolgen** deutlich machen. 85

a) Einseitige Willenserklärungen

Bei einseitigen Willenserklärungen muss zumindest durch Auslegung zu ermitteln sein, welche **Rechtsfolge** die Erklärung haben soll. Dazu ist in der Regel erforderlich, dass der Erklärende sich objektiv **der Ausgangssituation bewusst** ist. 86

Beispiel: Der äußere Erklärungstatbestand einer Genehmigung (§ 177 Abs. 1) erfordert, dass der Erklärende die schwebende Unwirksamkeit kennt oder zumindest mit ihr rechnet und dass er das Rechtsgeschäft gleichwohl gelten lassen will.

---

92 OLG München NJW-RR 1993, 1168, 1169.

93 BGH RÜ 2000, 444; Palandt/Ellenberger § 118 Rn. 1.

b) Verträge

87 Bei Verträgen muss bereits das **Angebot** alle **wesentlichen Vertragsbestandteile (essentialia negotii)** beinhalten, denn die Annahme des Angebots ist definitionsgemäß mit jedem Ausdruck des Einverstandenseins („Ja.") möglich.

Werden die Parteien sich bereits über die wesentlichen Bestandteile des Vertrags nicht einig, so liegt ein (nicht in §§ 154 f. geregelter) **Totaldissens** vor. Dazu näher Rn. 194 ff.

Unerheblich für den Geschäftswillen beim Vertragsschluss ist hingegen, ob über sonstige Punkte (**accidentalia negotii**) **Nebenabreden** getroffen wurden. Insofern lückenhafte Vertragserklärungen ergehen mit Geschäftswillen.

Die Wirksamkeit des Vertrag beurteilt sich dann nach **§§ 154 f.** (dazu näher Rn. 200 ff.). Die **Lücken** sind **mittels des Gesetzes** oder einer **(ergänzenden) Vertragsauslegung zu schließen**.

Beispiele: Leistungsort und -zeit richten sich nach den §§ 269 ff.; ein Haftungsausschluss kann sich aus einer ergänzenden Vertragsauslegung ergeben (insbesondere bei Gefälligkeitsverträgen, vgl. Rn. 67 ff.).

88 Die **Vertragsparteien sind wesentlicher Bestandteil eines jeden Vertrags**, denn es muss feststehen, für welche Rechtssubjekte der Vertrag Rechte und Pflichten festlegt.

Gleichwohl kann ein Angebot zunächst an einen unbestimmten Personenkreis (**offerta ad incertas personas**) abgegeben werden, wenn der **Erklärende sich seinen Vertragspartner nicht aussuchen will (und oft auch nicht kann)**. Auch ein solches Angebot erfolgt mit Geschäftswillen. Vertragspartner des Anbietenden (sowohl hinsichtlich der Verpflichtung als auch hinsichtlich eventueller gleichzeitiger Verfügungen wie etwa beim Warenautomaten) wird derjenige, der das Angebot annimmt.[94]

Beispiele: Aufstellen eines Warenautomaten (aufschiebend bedingt [§ 158 Abs. 1] durch Zahlung des Preises, Vorrätigkeit der Ware und Funktionstüchtigkeit des Automaten); Betreiben einer Straßenbahn; Auslage von Waren im Selbstbedienungsladen und Freischalten einer Selbstbedienungszapfsäule (wenn man mit der h.M. [s.o. Rn. 50 f.] bereits diesem Verhalten den Rechtsbindungswillen entnimmt); Start einer Internetauktion (s.o. Rn. 52 zum Rechtsbindungswillen)

89 Im **Schuld- und Sachenrecht** ist im Übrigen wie folgt zu differenzieren:

aa) Schuldrecht und Bestimmbarkeit

90 Wesentliche Vertragsbestandteile eines **Verpflichtungsvertrags** sind (neben den **Parteien**) die **Leistung** sowie **ob und** (wenn ja) **welche Gegenleistung** erfolgen soll. Bei den typischen Verpflichtungsverträgen konkretisiert das Gesetz beispielsweise wie folgt die wesentlichen Bestandteile:

- **Kaufvertrag**, vgl. § 433: Verkäufer, Käufer, Kaufsache, Preis
- **Mietvertrag**, vgl. § 535: Vermieter, Mieter, Mietsache, Miete (d.h. der „Mietpreis")
- **Dienstvertrag, Werkvertrag**, vgl. § 611, § 631: Parteien, Leistungspflichten

  Eine **Gegenleistung** muss hier nicht vereinbart werden. Sie gilt ohnehin als **stillschweigend vereinbart**, wenn der Dienst/das Werk nur gegen Vergütung zu erwarten ist (§ 612 Abs. 1, § 632 Abs. 1).

94 Brox/Walker § 8 Rn. 5.

Es genügt, dass der Vertragsgegenstand **bestimmbar** vereinbart wird, falls **vereinbarte oder gesetzliche Wertmaßstäbe** vorhanden sind. Diese können auch außerhalb der Vereinbarung liegen. Es ist also nicht erforderlich, dass im Zeitpunkt der Einigung bereits die Leistungsverpflichtung eindeutig bestimmt ist. 91

Beispiele: Verpflichtung zur Lieferung einer Kaufsache mittlerer Art und Güte beim Gattungskauf gemäß § 243 Abs. 1, soweit nichts anderes vereinbart; Vereinbarung, dass später der Leistungsinhalt bestimmt werden soll: nach Maßgabe der Vereinbarung und hilfsweise nach Maßgabe der §§ 315 ff.

Ergeben sich aus der Vereinbarung der Parteien oder aus dem Gesetz **keine ausreichenden Wertmaßstäbe** für die Bestimmung der Leistung, ist die Vereinbarung mangels Bestimmbarkeit **unwirksam**.

Beispiel:[95] M mietet von V „in dem Gebäude, das auf dem Grundstück der ehemaligen Red Apple-Zigarettenfabrik derzeit errichtet wird, Gewerberäume (Größe ca. 400 m^2 bis 500 m^2)". –
Mangels Geschäftswillens sowohl des M als auch des V besteht kein Mietvertrag. Sie haben die Mietsache weder im Vertrag bestimmt, noch ist sie aufgrund einer gesetzlichen Norm oder einer (ergänzenden) Auslegung des Vertrags bestimmbar. Noch zu errichtende Gebäude oder Räume müssen, wenn sie Vertragsgegenstand werden sollen, präzise beschrieben werden, damit sie nach Fertigstellung eindeutig identifiziert und der Vereinbarung zugeordnet werden können.

Bestimmbarkeit genügt auch für die **Abtretung** nach § 398. Die Abtretung ist zwar eine Verfügung, aber gleichwohl steht sie im Schuldrecht und wirkt nur inter partes.

Beispiel für Bestimmbarkeit: Abtretung aller Forderungen A gegen B aus der Aufstellung des Steuerberaters; **Gegenbeispiel:** Abtretung aller Forderungen „bis auf irgendeine"[96]

bb) Sachenrecht und Bestimmtheit

Wesentliche Vertragsbestandteile einer sachenrechtlichen Verfügung sind (neben den **Parteien**) die aus dem numerus clausus der gesetzlich zugelassenen Verfügungen ausgewählte **Art der Verfügung** und das von ihr betroffene **Recht**. Da Verfügungen an Sachen absolut gegenüber jedermann wirken, genügt die Bestimmbarkeit der Sache(n) nicht, sie muss vielmehr **in der Einigung bestimmt** werden. Es muss sich im Zeitpunkt des Publizitätsakts (Übergabe[-surrogat] bzw. Grundbucheintragung]) für jeden, der die Einigung kennt, alleine aus der Einigung ergeben, um welche Sache(n) es exakt geht. 92

Beispiel für Bestimmtheit: „alle Teppiche im Haus des D"; **Gegenbeispiel:** „5 Tonnen Getreide aus dem insgesamt 200 Tonnen fassenden Getreidesilo"[97]

II. Innerer Erklärungstatbestand und Zurechnung

Bei einer **fehlerfreien Willenserklärung** stimmen innerer und äußerer Erklärungstatbestand überein. Der innere Wille hat korrekt in der Erklärung Ausdruck gefunden. 93

---

95 Nach KG NJW-RR 2007, 519.

96 Weitere Beispiele und näher zur Bestimmbarkeit der Abtretung AS-Skript Schuldrecht AT 2 (2018), Rn. 369.

97 Weitere Beispiele und näher zur Bestimmtheit insbesondere der Übereignung AS-Skript Sachenrecht 1 (2018), Rn. 305 ff.

Tatbestand einer fehlerfreien Willenserklärung

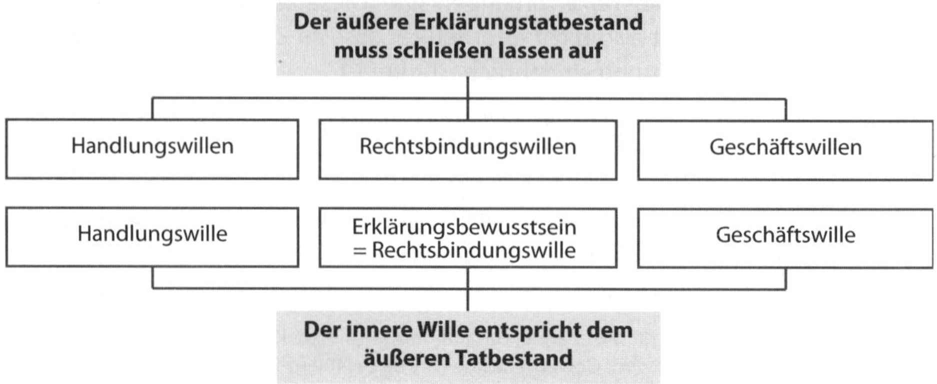

94 Die Erklärung wird aber nach h.M. **bereits bei potenziellem Erklärungsbewusstsein und ohne Geschäftswillen** dem Erklärenden **zugerechnet** und ist daher wirksam.

Mindesttatbestand einer Willenserklärung (h.M.)

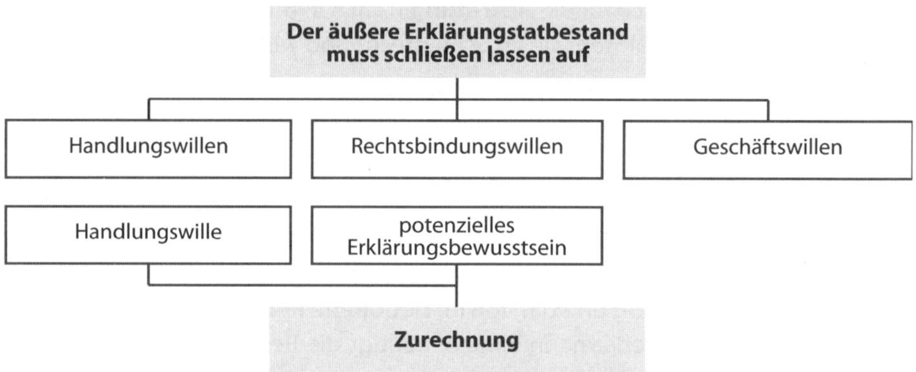

95 Der Erklärende kann allerdings, wenn die Willenserklärung nur den Mindesttatbestand erfüllt und nicht fehlerfrei ist, diese nach §§ 142 Abs. 1, 119 Abs. 1 (analog) **anfechten** (dazu 1.–3.). Einen Sonderfall bildet die **Blankoerklärung** (dazu 4.).

§ 119 Abs. 1 zeigt deutlich, dass der **innere und der äußere Tatbestand nicht zwingend übereinstimmen müssen**. Müssten sie sich immer decken, so wäre § 119 Abs. 1 ohne Bedeutung.

1. Innerer Handlungswille

96 Unstreitig erforderlich ist der innere Handlungswille. Wenn der, der äußerlich als „Erklärender" erscheint, die Erklärung **nicht willensgesteuert oder überhaupt nicht abgegeben** hat, so liegt **keine Willenserklärung** vor.[98]

- Bei willensbrechender Gewalt (**vis absoluta**) **fehlt der innere Handlungswille**. Das Risiko ihres Vorliegens trägt also der Erklärungsempfänger.

  Beispiel: S führt die Hand des A und zwingt ihn, eine Bürgschaftsurkunde zu „unterschreiben".– Es liegt keine Willenserklärung des A vor. Äußerlich liegt aus Sicht eines objektiven Empfängers, der die Urkunde betrachtet, zwar Handlungswille vor. Innerlich hatte A diesen Willen aber nicht.

---

98 MünchKomm/Armbrüster, Vor § 116 Rn. 22; Palandt/Ellenberger Einf v § 116 Rn. 16.

- Bei nur zwingender Gewalt durch Drohung (**vis compulsiva**) **besteht** ein – wenn auch erzwungener – **innerer Handlungswille**. Allerdings ist die Erklärung gemäß § 123 Abs. 1 Var. 2 **ohne Schadensersatzpflicht anfechtbar**.

  Beispiel: A unterschreibt eine Bürgschaftsurkunde, weil S dies mit gezückter Pistole verlangt.

Hat ein **Dritter** die Willenserklärung ohne Einverständnis des vermeintlich „Erklärenden" so formuliert, dass es so aussieht, als habe dieser die Erklärung selbst abgegeben (**Handeln unter fremdem Namen**), so wird die Erklärung dem „Erklärenden" **mangels inneren Handlungswillens nicht zugerechnet**. Dies gilt selbst dann, wenn er es durch fahrlässiges Verhalten ermöglicht hat, dass die Erklärung in den Verkehr gelangt ist – anders als in den sogleich unter 3. und 4. dargestellten Konstellationen. **97**

Beispiel: N bestellt Waren und benutzt dabei den Namen des E, damit dieser die Rechnung erhält. – Äußerlich liegt Handlungswille des E vor, innerlich aber nicht. Es liegt keine Willenserklärung des E vor.

Hinweis: *Während beim* ***Handeln in fremdem Namen*** *(also als Vertreter, §§ 164 ff.) offenkundig ist, dass ein Dritter handelt, ist dies beim* ***Handeln unter fremdem Namen*** *nicht erkennbar. Derjenige, unter dessen Namen gehandelt wird, kann die Erklärung allerdings* ***nach h.M. analog § 177 Abs. 1 genehmigen****, wenn der Dritte nicht zwecks bloßer* ***Namenstäuschung****, sondern zwecks* ***Identitätstäuschung*** *handelt. Näher dazu Rn. 334 ff.*

2. Innerer Geschäftswille

Wenn der Erklärende inneren Handlungswillen und Erklärungsbewusstsein hat, aber sein **innerlich gebildeter Geschäftswille** über den Geschäftsinhalt **vom äußerlich erkennbaren Geschäftswillen abweicht**, so liegt unstreitig eine **Willenserklärung** vor. **98**

Der **Inhalt** der Willenserklärung richtet sich auch in diesem Fall nach dem **äußeren Geschäftswillen**, um den Rechtsverkehr zu schützen. Allerdings kann der Erklärende seine Willenserklärung gemäß §§ 142 Abs. 1, 119 Abs. 1 Var. 2 **anfechten**. Er schuldet dann allerdings **Schadensersatz** nach Maßgabe des § 122.

Beispiel: Der M besichtigt zwei Wohnungen des V mit drei bzw. vier Zimmern und erklärt, er werde sich in den nächsten Tagen entscheiden. M will die 3-Zimmer-Wohnung mieten. Er schreibt dem V, er nehme die Wohnung im Obergeschoss. Dort befindet sich aber die 4-Zimmer-Wohnung. –
Äußerlich liegt der Tatbestand einer Willenserklärung vor. Ausgelegt nach dem objektiven Empfängerhorizont (§§ 133, 157) bezieht sich der äußere Geschäftswille auf die 4-Zimmer-Wohnung im Obergeschoss. Innerlich hatte M Handlungswillen und Erklärungsbewusstsein, also liegt eine wirksame Willenserklärung bezüglich der 4-Zimmer-Wohnung vor. Wegen des abweichenden inneren Geschäftswillens ist die Erklärung aber nur schwebend wirksam und gemäß §§ 142 Abs. 1, 119 Abs. 1 Var. 2 anfechtbar.

Der Anfechtungsgrund des **§ 119 Abs. 1 Var. 1** greift hingegen, wenn **innerer und äußerer Geschäftswille sich decken**, aber der Erklärende **über die Bedeutung oder Tragweite der Erklärung irrt**. Die Anfechtung wird ausführlich behandelt in AS-Skript BGB AT 2.

3. Inneres (zumindest potenzielles) Erklärungsbewusstsein

Wollte der Handelnde mit seinem willentlichen Verhalten überhaupt **keine Willenserklärung abgeben**, so fehlt ihm das innere Erklärungsbewusstsein. Dieses entspricht also inhaltlich dem äußeren Rechtsbindungswillen. **Hätte** der Handelnde allerdings bei Anwendung der im Verkehr erforderlichen Sorgfalt **erkennen können**, dass sein Handeln von außen betrachtet als Erklärung mit Rechtsbindungswillen aufgefasst werden kann, so hat er zwar kein „echtes", aber immerhin **potenzielles Erklärungsbewusstsein.** Dessen Folgen sind umstritten: **99**

Fall 4: Trierer Weinversteigerung

Auf einer Versteigerung werden nach der Verkehrsanschauung Gebote durch Handheben abgegeben. K weiß das nicht. Als der Auktionator A fragt, ob jemand bereit sei, 3.400 € für eine im Namen des V verkaufte Weinflasche zu bieten, hebt der anwesende K die Hand, um einen Freund zu begrüßen. A erteilt K den Zuschlag. Rechtslage?

100 A. Zwischen V und K könnte ein **Kaufvertrag** zu 3.400 € mit den Rechten und Pflichten aus § 433 bestehen. Ein Kaufvertrag kommt durch zwei deckungsgleiche Willenserklärungen namens Angebot (bzw. Antrag) und Annahme nach Maßgabe der §§ 145 ff. zustande. Zweifelhaft ist, ob das Handheben des K ein **Angebot** darstellt.

I. **Aus Sicht eines objektiven Dritten**, der die örtliche Verkehrssitte kennt, ließ das Handheben des K auf einen **Handlungs-, Rechtsbindungs- und Geschäftswillen** des K schließen. Daher liegt der **äußere Erklärungstatbestand** vor.

101 II. K müsste auch **tatsächlich** diesen äußerlich gezeigten Willen gehabt haben. Der **innere Erklärungstatbestand** einer Willenserklärung erfordert unstreitig **Handlungswillen**, welchen K, der willentlich die Hand hob, gehabt hatte.

K wollte allerdings durch das Handheben keinerlei rechtlich erhebliche Erklärung abgeben, sondern nur gemäß sozialer Gepflogenheiten einen Freund grüßen, sodass er **kein Erklärungsbewusstsein** hatte. Der innere Erklärungstatbestand ist daher nicht gänzlich erfüllt.

Hätte K allerdings die im Verkehr – konkret in einer Versteigerung– erforderliche Sorgfalt walten lassen, indem er z.B. das Verhalten der übrigen Anwesenden beobachtete, so hätte er erkennen können und müssen, dass der Rechtsverkehr dem Handheben einen Erklärungsgehalt beimisst. K hatte daher **potenzielles Erklärungsbewusstsein**. Zudem hatte V (vertreten durch A) nicht erkannt und konnte auch nicht erkennen, aus welchem Grund K die Hand hob. **V vertraute** also **schutzwürdig** darauf, dass K sich rechtlich binden wollte. Zweifelhaft ist, ob dies genügt, um dem K seine äußerlich vorliegende Erklärung zuzurechnen.

102 1. **Teilweise**[99] wird eine Zurechnung verneint. Sie setze zwar keinen inneren Geschäftswillen voraus. Das innere Erklärungsbewusstsein müsse aber tatsächlich und nicht nur potenziell vorliegen.

Dafür spricht der Schutz der **Privatautonomie** des Handelnden. Wenn er keine rechtliche Bindung will, darf man ihm diese nicht aufzwingen. Zudem enthält **§ 118** die einzige ausdrücklich Regelung eines fehlenden Erklärungsbewusstseins. Die Norm schreibt fest, dass sogar derjenige, der **bewusst** den äußeren Erklärungstatbestand einer Willenserklärung ohne Erklärungsbewusstsein setzt, eine von vornherein unwirksame Erklärung abgibt. Dann kann **erst recht** eine Handlung, die den äußeren Erklärungstatbestand **unbewusst** setzt, keine rechtliche Bindung entfalten.

99 Canaris NJW 1974, 528; 1984, 2281; Thiele JZ 1969, 407; OLG Düsseldorf OLGZ 1982, 240.

2. Die besseren Argumente sprechen aber dafür, mit der **h.M.**[100] dem K seine Erklärung zuzurechnen. 103

Der Schutz der Privatautonomie muss hinter dem **Verkehrsschutz** zurücktreten. Die Privatautonomie (hier: des K) ist in dieser Situation nicht schützenswert, da der Erklärende es selbst in der Hand hat, die erforderliche Sorgfalt anzuwenden und hierdurch das Setzen eines nicht gewollten äußerlichen Erklärungstatbestands zu vermeiden. Der Rechtsverkehr (hier: V vertreten durch A) hingegen muss in seinem **Vertrauen auf objektiv gesetzte Erklärungstatbestände** geschützt werden, anderenfalls wäre jedem rechtsgeschäftlichen Handeln gegenüber anderen Personen die Grundlage entzogen.

Hinweis: *Hätte V bzw. A hingegen* ***erkannt****, dass K kein Erklärungsbewusstsein hatte, so wäre V* ***nicht schützenswert*** *und dem K würde keine Erklärung zugerechnet. In aller Regel wird in einem solchen Fall aber dann auch ein objektiver Dritter dies erkennen, sodass bereits der objektive Erklärungstatbestand nicht erfüllt ist.*

Zudem wird der für die Situation verantwortliche **Erklärende** (hier: K) **ausreichend geschützt**. Er hat sogar ein Wahlrecht. Er kann die Erklärung gegen sich **gelten lassen, oder** sie durch **Anfechtung** gemäß **§ 119 Abs. 1 Var. 2** beseitigen. Die Norm greift zwar direkt nur bei fehlendem inneren Geschäftswillen, sie ist aber bei potenziellem Erklärungsbewusstsein **analog** anzuwenden.[101] Die gesetzliche Regelungslücke ist nämlich planwidrig. Auch die Interessenlage ist in beiden Fällen vergleichbar, denn es besteht „zwischen dem, der rechtsgeschäftlich gar nichts will, und dem, der rechtsgeschäftlich etwas ganz anderes will, kein Unterschied".[102]

Mithin liegt ein hinreichender innerer Erklärungstatbestand vor. Das Handheben wird K als Angebot hinsichtlich eines Kaufvertrags über die Flasche zu 3.400 € zugerechnet. A ist das Angebot zugegangen, dies wird V gemäß § 164 Abs. 3 zugerechnet.

Im Rahmen einer Versteigerung erfolgt die **Annahme** gemäß § 156 durch den Zuschlag des Auktionators, welcher dabei gemäß § 164 Abs. 1 den Verkäufer vertritt.[103] Der Zuschlag des A ist also eine Annahme namens des V.

Mithin besteht zwischen K und V ein **Kaufvertrag**.

B. K kann, wie ausgeführt, **analog § 119 Abs. 1 Var. 2** die ihm zugerechnete Erklärung **anfechten**. Das hat gemäß § 142 Abs. 1 die rückwirkende Nichtigkeit seiner Erklärung und des gesamten Kaufvertrags zur Folge. K muss dazu unverzüglich gegenüber V die Anfechtung erklären, §§ 121 Abs. 1, 143 Abs. 1 u. 2. 104

C. Wenn K anficht, so schuldet er V nach Maßgabe des **§ 122 Abs. 1 Schadensersatz**. Den wahren Willen des K und daher das Anfechtungsrecht kannte V weder, noch hätte er es erkennen können, sodass § 122 Abs. 2 den Anspruch nicht ausschließt.

---

100 BGH, NJW 2006, 3777, Rn. 18; Palandt/Ellenberger Einf v § 116 Rn. 17; MünchKomm/Armbrüster § 119 Rn. 93 ff.
101 Palandt/Heinrichs Einf v § 116 Rn. 17.
102 Bydlinski, Privatautonomie und objektive Grundlagen des verpflichtenden Rechtsgeschäfts, 1967, S. 163.
103 Palandt/Ellenberger § 156 Rn. 1.

105 In identischer Weise sind Fälle zu lösen, in denen der Erklärungstatbestand nicht formlos, sondern **schriftlich** oder in einer anderen Form gesetzt wird.

Beispiel: Geschäftsführer G unterschreibt eilig dutzende Dokumente nacheinander. Eines der Dokumente enthält die Bestellung eines neuen Druckers. G unterschreibt es in dem Glauben, es handele sich um eine Glückwunschkarte für einen Mitarbeiter. –
Äußerlich liegt eine Willenserklärung vor. Innerlich hatte G Handlungswillen und (wenn auch nur potenzielles) Erklärungsbewusstsein. Die Erklärung wird G (wenn sie dem Verkäufer zugeht) zugerechnet. G kann anfechten, schuldet dann aber Schadensersatz.

4. Unvollständige, von einem Dritten ausgefüllte Blankoerklärung

106 In den zuvor dargestellten Fällen setzt der Handelnde (ungewollt) einen vollständigen objektiven Erklärungstatbestand. Davon zu unterscheiden sind Situationen, in denen der Handelnde eine **unvollständige Urkunde** – ein Blankett – herstellt und in Kenntnis der Unvollständigkeit einem anderen **mit der Ermächtigung zur Vervollständigung aushändigt**. Im Ergebnis muss der Handelnde auch hier die vervollständigte Urkunde **gegen sich gelten lassen, selbst wenn sie abredewidrig ausgefüllt wurde.**[104]

Fall 5: Blankettvervollständigung

K kauft von V einen Lastzug für 50.000 €. K übergibt V einen Kleintransporter, den V für K verkaufen soll. Der Erlös soll mit den 50.000 € verrechnet werden. Der dann verbleibende Restkaufpreis für den Lastzug soll von der Hausbank B des V finanziert werden. K füllt einen Darlehensantrag der B aus und lässt den Darlehensbetrag offen, damit V nach Verkauf des Kleintransporters die benötigte Summe einsetzen kann. V gerät in Schwierigkeiten. Er verkauft den Kleintransporter für 10.000 €, setzt trotzdem 50.000 € ein und lässt sich diese Summe von B auszahlen. B verlangt von K Rückzahlung der 50.000 €. Zu Recht?

107 A. Ein Anspruch der B gegen K auf Rückzahlung von 50.000 € aus **§ 488 Abs. 1 S. 2** ist entstanden, soweit K und B sich mittels Angebot und Annahme über einen **Darlehensvertrag** in (mindestens) dieser Höhe **geeinigt** haben.

I. K müsste ein **Angebot** abgegeben haben.

1. Der **äußere Erklärungstatbestand** muss erfüllt sein. B hat einen Darlehensantrag über 50.000 € mit der Unterschrift des K erhalten. Daraus konnte ein objektiver Empfänger in der Situation der B nur schließen, dass K in dieser Höhe ein Darlehen abschließen wollte. Der äußere Erklärungstatbestand ist erfüllt.

2. Diese äußerliche Erklärung muss dem K auch **zurechenbar** sein.[105] Dazu muss K den **inneren Erklärungstatbestand** hinreichend verwirklicht haben. Dieser setzt **mindestens** tatsächlichen **Handlungswillen** und **potenzielles Erklärungsbewusstsein** des K voraus.

108 a) **Als K den Antrag teilweise ausfüllte und unterschrieb**, hatte er zwar Handlungswillen. Zu diesem Zeitpunkt war aber die Darlehenssumme als

104 BGH NJW 1996, 1467.

105 Vgl. zum Folgenden insgesamt Staudinger/Schilken § 172 Rn. 8, m.w.N.; BGH NJW 1996, 1467.

vertragswesentlicher Bestandteil (essentialium negotii) noch nicht eingetragen. In diesem frühen Stadium lag daher bereits objektiv kein Geschäftswille und daher objektiv keine Willenserklärung vor, sodass K auch kein entsprechendes (wirkliches oder potenzielles) Erklärungsbewusstsein gehabt haben kann. Im Zeitpunkt seiner Unterschrift hatte K daher (bereits den objektiven Tatbestand und zudem) den subjektiven Mindesttatbestand nicht verwirklicht.

b) **Als V in den Antrag später als Darlehenssumme „50.000 €" eintrug,** enthielt der Antrag aber objektiv alle vertragswesentlichen Bestandteile. Die willentliche Vervollständigung durch V ließ zulasten des K den subjektiven Mindesttatbestand einer Willenserklärung entstehen, soweit sie **dem K gemäß § 164 Abs. 1 zuzurechnen** ist. **109**

Nach dem **Wortlaut** gilt die Norm nur für den **Vertreter**, der eine eigene Erklärung im fremden Namen abgibt. Es ist anerkannt, dass die Norm **analog** auch eine Zurechnung des **Boten** ermöglicht, der eine fremde Erklärung überbringt. **V fällt aber in keine der beiden Kategorien**. Äußerlich hat er wie ein Bote eine fremde Erklärung überbracht, aber zuvor hat er aufgrund eigenen Willens wie ein Vertreter die Erklärung hergestellt. Dies hat er aber nicht durch Willensakt, sondern durch einen Realakt (Schreiben der Zahl „50.000") getan, was wiederum dem Boten ähnlicher ist.

Für den Rechtsverkehr und den schutzwürdigen Empfänger (hier: B) macht es aber keinen Unterschied, auf welchem der drei genannten Wege die Willenserklärung ihn erreicht. Die Interessenlage und das Schutzbedürfnis sind stets identisch. Daher wird zum Schutz des Rechtsverkehrs **§ 164 auch analog auf den zur Ausfüllung Ermächtigten** angewendet.

Allerdings muss auch der zur Ausfüllung Ermächtige mit entsprechender **„Ausfüllungsermächtigung"**, dem Pendant zur Vertretungsmacht i.S.d. § 164 Abs. 1, handeln.[106] K indes hatte V nicht dazu ermächtigt, einen Betrag einzusetzen, der über dem noch zur Tilgung des Kaufpreises für den Lastzug erforderlichen Betrag liegt. Mithin ist der Tatbestand des § 164 Abs. 1 analog nicht erfüllt, sodass insofern keine Zurechnung erfolgt.

Hinweis: *Eine weitere Fallvariante ist, dass die Ausfüllungsermächtigung zwar in ausreichender Höhe erteilt wird, aber gemäß § 125 S. 1* ***formnichtig*** *ist. Zwar bedarf die Ausfüllungsermächtigung grundsätzlich analog § 167 Abs. 2 keiner Form. Es ist aber anerkannt, dass bestimmte* ***Formvorschriften mit Warnfunktion*** *trotzdem zu beachten sind, insbesondere § 766 S. 1 für die Bevollmächtigung bzw. Ausfüllungsermächtigung hinsichtlich einer Bürgschaft (näher dazu Rn. 357 ff.).*

c) Daneben gelten aber die **allgemeinen Rechtsscheinsgrundsätze**, die von **§ 172 Abs. 2**, der ebenfalls auf das Blankett **analog** anzuwenden ist, **konkretisiert werden**. Wer ein unterschriebenes Blankett in Kenntnis der Unvollständigkeit aus der Hand gibt und dadurch den Rechtsschein einer Willenserklärung ermöglicht, der muss diesen gegen sich gelten lassen, wenn **110**

106 MünchKomm/Schramm § 172 Rn. 2 u. Staudinger/Schilken § 172 Rn. 8, jeweils m.w.N.

der andere Teil davon ausgeht und ausgehen darf, dass eine Willenserklärung vorliegt.[107] Da B von der abredewidrigen Ausfüllung keine Kenntnis hatte und diese auch nicht erkennen konnte, muss sich K so behandeln lassen, als hätte er einen Darlehensantrag in Höhe von 50.000 € gestellt.

Ein Angebot des K liegt nach alledem für ein Darlehen i.H.v. 50.000 € vor.

II. B hat dieses Angebot spätestens durch Auszahlung an V **angenommen**. Der Zugang dieser Annahmeerklärung war gemäß § 151 S. 1 Var. 1 entbehrlich. Damit ist der Darlehensvertrag über 50.000 € zustande gekommen.

111 B. Die Willenserklärung des K und folglich der Darlehensvertrag könnte gemäß §§ 142 Abs. 1, 119 Abs. 1 aufgrund einer konkludenten **Anfechtungserklärung** des K rückwirkend (ex tunc) erloschen sein.

Ein bloßer **Rechtsfolgenirrtum** des K über die rechtliche Wirkung des (vervollständigten) Blanketts ist generell unbeachtlich.[108] Er liegt aber ohnehin nicht vor.

K unterlag vielmehr einem **Tatsachenirrtum** dergestalt, dass er glaubte, V werde das Blankett nur absprachegemäß ausfüllen. Es ist generell **umstritten, ob Rechtsscheinstatbestände bei Tatsachenirrtümern angefochten werden können**.[109]

Jedenfalls **bei Blanketterklärungen** ist das mit der inzwischen ganz h.M. aber **abzulehnen**.[110] Der Ersteller des Blanketts (hier K) schafft das Risiko des abredewidrigen Ausfüllens bewusst, während der Empfänger (hier B) oftmals nicht weiß und wissen kann, dass der Ausfüllende (hier V) gegen die Abrede verstoßen hat oder noch grundlegender, dass die Unterschrift nicht als allerletztes eingetragen wurde. Der Empfänger ist daher deutlich schutzwürdiger. Die Erwartung des Erstellers, der Ermächtigte (hier V) werde sich redlich verhalten, ist zudem – wie grundsätzlich jeder Motivirrtum – unbeachtlich.

Somit konnte K seine Willenserklärung nicht anfechten.

112 C. B hatte zwar nicht K, aber wie verabredet dem V das **Darlehen** i.H.v. 50.000 € i.S.d. § 488 Abs. 1 S. 2 **„zur Verfügung gestellt"**.

B hat also gegen K einen Anspruch auf Rückzahlung der 50.000 € aus § 488 Abs. 1 S. 2.

---

107 OLG Brandenburg RÜ 2014, 749, 750 f. (Bestätigung der st.Rspr); Staudinger/Schilken § 172 Rn. 8.

108 Näher AS-Skript BGB AT 2 (2019) Rn. 259 ff.

109 Näher Rn. 378, 389 zur Rechtsscheinsvollmacht sowie AS-Skript BGB AT 2 (2019), Rn. 263.

110 BGH NJW 1996, 1467; Wolf/Neuner § 50 Rn. 103; Staudinger/Singer § 119 Rn. 32; a.A. RG RGZ 105, 183, 185; Reinicke/Tiedtke JZ 1984, 550, 552.

Tatbestand der Willenserklärung

Äußerer Erklärungstatbestand

- **Handlungsbewusstsein**

  Erkennbar willensgesteuertes Handeln.

- **Rechtsbindungswille**

  - Fehlt bei Erklärungen ohne einen rechtlichen Bezug (politische, wissenschaftliche, gesellschaftliche Äußerungen).
  - Aufforderung zur Angebotsabgabe (invitatio ad offerendum) ist kein verbindliches Angebot (z.B. Schaufensterauslage, Zeitungsinserat, Anzeige im Web-Shop; str. bei SB-Laden und SB-Tankstelle). Start einer Internet-Auktion ist hingegen verbindlich.
  - Auskunft, Rat und Empfehlung sind gemäß § 675 Abs. 2 grundsätzlich unverbindlich. Aber verbindlicher Auskunftsvertrag, wenn Auskunft erkennbar von erheblicher Bedeutung und Grundlage wesentlicher Entscheidungen.
  - Alltägliche Gefälligkeiten sind rechtlich unverbindlich. Gefälligkeitsverträge begründen schadensersatzbewehrte Leistungspflichten (§ 241 Abs. 1). Gefälligkeitsverhältnisse (von h.M. nicht anerkannt) sollen nur Sorgfaltspflichten (§ 241 Abs. 2) begründen. Deliktsrecht steht daneben.
  - Kein Rechtsbindungswille bei erkanntem Vorbehalt (§ 116 S. 2) und Scheingeschäft (§ 117 Abs. 1), aber dissimuliertes Geschäft (§ 117 Abs. 2) gilt, wenn Voraussetzung erfüllt. Scherzgeschäft (§ 118) ist nichtig, aber schadensersatzbewehrt (§ 122).

- **Geschäftswille**

  Benennung der konkreten Rechtsfolgen; bei Verträgen essentialia negotii.

Innerer Erklärungstatbestand bzw. Zurechenbarkeit

- **Handlungswille**

  Wille, zu handeln. Wenn nicht vorhanden, dann keine Willenserklärung.

- **Erklärungsbewusstsein (Rechtsbindungswille)**

  Wissen, dass der Rechtsverkehr die Handlung für rechtlich relevant hält. Wenn wirklich oder zumindest potenziell vorhanden, dann nach h.M. zwar Willenserklärung (+), aber anfechtbar (§ 119 Abs. 1 Var. 2 analog).

- **Geschäftswille**

  Wille, das konkrete Geschäft vorzunehmen. Bei Fehlen oder Abweichung vom objektiven Geschäftswillen zwar Willenserklärung (+), aber anfechtbar (§ 119 Abs. 1).

B. Wirksamwerden der Willenserklärung

113 **Empfangsbedürftige Willenserklärungen** werden gemäß § 130 Abs. 1 S. 1 durch **Abgabe und Zugang** wirksam, s. Rn. 35.

Nicht empfangsbedürftige Willenserklärungen werden bereits mit **Abgabe** wirksam, s. Rn. 36.

I. Abgabe

114 Die Abgabe **aller** Willenserklärungen setzt voraus, dass der Erklärende seinen rechtsgeschäftlichen Willen willentlich und erkennbar so geäußert hat, dass **an der Endgültigkeit der Äußerung kein Zweifel möglich** ist.

1. Empfangsbedürftige Willenserklärungen unter Anwesenden und Abwesenden

115 Empfangsbedürftige Willenserklärungen **unter Anwesenden** müssen so formuliert werden, dass der **Empfänger sie vernehmen kann.** Dazu zählen Erklärungen, die **nahtlos und ohne Zeitverzögerung** vom Erklärenden zum Empfänger gelangen. Anwesenheit i.d.S. erfordert daher nicht, dass die Beteiligten im selben Raum sind. Es genügt, wenn sie mit technischen Hilfsmitteln so kommunizieren, **als wären sie im selben Raum**, vgl. § 147 Abs. 1 S. 2.

Empfangsbedürftige Willenserklärungen **unter Abwesenden** müssen **physisch oder digital verkörpert** werden und so **auf den Weg in den Rechtsverkehr gebracht** werden, dass ohne Weiteres **mit dem Zugang beim Empfänger gerechnet** werden darf.[111]

Beispiele für Anwesenheit: Persönliches Gespräch, Telefonat, Videotelefonat (Skype/Facetime), Chats

Beispiele für Abwesenheit: Telefax, E-Mail, SMS, Online-Bestellformular, Brief

Grenzfälle liefern Messaging-Dienste wie WhatsApp. Das Versenden von zeitlich versetzt abrufbaren Sprachnachrichten dürfte eher unter Abwesenden erfolgen, während das schnelle Hin- und Hersenden von Textnachrichten eher einem Chat als einer SMS ähneln dürfte.

Klausurhinweis: *Die* ***Unterscheidung*** *zwischen Anwesenheit und Abwesenheit hat im Rahmen der Abgabe wohl kaum jemals entscheidende Bedeutung. Im Rahmen des* ***Zugangs*** *wirkt sie sich aber aus, dazu Rn. 123 ff.*

2. Erklärungsvertreter und Erklärungsbote

116 Der Geschäftsherr kann gemäß § 164 Abs. 1 S. 1 einen **Erklärungsvertreter** einschalten. Der Vertreter gibt dann eine **eigene Willenserklärung** (namens des Geschäftsherrn) ab, deren Abgabe(-zeitpunkt) sich nach den Ausführungen unter 1. richtet.

Der **Geschäftsherr** kann auch **selbst eine Willenserklärung** formulieren und einen **Erklärungsboten** analog § 164 Abs. 1 S. 1 mit der Übermittlung dieser Erklärung beauftragen. Abgabezeitpunkt ist dann bereits die Übergabe an den Erklärungsboten.[112]

---

111 Zu allem Palandt/Ellenberger § 130 Rn. 4; Brox/Walker § 7 Rn. 2 ff., insb. Rn. 7 zu modernen Kommunikationsmitteln.

112 Näher zu der Abgrenzung Bote/Stellvertreter in Rn. 303 ff.

3. Abhandengekommene Willenserklärung

Die Abgabe setzt willentliche Entäußerung voraus. Ein **nicht willentlicher Eintritt** in den Verkehr (abhandengekommene Willenserklärung) **durch Zufall** (d.h. ohne Verschulden) ist unstreitig **keine Abgabe. Umstritten** ist dies hingegen **bei Verschulden**: 117

Fall 6: Das Gegenteil von „gut gemacht" ist „gut gemeint"

Die V hat ein Angebot zum Verkauf eines Bildes für 5.000 € an den K entworfen. Sie druckt das Schreiben aus, unterschreibt es und lässt es auf ihrem Schreibtisch liegen, um es später zu überdenken. V verlässt das Büro. Sekretär S sieht das Schreiben und nimmt an, es hätte schon längst in der Post sein müssen. Daher schickt S das Schreiben an K. K erklärt die Annahme. V ficht unverzüglich an. Ansprüche K gegen V?

I. K hat gegen V einen Anspruch aus **§ 433 Abs. 1 S. 1** auf Übergabe und Übereignung des Bildes, wenn K und V sich über einen Kaufvertrag **geeinigt** haben. 118

1. V hat ein **Angebot** zum Abschluss eines Kaufvertrags formuliert, das sämtliche äußere und innere **Merkmale einer Willenserklärung** enthält. V müsste dieses Angebot aber auch **abgegeben** haben.

a) Die Abgabe setzt ein willentliches Inverkehrbringen dergestalt voraus, dass mit dem Zugang gerechnet werden kann. V hat die Erklärung **nicht willentlich in den Verkehr gebracht**, sondern auf den zu ihrem Machtbereich gehörenden Schreibtisch gelegt. V hat die Erklärung daher nicht abgegeben.

b) Das Angebot könnte gleichwohl **als abgegeben gelten**. 119

aa) **Teilweise**[113] wird eine Abgabe auch angenommen, wenn der Erklärende das Inverkehrbringen zwar nicht zielgerichtet veranlasst, aber **fahrlässig** – also gemäß § 276 Abs. 2 die im Verkehr erforderliche Sorgfalt außerachtlassend – verursacht hat.

Es bestand die (letztlich auch realisierte) Gefahr, dass S davon ausgeht, dass das Schreiben zur Post gehen soll. Es wäre V leicht möglich gewesen, diesem Eindruck entgegenzuwirken, indem sie auf die Unterschrift verzichtet, das unterschriebene Dokument wegschließt oder zumindest nicht sichtbar ablegt. V hat daher sorgfaltswidrig gehandelt und somit das Absenden fahrlässig verursacht. Die Erklärung würde als abgegeben gelten.

bb) Nach der **Gegenansicht**[114] hat die bloß fahrlässige Verursachung der Inverkehrbringung **nicht zur Folge, dass die Erklärung als abgegeben gilt**. Fahrlässigkeit könne **nur** einen Anspruch auf **Ersatz des Vertrauensschadens** begründen. Eine Vertrauenshaftung auf Erfüllung sei im Gesetz nicht vorgesehen. Bei potenziellem (also fahrlässig verkanntem) Erklärungsbewusstsein werde zwar eine Willenserklärung bejaht. Der Unterschied sei aber, dass bei diesem ein **willentliches Verhalten des Absen-**

113 MünchKomm/Einsele § 130 Rn. 14; Palandt/Ellenberger § 130 Rn. 4; Staudinger/Singer Vorbem. zu §§ 116 ff. Rn. 49.

114 BGH NJW-RR 2006, 847 Rn. 29; Bork Rn. 615; Lange JA 2007, 687, 690.

ders gegenüber der Außenwelt vorliege. Bei einer abhandengekommen Erklärung **fehle** es gerade hieran. Demnach würde die Erklärung der V nicht als abgegeben gelten.

cc) Die besseren Argumente sprechen aber **für die erstgenannte Ansicht**.

Erstens gleicht das fahrlässige Inverkehrbringen sehr wohl dem potenziellen Erklärungsbewusstsein, wenn man – wie es die Vertreter dieser Ansicht konsequent tun – aufgrund vergleichbarer Interessenlage **in beiden Fällen die Anfechtung analog § 119 Abs. 1 Var. 2** zulässt.

Zweitens lassen die Vertreter der zweiten Ansicht (insbesondere die Rspr.) auch **in anderen Fällen** aus dem fahrlässigen Setzen eines Erklärungstatbestands eine vertragliche Haftung, also eine **Haftung auf Erfüllung**, zu. Eine solche entsteht nämlich sowohl bei fehlendem, aber potenziellen Erklärungsbewusstsein (s.o. Fall 4 Rn. 100 ff.), als auch in den Fällen der Duldungs- und Anscheinsvollmacht (dazu näher Rn. 380 ff.).

Drittens ergeben sich **flexiblere Rechtsfolgen** für den Erklärenden, der wählen kann, ob er anficht oder nicht. Die Gegenseite ist ausreichend durch den Anspruch aus § 122 geschützt, obgleich dieser nur den Vertrauensschaden (maximal in Höhe des Erfüllungsschadens) erfasst.

Klausurhinweis: *Würde man hier dem BGH folgen, so würde man sich taktisch unklug das* ***Folgeproblem der Anfechtung*** *abschneiden.*

Das Angebot der V gilt mithin als abgegeben.

c) Die Erklärung ist K auch **zugegangen** und damit wirksam geworden.

120 2. K hat die **Annahme** erklärt.

3. Das Angebot der V und damit der gesamte Kaufvertrag könnte wegen § 142 Abs. 1 aufgrund der **Anfechtung** der V nichtig sein.

a) Der Anfechtungsgrund des **§ 119 Abs. 1 Var. 2** ist nicht erfüllt, denn objektiver und subjektiver Erklärungsinhalt decken sich, es fehlt nur die Abgabe. Wie ausgeführt, gilt die Norm aber bei fahrlässigem Inverkehrbringen **analog**.[115]

b) V hat **unverzüglich** die Anfechtung **erklärt**, §§ 143 Abs. 1 u. 2, 121 Abs. 1.

Das Angebot der V ist gemäß § 142 Abs. 1 nichtig. Der Kaufvertrag ist unwirksam. K hat daher gegen V keinen Anspruch mit dem in § 433 Abs. 1 S. 1 bezeichneten Inhalt.

121 II. K hat gegen V einen **Schadensersatzanspruch** nach Maßgabe des **§ 122**.

Klausurhinweis: *Nach der* ***Gegenmeinung*** *zur abhandengekommenen Willenserklärung ist* ***keine Anfechtung möglich und erforderlich****, weil ohnehin kein Angebot vorliegt.* ***Gleichwohl könnte man*** *dem K* ***analog § 122*** *Schadensersatz gewähren. Bork[116] lehnt dies ab. Anders als in den Fällen der Anfechtung liege kein zurechenbares Verhalten des Erklärenden gegenüber der Außenwelt vor. Eine Haftung sei nur nach Maßgabe der*

---

115 MünchKomm/Einsele § 130 Rn. 13; Palandt/Ellenberger § 130 Rn. 4; Staudinger/Singer Vorbem. zu §§ 116–144 Rn. 49.

116 Bork Rn. 615.

§§ 280 Abs. 1, 311 Abs. 2, 241 Abs. 2 *gerechtfertigt. Diese Anspruchsgrundlage müssen Sie im Gutachten* ***nach beiden Ansichten*** *als nächstes – ergebnisoffen – prüfen.*

III. K könnte gegen V einen Schadensersatzanspruch aus **§§ 280 Abs. 1, 311 Abs. 2, 241 Abs. 2** wegen vorvertraglicher Pflichtverletzung haben. 122

1. Dieser Anspruch und der Anspruch aus § 122 aufgrund der Anfechtung sind **nebeneinander anwendbar.**[117] Sie stammen aus unterschiedlichen Haftungssystemen, denn die Anfechtung schützt die **freie Willensbildung**, der hier in Rede stehende Anspruch hingegen das **Vermögen**. Zudem unterscheiden sich die Voraussetzungen, insbesondere ist der Ersatzanspruch aus §§ 280 Abs. 1, 311 Abs. 2, 241 Abs. 2 verschuldensabhängig und gegebenenfalls gemäß § 254 beschränkt, der Anspruch aus § 122 hingegen nicht.

2. Als V den Brief auf dem Schreibtisch liegen ließ, müsste aber ein **Schuldverhältnis** zwischen V und K bestanden haben.

   a) Ein **Vertrag** nach **§ 311 Abs. 1** bestand nicht.

   b) **Vertragsverhandlungen** setzen ein beiderseitiges Tätigwerden voraus.[118] K wurde nicht tätig, daher greift § **311 Abs. 2 Nr. 1** nicht ein.

   c) Formulierung und Aufbewahrung einer Vertragserklärung gehören zwar zur **Vertragsanbahnung** als Spezialfall der **„ähnlichen geschäftlichen Kontakte"** (§ 311 Abs. 2 Nr. 2 u. 3). Ein Schuldverhältnis nach **§ 311 Abs. 2** setzt aber voraus, dass der eine Teil dem anderen **Einwirkungsmöglichkeiten** auf seine Rechte, Rechtsgüter oder Interessen gewährt, die **über das allgemeine, bereits nach §§ 823 ff. geschützte Maß hinausgehen**. K hat V keine solchen Einwirkungsmöglichkeiten gewährt. § 311 Abs. 2 Nr. 2 ist nicht erfüllt.

   Mangels Schuldverhältnisses hat K gegen V keinen Anspruch aus §§ 280 Abs. 1, 311 Abs. 2, 241 Abs. 2.

II. Zugang empfangsbedürftiger Willenserklärungen

Nach **§ 130 Abs. 1 S. 1** erfordert das Wirksamwerden einer empfangsbedürftigen Erklärung ihren Zugang. Sie muss derart **in den Machtbereich des Empfängers gelangen**, dass unter **gewöhnlichen Verhältnissen mit ihrer Kenntnisnahme** zu rechnen ist.[119] Die Parteien können **abweichende Vereinbarungen** treffen. Allerdings ist stets zu hinterfragen, ob tatsächlich der Zugangsbegriff modifiziert werden soll. 123

Gegenbeispiel:[120] V und M vereinbaren, dass Kündigungen per Einschreiben erfolgen müssen. M kündigt per Telefax, welches V (von diesem unbestritten) erhält. –
1. V und M wollen mit dem Einschreiben-Erfordernis nicht die Anforderungen an den Zugang verschärfen, sondern nur seine **Beweisbarkeit erhöhen**. Des Beweises des Zugangs bedarf es aber ohnehin nicht, weil dieser unstreitig feststeht. Die Kündigung ist dem V daher zugegangen.

---

117 Palandt/Ellenberger § 122 Rn. 6; Erman/Arnold § 122 Rn. 11.

118 Palandt/Grüneberg § 311 Rn. 22.

119 BGH NJW-RR 2011, 1185, Rn. 15; Palandt/Ellenberger § 130 Rn. 5.

120 Nach BGH NJW 2004, 1320; näher zu den Formvorschriften AS-Skript BGB AT 2 (2019) Rn. 151 ff.

2. Die Kündigung ist **formwirksam** und nicht gemäß § 125 S. 2 nichtig. Vereinbaren die Parteien die Schriftform, so gilt grundsätzlich der Maßstab der §§ 127 Abs. 1, 126. Allerdings ist im Zweifel gemäß § 127 Abs. 2 S. 1 auch die „telekommunikative Übermittlung", also per Telefax oder E-Mail, ausreichend.

124 Ob der **Erklärende** nach der Abgabe **gestorben** ist oder **geschäftsunfähig** geworden ist, ist gemäß **§ 130 Abs. 2** ohne Einfluss auf den Zugang.

125 Bei **Geschäftsunfähigen** i.S.d. § 104 ist gemäß **§ 131 Abs. 1** der **Zugang beim gesetzlichen Vertreter** erforderlich. Der Vertreter kann den Geschäftsunfähigen allerdings als seinen Empfangsboten i.S.d. § 164 Abs. 3 analog einsetzen.

Beispiel: V gibt dem fünfjährigen M einen Brief mit dem Angebot, M ein Spielzeug zu verkaufen. Bittet V den M, den Brief seinen Eltern zu geben, dann geht das Angebot M zu, sobald mit der Kenntnisnahme der Eltern von dem Brief zu rechnen ist.

Auch bei **beschränkt Geschäftsfähigen** (§ 106 i.V.m. § 2) ist gemäß **§ 131 Abs. 2 S. 1** grundsätzlich der **Zugang beim gesetzlichen Vertreter** erforderlich. Auch hier kann der Vertreter den beschränkt Geschäftsfähigen als seinen Empfangsboten sowie gemäß § 165 auch als seinen Empfangsvertreter einsetzen. **Ausnahmsweise** genügt gemäß **§ 131 Abs. 2 S. 2** der Zugang beim beschränkt Geschäftsfähigen, wenn die Erklärung für ihn **lediglich rechtlich vorteilhaft** ist oder der gesetzliche Vertreter **zuvor** i.S.d. §§ 182, 183 **eingewilligt** hat.

Eine **nachträgliche Genehmigung** i.S.d. §§ 182, 184 genügt hingegen nach dem Wortlaut des § 131 nicht; die h.M. lässt sie gleichwohl **beim Zugang der Annahme eines vom beschränkt Geschäftsfähigen abgegebenen Vertragsangebots** ausreichen. Denn anderenfalls liefe § 108 in diesem Fall stets leer, obwohl diese Norm sogar die Genehmigung des kompletten Vertrags ermöglicht.[121]

1. Zugang unter Anwesenden

126 In Konkretisierung der in Rn. 123 genannten Definition geht eine **schriftliche** Willenserklärung unter Anwesenden mit der **Aushändigung des Schriftstücks** zu.

Für **mündliche** Erklärungen – dazu zählen gemäß § 147 Abs. 1 S. 2 auch (Video-)Telefonate und Chats (siehe Rn. 115) – gilt nach ganz h.M. die **abgeschwächte Vernehmungstheorie**. Die Erklärung geht zu, wenn der Empfänger sie akustisch vernommen hat und der Erklärende damit rechnen durfte, dass der Empfänger seine Erklärung inhaltlich richtig verstanden hat.[122] Ob der Empfänger sie tatsächlich richtig verstanden hat, ist aus Verkehrsschutzgründen unerheblich, denn anderenfalls müsste der Erklärende sich stets vergewissern, ob er richtig verstanden wurde.

Beispiel: K bestellt bei V telefonisch „50 Kästen Saft der Marke Auricher Süßmost". V hat Ohrensausen und versteht „15 Kästen" und sagt die Lieferung „der bestellten Menge" zu. –
K durfte davon ausgehen, dass V ihn verstanden hat, daher ist das Angebot über 50 Kästen zugegangen. Auch die Annahme des V bezieht sich aus Sicht eines objektiven Dritten auf 50 Kästen, sodass ein Kaufvertrag über 50 Kästen zustande gekommen ist. Allerdings wollte V tatsächlich nur 15 Kästen liefern. Diese Abweichung von äußerem und innerem Erklärungstatbestand berechtigt V zur Anfechtung gemäß § 119 Abs. 1 Var. 1, allerdings muss V dann nach Maßgabe des § 122 Schadensersatz zahlen.

127 Gibt jemand dem (anwesenden) **Empfangsvertreter** eines (abwesenden) Dritten gegenüber eine Erklärung ab, so liegt eine Erklärung unter Anwesenden vor. Der Emp-

---

121 Näher dazu AS-Skript BGB AT 2 (2019) Rn. 76; näher allgemein zur Einwilligung und Genehmigung Rn. 450 ff.

122 Palandt/Ellenberger § 130 Rn. 14; MünchKomm/Einsele § 130 Rn. 28.

fangsvertreter **gehört bereits zum Machtbereich** des Empfängers. Seine sofortige Möglichkeit der Kenntnisnahme wird dem Dritten gemäß **§ 164 Abs. 3** zugerechnet.

Wird ein Schreiben unter Anwesenden übergeben, **muss** dieses **nicht dauerhaft in die Verfügungsgewalt** des Empfängers gelangen. Es genügt die Aushändigung für einen Zeitraum, der dem Empfänger die Kenntnisnahme des Inhalts erlaubt.[123] 128

2. Zugang unter Abwesenden

Unter Abwesenden kann eine schriftliche oder mündliche Erklärung zugehen, indem sie einer **Empfangsvorrichtung** oder einer **Empfangsperson** anvertraut wird. 129

a) Empfangsvorrichtungen

In Konkretisierung der in Rn. 123 genannten Zugangsdefinition gelangt die Erklärung in den **Machtbereich** des Empfängers, wenn sie in seine Empfangsvorrichtung gelangt. Der Zugang erfolgt, sobald der Empfänger **nach üblichen Verhältnissen prüft**, ob die Empfangsvorrichtung eine **rechtlich relevante Erklärung** enthält.[124] 130

- **Ob** der Empfänger überhaupt die Vorrichtung auf **rechtlich relevante** Erklärungen prüfen muss, richtet sich danach, ob die Vorrichtung (auch) für solche Erklärungen **vorgesehen** ist oder nur für rechtlich irrelevante Erklärungen genutzt wird. 131
  - Ein **Briefkasten** dient **stets** dem Empfang rechtlich relevanter Erklärungen. **Alle anderen Vorrichtungen** (Postfach; Telefax; Anrufbeantworter/Voicemail; E-Mail-Account; Handy, soweit es SMS u.Ä. betrifft) dienen nur dann dem Empfang rechtlich relevanter Erklärungen, wenn sie **dem Rechtsverkehr zu diesem Zweck mitgeteilt** wurden. Dafür genügt aber bereits die bloße Angabe der Adresse bzw. der Nummer auf Briefbögen, auf Internetseiten oder in öffentlichen Verzeichnissen.
  - Es genügt nach h.M. nicht, dass die Erklärung die Grenze des Machtbereichs des Empfängers überschreitet. Sie muss vielmehr derart weit vorgedrungen sein, dass die Kenntnisnahme **ohne wesentliche Zwischenschritte** möglich ist. Eine E-Mail soll diese Anforderung bereits beim Abspeichern auf dem Mailserver erfüllen, ein Telefax hingegen erst mit seinem Ausdruck.[125]

    Scheitert der Ausdruck allerdings an der **Betriebsbereitschaft des Faxgeräts**, so kann eine **Zugangsvereitelung** vorliegen, dazu Rn. 147.
- **Wann** die Erklärung zugeht, hängt davon ab, wann die Vorrichtung **üblicherweise** auf Erklärungen überprüft wird. Eine **generalisierende Betrachtung**, die sich im Laufe der Zeit gewandelt hat und weiter wandeln wird, sorgt dabei für Rechtssicherheit. **Besondere Umstände** (Krankheit, Urlaub) sind daher **unbeachtlich**.[126] 132
  - **Privatpersonen** überprüfen jedenfalls stationäre Vorrichtungen (z.B. Briefkasten, physischer Anrufbeantworter) üblicherweise an jedem Kalendertag abends. Bei di-

---

123 BAG DB 2015, 2459 Rn. 20.

124 Vgl. zum Folgenden insgesamt Faust, Rn. 22 ff. u. 35 ff.; Palandt/Ellenberger § 130 Rn. 5 ff.; jeweils m.w.N.

125 Palandt/Ellenberger § 130 Rn. 7 f., u. BGH NJW 2004, 1320; a.A. Faust § 2 Rn. 33.

126 BGH, NJW 2004, 1320.

gitalen/mobil abrufbaren Vorrichtungen (z.B. Voicemail, E-Mail) lässt sich vertreten, dass diese mehrfach pro Tag abgerufen werden.

- **Geschäftspersonen** überprüfen an Geschäftstagen während der üblichen Geschäftszeiten physische Vorrichtungen üblicherweise mehrfach. Bei digitalen Vorrichtungen wird sogar vertreten, dass diese in diesen Zeiten ständig überprüft werden. Außerhalb der Geschäftstage und -zeiten findet hingegen kein Abruf statt.

Hefermehl[127] meint, dass die Bestimmung des „Wanns" anhand der **üblichen Prüfung der Vorrichtung nur** für die Frage relevant sei, ob eine Erklärung **rechtzeitig bzw. fristgemäß** zugehe. Ein Zugang i.S.d. § 130 Abs. 1 S. 2, der das **Widerrufsrecht des Erklärenden** vernichte, erfolge **hingegen** bereits mit dem Gelangen in den Machtbereich. Die h.M.[128] lehnt dies als nicht mit dem Wortlaut des § 130 Abs. 1 vereinbar, inkonsequent und den Empfänger zu stark schützend ab.

133 Unabhängig von der Möglichkeit der üblichen Kenntnisnahme innerhalb des Machtbereichs geht eine Erklärung jedenfalls bei **tatsächlicher Kenntnisnahme** zu.[129]

Beispiel: B hat durch Zufall von einer E-Mail-Adresse des A erfahren, die dieser nur engen Freunden für private Nachrichten mitteilt. B mailt A eine Anfechtungserklärung. –
Liest A die Nachricht nicht, geht sie ihm nie zu. Sobald A die Nachricht liest, geht sie ihm zu.

b) Empfangspersonen: Empfangsbote und -vertreter

134 **Empfangsvertreter** i.S.d. § 164 Abs. 3 sind vom Empfänger als **Repräsentanten** ausgewählt und mit **eigener Empfangszuständigkeit** ausgestattet.[130] Der Empfänger hat ihnen die inhaltliche Zuständigkeit für die betreffende Angelegenheit erteilt. Oft sind sie hinsichtlich dieser Angelegenheit zugleich Erklärungsvertreter i.S.d. § 164 Abs. 1.

135 **Empfangsboten** (§ 164 Abs. 3 analog) sind vom Empfänger zur Empfangnahme bestellt oder werden von der Verkehrsanschauung so angesehen. Sie haben **keine eigene Empfangszuständigkeit** und fungieren nur als tumbe **personifizierte Empfangsvorrichtung**, quasi als „menschlicher Briefkasten" des Empfängers.[131] Zu ihnen gehören

- die **im Haushalt des Empfängers lebenden Personen**: Ehepartner; Lebensgefährten; Mitbewohner; Kinder mit der entsprechenden Reife für die Weiterleitung einer Willenserklärung (in der Regel ab 14 Jahren)[132] und
- **Betriebsangehörige** ohne inhaltliche Zuständigkeit, soweit sie ihrer Stellung nach zur Entgegennahme befugt sind: Pförtner, Empfangspersonal.

Wenn der Empfangsbote eine **Rufumleitung** für an ihn gerichtete Telefonanrufe einrichtet, dann gilt auch derjenige als ermächtigt, zu dem die Rufumleitung führt.[133]

Beispiel: Die Kampmann-GmbH (G) handelt mit Kraftfahrzeugen und stellt den Andy (A) für den An- und Verkauf von Fahrzeugen sowie den Schlucke (S) als Pförtner ein. Cake (C) ruft S bzw. A an und bietet einen gebrauchten grünen Ford Taunus mit dem Kennzeichen DO-PE 69 zum Kauf an. –
S ist Empfangsbote der G. A ist Empfangsvertreter der G. Die Erklärung des C ist G zugegangen.

---

127 Soergel/Hefermehl, § 130 Rn. 8.
128 Medicus/Petersen AT Rn. 275; Palandt/Ellenberger § 130 Rn. 5.
129 Medicus/Petersen AT Rn. 276; Palandt/Ellenberger § 130 Rn. 5.
130 MünchKomm/Schramm Vor § 164 Rn. 59.
131 MünchKomm/Schramm Vor § 164 Rn. 59; Palandt/Ellenberger § 130 Rn. 9.
132 So zum vergleichbaren § 178 ZPO Thomas/Putzo/Hüßtege § 178 Rn. 11.
133 BGH NJW 2002, 1565.

Zum **Zugang an sich** kommt es also **sowohl** bei Erklärung gegenüber dem Empfangsvertreter (gemäß § 164 Abs. 3) **als auch** dem Empfangsboten (analog § 164 Abs. 3). Die **Unterscheidung zwischen Empfangsvertreter und Empfangsboten** hat insbesondere folgende **Auswirkungen**: 136

- Für den **Zeitpunkt des Zugangs** ergibt sich ein Unterschied. Der Zugang beim Empfangsvertreter wird gemäß § 164 Abs. 3 ohne Zeitverzug dem Empfänger zugerechnet. Der Zugang beim Empfangsboten führt hingegen erst dann zum Zugang beim Empfänger, wenn nach dem gewöhnlichen Lauf der Dinge mit der Weiterleitung zu rechnen ist. Der Empfangsbote ist eben nur „menschlicher Briefkasten", und einen Briefkasten leert man auch nur in gewissen Abständen.

  Das kann bei der Einhaltung von **Fristen** entscheidend sein. Wird **beispielsweise** eine schriftliche Kündigungserklärung für ein Unternehmen am letzten Tag der Frist um 19 Uhr dem Pförtner (Empfangsbote) gegeben, so geht sie erst am nächsten Tag und daher zu spät zu, denn um diese Zeit eingehende Post wird üblicherweise erst am nächsten Vormittag an die Sachbearbeiter verteilt. Bei Übergabe um 19 Uhr an den Sachbearbeiter oder an die Geschäftsführerin (Empfangsvertreter) geht die Erklärung hingegen in derselben Sekunde dem Unternehmen zu.

- Auch bei der **Auslegung** macht sich die Unterscheidung bemerkbar, denn sie richtet sich gemäß §§ 133, 157 nach dem Horizont einer objektiven Person in der Rolle des Empfängers. Die Erklärung gegenüber dem Empfangsvertreter wird daher von dessen Standpunkt ausgelegt. Die Erklärung gegenüber dem Empfangsboten wird hingegen vom Standpunkt des Adressaten ausgelegt – oder haben Sie schon einmal versucht, sich in einen (wenn auch menschlichen) Briefkasten hineinzuversetzen?

Hinweis: *Ergänzend zur Unterscheidung zwischen (Erklärungs-)Bote und (Erklärungs-)Vertreter und ihren weiteren Auswirkungen auf andere Regelungsbereiche Rn. 303 ff.*

Wendet der Erklärende sich hingegen an eine Person, die weder Empfangsvertreter noch Empfangsbote des Adressaten ist, dann **macht der Erklärende diese Person (unbewusst) zu seinem Erklärungsboten** (§ 164 Abs. 1 analog), der die Erklärung lediglich überbringt. Der Erklärende kann die Person theoretisch auch **zu seinem Erklärungsvertreter** (§ 164 Abs. 1), der eine eigene Erklärung formuliert und abgibt, machen, dafür müsste er der Person aber so weit vertrauen, dass er ihr einen eigenen Entscheidungsspielraum einräumt. Jedenfalls befindet sich in beiden Fällen die Erklärung **noch nicht im Machtbereich des Empfängers**, sie ist **noch nicht zugegangen.** 137

Im obigen **Beispiel** verlässt Franky (F) das Betriebsgrundstück der G, nachdem er dem mit ihm befreundeten Geschäftsführer der G einen USB-Stick mit einigen Erwachsenenfilmen gegeben hat. Am Tor gibt Kalle (K) dem F einen Briefumschlag mit einer Kündigung für G, weil er F für den Pförtner der G hält.– K hat F zu seinem Erklärungsboten gemacht. Ob und wann die Kündigung der G zugeht, hängt davon ab, ob und wann F den Briefumschlag (dem Geschäftsführer oder dem Personal) der G übergibt.

3. Widerruf vor/bei Zugang, § 130 Abs. 1 S. 2

Gemäß § 130 Abs. 1 S. 2 wird eine empfangsbedürftige Willenserklärung nicht wirksam, wenn ihr **Widerruf vorher oder gleichzeitig mit ihr** zugeht. Geht die Willenserklärung vor dem Widerruf zu, so ist und bleibt sie gemäß § 130 Abs. 1 S. 1 wirksam. 138

Hinweis: Es gibt im Zivilrecht nicht „den" Widerruf*, sondern u.a. den Widerruf des Angebots (§ 145 a.E., s. Rn. 159), der Vollmacht (§ 168 S. 2, s. Rn. 364), eines Vertrags bei fehlender*

Vertretungsmacht (§ 178, s. Rn. 437), einer Verbrauchererklärung (§§ 355 ff.), einer Schenkung (§§ 530 ff.) und einer dinglichen Einigung vor dem Publizitätsakt (beachte aber § 925 Abs. 2). Auch das Testament, obwohl nicht empfangsbedürftig, kann gemäß §§ 2253 ff. widerrufen werden.

139 Als **empfangsbedürftige Willenserklärung** unterliegt der Widerruf den allgemeinen Regeln.

Beispielsweise ist der Widerruf nach Maßgabe der §§ 142 Abs. 1, 119 ff. anfechtbar und er kann sogar selbst nach Maßgabe des § 130 Abs. 1 S. 2 widerrufen werden. Ferner kann er im Umkehrschluss zu § 125 S. 1 formlos und konkludent abgegeben sowie ausgelegt werden – dazu der folgende Fall:

Fall 7: Hingegeben – abgegeben

Kaufmann V aus Oldenburg unterschreibt ein Angebot an den Matjeshändler K aus Aurich über den Verkauf von 30 Eimern Matjesfilet zu je 40 € und gibt seiner Sekretärin S die Unterschriftenmappe zurück. Kurz darauf telefoniert V mit K wegen einer anderen Angelegenheit, es kommt zu Unstimmigkeiten. Daraufhin weist V die S an, den Brief an K nicht abzuschicken. Versehentlich sendet S den Brief gleichwohl mitsamt der übrigen Post ab. K nimmt das Angebot an und verlangt Lieferung. V weigert sich, weil er das Geschäft nicht gewollt habe. Zu Recht?

140 K könnte aus **§ 433 Abs. 1 S. 1** (i.V.m. einem Kaufvertrag) gegen V einen Anspruch auf Übergabe und Übereignung von 30 Eimern Matjesfilet haben.

I. V und K müssten sich über den Abschluss eines Kaufvertrags **geeinigt** haben.

1. V hat ein hinreichend bestimmtes **Angebot**, das die Vertragsparteien, die Kaufsache und den Kaufpreis enthielt, formuliert.

2. V muss das Angebot **abgegeben** haben. Abgabe ist die objektive endgültige Entäußerung einer Erklärung auf den Weg in den Rechtsverkehr mit dem Ziel, ihren Zugang zu bewirken. Als V den unterschriebenen Brief mit der Unterschriftenmappe an seine Angestellte S übergab, befand der Brief sich zwar weiterhin im Machtbereich des V und noch nicht im Rechtsverkehr. Die Erklärung war aber auf dem Weg in den Rechtsverkehr. Dies genügt für eine Abgabe.[134]

141 3. Das **Angebotsschreiben** ist K **zugegangen**. Gleichwohl ist die Angebotserklärung gemäß § 130 Abs. 1 S. 2 **unwirksam**, wenn ihrem Adressaten K **zuvor oder gleichzeitig eine Widerrufserklärung** des V **zugegangen** ist, welche ihrerseits eine empfangsbedürftige Willenserklärung ist.

a) Der Widerruf kann **konkludent erklärt** werden. Die Anweisung, den Brief nicht abzuschicken, ist daher gemäß §§ 133, 157 als Widerruf **auszulegen**.

b) Jedoch erklärte V den Widerruf nicht **gegenüber K als Adressat der zu widerrufenden Angebotserklärung**, sondern gegenüber S. Diese wird man zwar als Erklärungsbotin (§ 164 Abs. 1 analog) des V ansehen können, sodass V die Widerrufserklärung abgegeben hat. S leitete die Widerrufserklärung jedoch nicht an K weiter, sodass sie nicht in den Machtbereich des K gelangt und ihm

---

134 Ausdrücklich Brox/Walker § 7 Rn. 7; daher unpräzise Palandt/Ellenberger § 130 Rn. 4 („in den Verkehr bringen").

nicht zugegangen ist. Die Widerrufserklärung des V ist somit unwirksam, folglich ist seine Angebotserklärung nicht nach § 130 Abs. 1 S. 2 unwirksam.

4. K hat das Angebot **angenommen**.

Somit haben V und K sich über einen Kaufvertrag geeinigt.

II. Das Angebot (und damit der Kaufvertrag) könnte gemäß § 142 Abs. 1 aufgrund einer **Anfechtung** nichtig sein. **142**

1. Eine **Anfechtungserklärung** nach § 143 Abs. 1 u. 2 lässt sich im Wege der Auslegung der Lieferverweigerung des V entnehmen, die dieser mit seinem fehlenden Willen zum Abschluss des Geschäfts begründete. V gab diese Erklärung auch prompt und daher unverzüglich i.S.d. § 121 Abs. 1 S. 1, also **fristgemäß**, ab.

2. Der von V angeführte fehlende Wille muss einen **Anfechtungsgrund** begründen. **143**

a) **§ 119 Abs. 1** verlangt einen Irrtum „bei der", d.h. **im Zeitpunkt der Abgabe** der Erklärung. V gab sein Angebot, wie ausgeführt, mit Aushändigung des Briefs an S ab. In diesem Moment deckte sich aber das objektiv Erklärte mit dem subjektiv Gewollten, sodass § 119 Abs. 1 Var. 2 nicht erfüllt ist. Auch irrte V nicht, wie von § 119 Abs. 1 Var. 1 gefordert, über den Bedeutungsgehalt seiner Erklärung. Aus § 119 Abs. 1 ergibt sich daher kein Anfechtungsgrund.

b) V setzte S zwar als **Erklärungsbotin** und daher i.S.d. **§ 120** „zur Übermittlung" seines Angebots ein. Jedoch nahm S keine Veränderung vor, übermittelte das Angebot also nicht „unrichtig". Mithin ist § 120 nicht erfüllt.

c) Eine **analoge Anwendung der §§ 119, 120 scheitert** bereits an der **planwidrigen Regelungslücke**. Der Gesetzgeber hat in **§ 130 Abs. 1 S. 2** zum Schutz des Rechtsverkehrs ausdrücklich festgelegt, dass der Erklärende einen späteren Sinneswandel nur bis zum Zugang seiner Erklärung korrigieren kann.

Mangels Anfechtungsgrundes ist das Angebot nicht nach § 142 Abs. 1 nichtig. Der Kaufvertrag ist daher wirksam. Mithin hat K gegen V einen Anspruch auf Übergabe und Übereignung von 30 Eimern Matjesfilet.

Abwandlung:

Der Brief des V wird vom Angestellten A des K aus dem Geschäftspostfach des K abgeholt und K mit der übrigen Post – wie immer – um 8:30 Uhr auf den Schreibtisch gelegt. Als V um 9:00 Uhr anruft und erklärt, dass das Angebot keine Gültigkeit habe, hat K den Brief noch nicht gelesen. K liest ihn nun und erklärt sodann die Annahme. Besteht zwischen K und V ein Kaufvertrag?

Zwischen K und V könnte auch in dieser Fallkonstellation ein **Kaufvertrag** bestehen. **144**

I. Das von V **abgegebene Angebot** ist K **zugegangen**. Es ist mit dem Einlegen in das Postfach in den Machtbereich des K gelangt. Nach dem üblichen Ablauf war damit zu rechnen, dass K von ihm Kenntnis nehmen wird.

II. Das Angebot ist gemäß **§ 130 Abs. 1 S. 2** nicht wirksam geworden, wenn K vor oder mit Zugang des Angebots eine **Widerrufserklärung** des V zugegangen ist.

1. Die Mitteilung des V, das Angebot habe keine Gültigkeit, ist gemäß §§ 133, 157 als **Widerrufserklärung** auszulegen.
2. Diese Widerrufserklärung hat V am Telefon, also unter Anwesenden **abgegeben**.
3. K hat die Widerrufserklärung um 9 Uhr **vernommen**, sodass sie ihm um 9 Uhr **zugegangen** ist. Die Möglichkeit, von der **Angebotserklärung** Kenntnis zu nehmen, bestand für K aber nach dem gewöhnlichen Ablauf (und auch tatsächlich) bereits um 8.30 Uhr, sodass das Angebot bereits um 8.30 Uhr **zugegangen** ist. **Auf die tatsächliche Kenntnisnahme kommt es für den Zugang nicht an.** Mithin ist der Widerruf erst nach dem Angebot zugegangen, sodass nach dem Wortlaut des § 130 Abs. 1 S. 2 der Widerruf zu spät erfolgt und daher ohne Wirkung ist.

   Es besteht kein Grund dafür, von diesem Ergebnis abzuweichen, etwa weil K das Angebot erst später gelesen hat und daher bis zu diesem Zeitpunkt ohnehin **keine Vermögensdispositionen im Vertrauen** auf das Angebot treffen konnte. Der **Wortlaut** des § 130 Abs. 1 ist **eindeutig**. Es kommt darauf an, wann die zu widerrufende Willenserklärung „zugeht" (S. 1) und wann der Widerruf „zugeht" (S. 2).[135]

   Der Empfänger kann den verspäteten Widerruf gleichwohl **gelten lassen**, da dies dem Willen des Absenders entspricht und § 130 Abs. 1 S. 2 nur den Empfänger schützt.[136] K hat dies indes offensichtlich nicht getan, sondern im Gegenteil die Annahme des Angebots erklärt.

III. K hat das Angebot angenommen. Damit besteht ein Kaufvertrag zwischen K und V.

---

145 § 130 Abs. 1 findet gemäß **§ 130 Abs. 3** auch Anwendung auf **amtsempfangsbedürftige Willenserklärungen**. Maßgeblich ist dann der **Zugang bei der Behörde**.

Beispiel:[137] Das Gericht (G) schlägt dem Kläger (K) und dem Beklagten (B) einen Vergleich vor, vgl. § 278 Abs. 6 S. 1 Var. 2 ZPO. Die Annahme des K geht G am 02.02. und B am 07.02. zu. Bereits am 06.02. widerrief K die Annahme gegenüber G. Am 10.02 geht die Annahme des B bei G ein. –
Die Parteierklärungen nach § 278 Abs. 6 S. 1 Var. 2 ZPO erfolgen „gegenüber dem Gericht" und sind daher amtsempfangsbedürftig i.S.d. § 130 Abs. 3. G ist die Annahme des K vor dem Widerruf zugegangen. Auf den späteren Zugang der Annahmerklärung bei B kommt es nicht an. Die Annahme des K ist daher gemäß § 130 Abs. 3 i.V.m. Abs 1 S. 1 u. 2 wirksam. Auch die Annahmeerklärung des B ist G zugegangen. Zwischen K und B besteht daher ein Vergleichsvertrag.

4. Verhinderung des Zugangs

146 Das **Risiko**, dass eine Erklärung den Machtbereich des Empfängers nicht erreicht, **trägt grundsätzlich der Erklärende.** Es wird aber **ausnahmsweise auf den Empfänger verlagert**, wenn er das Zugangshindernis mindestens fahrlässig herbeigeführt hat.

Relevanz hat dies bei **Annahmeerklärungen** oder **einseitigen empfangsbedürftigen Willenserklärungen.** Angebotserklärungen darf der Empfänger hingegen selbst nach ihrem Zugang ignorieren, daher darf er auch ohne Nachteil ihren Zugang verhindern.

135 BGH NJW 1975, 382, 384; Palandt/Ellenberger § 130 Rn. 11.
136 Wolf/Neuner § 33 Rn. 58 a.E.
137 Nach BGH RÜ2 2017, 243.

Der **Grad der Risikoverlagerung** ist in jedem **Einzelfall** individuell nach **Treu und Glauben** (§ 242) festzulegen. Nach h.M. ergibt sich eine wesentliche Richtschnur aus dem **Grad des Verschuldens** des Empfängers. 147

- Liegt nicht einmal Fahrlässigkeit, also **kein Verschulden** des Empfängers vor, so ist die **Erklärung nicht zugegangen**, selbst wenn eine Frist versäumt wird. Der Erklärende muss sie ggf. erneut abgeben. Die Erklärung wirkt erst, wenn sie zugeht.

  Beispiele: Das Faxgerät des Empfängers empfängt und druckt normalerweise pro Woche zwei Seiten, aber urplötzlich an einem Tag 200 Seiten, sodass kein Papier mehr vorhanden ist; Poststreik

- Auch bei Zugangshindernissen, die der Empfänger **fahrlässig** verursacht, geht die Erklärung nicht zu. Unternimmt der Erklärende aber einen **erneuten Zustellversuch**, dann **wirkt** dieser auf den Zeitpunkt des ersten Zustellversuchs **zurück**.

  Beispiele: Der Empfänger verlagert seinen Wohn- oder Geschäftssitz, ohne die neue Adresse bekannt zu geben und ohne einen Nachsendeauftrag zu erteilen; Der Empfänger füllt den Papiervorrat des Faxgeräts nicht auf, obwohl seit Tagen angezeigt wird, dass der Vorrat bald aufgebraucht ist.

- Bei **arglistiger**, also **vorsätzlicher Zugangsvereitelung** wird der Zugang der Erklärung sogar **direkt fingiert**, ohne dass ein erneuter Zustellversuch erfolgen muss.

  Beispiel: Der Empfänger oder seine Hilfsperson verweigert grundlos die Annahme eines Briefs; Der Empfänger hängt seinen Briefkasten ab und schaltet das Faxgerät aus

Die Zugangsverhinderung durch seinen **Empfangsvertreter** wird dem Adressaten gemäß §§ 166 Abs. 1, 164 Abs. 3 zugerechnet. Die Zugangsvereitelung durch den **Empfangsboten** wird hingegen nicht zugerechnet, jedoch kann der Adressat selbst ein fahrlässiges bzw. gar vorsätzliches Hindernis schaffen, wenn er das vereitelnde Verhalten des Empfangsboten hätte voraussehen können bzw. dieses gar veranlasst.[138] 148

Fall 8: Wirklich wichtige Erklärungen verschickt man (nicht?) per Einschreiben

V und K verhandeln über den Kauf eines Pkw. Am 08.09. gibt K ein schriftliches Angebot ab, in welchem es u.a. heißt: „Der Käufer ist an diese Bestellung zehn Tage gebunden." Am 10.09. erklärte V die Annahme des Angebots in einem an den K gerichteten Übergabe-Einschreiben. Die Postbotin trifft K am 11.09. nicht an. Sie wirft in seinen Briefkasten die schriftliche Mitteilung, für ihn sei ein eingeschriebener Brief hinterlegt. K holt das Schreiben nicht ab. Der Einschreibebrief geht nach Ablauf der Lagerfrist an V zurück. V verlangt einen Monat später Zahlung des Kaufpreises. Zu Recht?

Hinweis: *Das **Übergabe-Einschreiben** wird bei seiner Aufgabe registriert und der Absender erhält einen datierten **Einlieferungsnachweis**. Der Zusteller der Deutschen Post AG liefert den Brief persönlich an den Empfänger, seinen Ehegatten oder einen Ersatzempfänger und lässt sich die Übergabe quittieren. Dieses Dokument wird von der Post archiviert bzw. beim **Einschreiben gegen Rückschein** dem Absender übersandt. Wird kein Empfänger angetroffen, hinterlässt der Postzusteller einen **Benachrichtigungsschein** mit dem Hinweis, dass die Sendung für sieben Werktage bei einer bestimmten Filiale abgeholt werden kann und anderenfalls an den Absender zurückgeht. Der Absender geht aus dem Benachrichtigungsschein nicht hervor.* 149

V hat gegen K einen Anspruch auf Zahlung des Kaufpreises aus § 433 Abs. 2 Var. 1, wenn sie sich über einen Kaufvertrag **geeinigt** haben. K hat ein **Angebot** abgegeben und dabei gemäß **§ 148** eine **Annahmefrist** von zehn Tagen bestimmt.

---

138 BAG NJW 1993, 1093, 1094.

V muss das Angebot **fristgerecht angenommen** haben. V hat zwar am 10.09. eine Annahmeerklärung **abgegeben**. Zweifelhaft ist aber, ob sie dem K innerhalb der Frist **zugegangen** ist. Zugegangen ist eine Willenserklärung, wenn sie in den Machtbereich des Empfängers gelangt ist und die Möglichkeit der Kenntnisnahme besteht.

I. In den Briefkasten des K wurde lediglich der **Benachrichtigungsschein** eingeworfen. Dieser ersetzt den Zugang des Einschreibebriefs nicht, denn er enthält keinen Hinweis auf den Absender oder den Inhalt des Schreibens.[139]

Hinweis zum Prozessrecht: *Vorliegend steht fest, dass K die Annahmeerklärung nicht erhalten hat. Würde V den Erhalt des K im Prozess behaupten, dann müsste V dies beweisen. Der* ***Einlieferungsbeleg*** *liefert weder diesen Beweis, noch ergibt sich aus ihm auch nur eine entsprechende Vermutung. Aus ihm* ***geht nur hervor, dass die Post ein Schreiben entgegengenommen hat****.*[140]

150 II. Der Brief könnte K zugegangen sein, als **mit seiner Abholung zu rechnen** war.

1. **Manche**[141] meinen, dass ein **nicht zugestelltes Einschreiben zugehe, sobald es üblicherweise abgeholt würde**. Regelmäßig sei das am folgenden Werktag der Fall, auch wenn es schon am gleichen Tag abgeholt werden kann. Es müsse eine **angemessene Risikoverteilung** zwischen Erklärendem und Empfänger erfolgen. Nur der Empfänger habe die „Macht", das Schreiben bei der Post abzuholen, daher trage nur er das Risiko einer verzögerten oder unterlassenen Abholung. Danach wäre die Annahme des V am 12.09. und mithin fristgerecht zugegangen.

2. Die **h.M.**[142] lehnt diese Sichtweise zu Recht ab. Es ist alleine Aufgabe des Erklärenden, den Zugang herbeizuführen, weil es in seinem Interesse liegt, dass die Erklärung ihre Wirkungen entfaltet. Er muss dafür sorgen, dass die Erklärung so in den Machtbereich des Empfängers gelangt, dass dieser **ohne wesentliche Zwischenakte und Aufwand** von ihr Kenntnis nehmen kann. Wenn der Erklärende ein Transportmittel wählt, das (vermeintlich) beweissicherer ist, dann muss er auch das Risiko einer Verzögerung, das durch die Beweissicherung entsteht, tragen.

Hinweis zum Prozessrecht: *Daher ist es oft sinnvoller, ein* ***Einwurf-Einschreiben*** *zu wählen. Dieses wird in den Briefkasten des Empfängers geworfen, auch wenn dieser nicht angetroffen wird. Der Einwurf wird vom Zusteller auf einem* ***Auslieferungsbeleg*** *dokumentiert. Prozessual ist dieser mangels Verkörperung einer Gedankenerklärung zwar keine Urkunde, sondern nur eine technische Aufzeichnung, sodass er daher nicht für den Urkundsbeweis (§§ 415 ff. ZPO) taugt. Er ist aber Augenscheinsobjekt (§ 371 ZPO). Bestreitet der Empfänger den Zugang, so kann im Einzelfall nach den Regeln des Beweises des ersten Anscheins (****prima facie****) aus ihm darauf geschlossen werden, dass das Schreiben eingeworfen wurde.*[143]

Alle Arten des Einschreibens eignen sich aber ohnehin nur dazu, den Zugang (irgend-)eines Briefes zu beweisen. Sein ***Inhalt*** *geht aus der Dokumentation der Post nicht hervor. Der Inhalt lässt sich nur beweisen, indem man ihn unmittelbar vor der Aufgabe zur Post einem* ***Zeugen*** *zeigt, oder man lässt den Brief* ***vom Gerichtsvollzieher zustellen (§ 132 Abs. 1 S. 2*** *i.V.m. §§ 192 f. ZPO; Kosten: ca. 10 €).*

Die Annahme des V ist dem K daher nicht zugegangen.

---

139 BGH NJW 1998, 976.

140 BGH NJW 1957, 1230.

141 Wolf/Neuner § 33 Rn. 16.

142 MünchKomm/Einsele § 130 Rn. 21; BAG NJW 1997, 146, 147.

143 MünchKomm/Prüttig ZPO, § 286 Rn. 71.

III. Das Schreiben könnte aber nach den Grundsätzen von Treu und Glauben (§ 242) **als rechtzeitig zugegangen gelten.** 151

1. **Grundsätzlich** besteht – wie ausgeführt – **keine Obliegenheit** des Empfängers, an dem Zugang einer Erklärung mitzuwirken. Im Rahmen **bestehender oder angebahnter vertraglicher Beziehungen** muss aber derjenige, der mit dem Zugang rechtserheblicher Erklärungen **zu rechnen hat, geeignete Vorkehrungen treffen**, dass ihn derartige Erklärungen auch erreichen.[144] Tut er dies nicht, so **verhindert** er den Zugang **fahrlässig**.

2. Andererseits muss der **Erklärende** alles Erforderliche und Zumutbare tun, damit seine Erklärung den Adressaten erreichen kann. Dazu gehört grundsätzlich auch, dass er einen **erneuten Zustellungsversuch** unternimmt, und zwar im Interesse der Rechtssicherheit **unverzüglich** nach Kenntnis von dem nicht erfolgten Zugang. Wenn der Empfänger den Zugang fahrlässig verhindert hat, dann entspricht es regelmäßig Treu und Glauben, aufgrund dieses zweiten Versuchs die Erklärung **rückwirkend zum Zeitpunkt des ersten Versuchs wirksam** werden zu lassen.

   Eine rückwirkende Fiktion ohne zweiten Versuch erfolgt bei **arglistiger Zugangsvereitelung**.

3. Aus diesen Grundsätzen ergibt sich **vorliegend** Folgendes: K hatte zwar einen Briefkasten installiert, aber das Einschreiben nicht abgeholt. **Grundsätzlich** ist es dem K allerdings nicht zumutbar, ein Einschreiben von der Post abzuholen. Wenn jemand dem K gegenüber eine Erklärung abgeben will, dann muss er schon dafür sorgen, dass K sie ohne eigenen Aufwand zur Kenntnis nehmen kann.

   K und V haben aber **Vertragsverhandlungen** geführt und K hatte V sogar bereits ein **Angebot geschickt**. K wusste zwar nicht, dass das Einschreiben von V stammte, denn der Benachrichtigungsschein enthält keine Angabe zum Absender. K hätte bei Anwendung der im Verkehr erforderlichen Sorgfalt aufgrund der Vorgeschichte aber erkennen können, dass das Einschreiben möglicherweise von V stammt, sodass K im Sinne des § 276 Abs. 2 den Zugang fahrlässig verhindert hat.

   Die gescheiterte Zustellung entfaltet daher trotzdem Wirkungen zum 12.09., wenn V **unverzüglich**, also ohne schuldhaftes Zögern (§ 121 Abs. 1 S. 1) einen **zweiten Zustellversuch** unternommen hat. Das hat V aber nicht getan. Das spätere Zahlungsverlangen enthält zwar eine konkludente Annahme, aber es erfolgte erst einen Monat nach Rückerhalt des Einschreibens, also nicht unverzüglich.

   Es sprechen auch keine **besonderen, atypischen Umstände** dafür, das Zugangsrisiko ausnahmsweise trotzdem auf K zu verlagern, obwohl V keinen zweiten Zustellversuch unternommen hat.

Daher gilt die Annahme des V auch nicht nach § 242 als zugegangen.

Zwischen K und V besteht kein Kaufvertrag, daher hat V keinen Zahlungsanspruch gegen K aus § 433 Abs. 2 Var. 1.

---

144 MünchKomm/Einsele § 130 Rn. 36 u. 38; BAG NZA 2003, 719.

Wirksamwerden der Willenserklärung

Abgabe

- Nicht empfangsbedürftige Willenserklärung: endgültige Entäußerung
- Empfangsbedürftige Willenserklärung unter Anwesenden: endgültige Entäußerung so, dass die Erklärung vernehmbar ist
- Empfangsbedürftige Willenserklärung unter Abwesenden: endgültige Entäußerung auf den Weg in den Rechtsverkehr dergestalt, dass ohne Weiteres mit Zugang beim Empfänger gerechnet werden kann

Zugang

- Gelangen in den Machtbereich des Empfängers

  Unter Anwesenden: schriftliche Willenserklärung mit Aushändigung; mündliche Willenserklärung, wenn Empfänger sie akustisch vernommen hat und der Erklärende damit rechnen konnte, dass sie inhaltlich richtig verstanden wurde (abgeschwächte Vernehmungstheorie).

  Unter Abwesenden: Aushändigung an Empfangsboten; Verbringung in Empfangsvorrichtung (z.B. Einwurf in Briefkasten; nicht: Einwurf eines Benachrichtigungsscheins beim Einschreiben, dieses muss nach h.M. grundsätzlich abgeholt werden).

- Möglichkeit der Kenntnisnahme

  Zeitpunkt dann, wenn nach gewöhnlichen Verhältnissen mit der Kenntnisnahme durch den Empfänger zu rechnen ist.

  Auch bei Übergabe an Empfangsboten Zugang erst, wenn mit Weiterleitung zu rechnen ist.

- Kein Wirksamwerden der Willenserklärung durch Zugang, wenn Empfänger vorher oder gleichzeitig ein Widerruf zugeht (§ 130 Abs. 1 S. 2).

  Der Widerruf ist eine empfangsbedürftige Willenserklärung. Er ist daher z.B. auslegbar, anfechtbar und sogar seinerseits widerrufbar.

Zugangsverhinderung

- Zufall: Grundsätzlich keine Pflicht, Erklärungen anzunehmen und Empfangsvorrichtungen vorzuhalten. Daher kein Zugang. Erneute Abgabe erforderlich, wirkt ex nunc.
- Fahrlässigkeit: Ausnahmsweise Annahmeverpflichtung, insbesondere bei sich anbahnender/bestehender Geschäftsverbindung. Zweiter, unverzüglicher Zustellungsversuch wirkt dann zurück auf ersten Zustellungsversuch.
- Vorsätzliche Zugangsvereitelung: Zugang wird sofort fingiert.

3. Abschnitt: Vertragliche Einigung

Die vertragliche Einigung entsteht durch **Angebot und Annahme** (dazu A.) oder auf **sonstigem Wege** (dazu C.). Ziel ist der **Konsens** als Gegenstück zum **Dissens** (hierzu B.). **152**

Der Eintritt der mit der Einigung **erstrebten Rechtsfolgen** kann noch von **weiteren Voraussetzungen** abhängig sein. Bei Verfügungen über Sachen muss ein Publizitätsakt (Übergabe bzw. Grundbucheintragung, s. Rn. 23) erfolgen. Mitunter ist auch die Zustimmung (vgl. §§ 182 ff., s. Rn. 450 ff.) einer Privatperson, einer Behörde oder eines Gerichts erforderlich, z.B. bei Geschäften eines Minderjährigen.[145]

A. Vertragsschluss durch Angebot und Annahme

Angebot und Annahme müssen den **Mindesttatbestand einer Willenserklärung** erfüllen, **abgegeben** werden und grundsätzlich auch **zugehen**. Im Einzelnen gilt: **153**

I. Angebot (auch: Antrag)

Das Angebot (übliche Bezeichnung) bzw. der Antrag (Bezeichnung laut § 145) ist eine **empfangsbedürftige Willenserklärung**, die auf den Vertragsschluss gerichtet ist. Sie muss inhaltlich so **bestimmt bzw. bestimmbar** sein (s. Rn. 90 ff.), dass die Annahme durch ein einfaches „Ja" erfolgen kann. **154**

1. Tod/Geschäftsunfähigkeit des Anbietenden, §§ 130 Abs. 2, 153

Wenn der Anbietende **nach der Abgabe des Angebots, aber vor der Annahme stirbt oder geschäftsunfähig wird**, hat dies nach Maßgabe der §§ 130 Abs. 2, 153 grundsätzlich keine Auswirkungen auf den Vertragsschluss. **155**

Die **Rechtsfolgen** treffen im Ergebnis dieselben Personen wie bei der Angebotsannahme vor dem Tod bzw. der Geschäftsunfähigkeit: Die **Erben** (§§ 1922, 1967) bzw. den **Geschäftsunfähigen**, vertreten durch seinen gesetzlichen Vertreter.

Fall 9: Tote brauchen keinen Anzug

A bestellt per Post einen Herrenanzug. Auf dem Rückweg vom Postkasten stürzt A und stirbt. Nach zehn Tagen liefert Versandhändler V den Anzug. F, die Alleinerbin des A, wusste bis dato von der Bestellung nichts. Sie verweigert die Bezahlung. V verlangt zumindest Ersatz seiner Transportkosten. Rechtslage?

I. V könnte gegen F ein Anspruch aus **§ 433 Abs. 2 Var. 1** auf Zahlung zustehen. Das erfordert eine **Einigung** mittels Angebot und Annahme über einen Kaufvertrag. **156**

1. F **selbst** hat kein **Angebot** abgegeben. Als **Alleinerbin** tritt sie aber in die Rechtsstellung des A ein (§§ 1922, 1967), sodass ein von A abgegebenes Angebot auch für und gegen F wirkt.

   a) A hat durch Absenden der Bestellung ein Kaufangebot **abgegeben.**

   b) Dieses Angebot ist V auch **zugegangen** (§ 130 Abs. 1 S. 1), allerdings war A zu diesem Zeitpunkt bereits tot. **§ 130 Abs. 2** bestimmt aber, dass ein **Verster-**

---

145 Siehe zum Vertragsschluss durch den Minderjährigen AS-Skript BGB AT 2 (2019), Rn. 3 ff.

ben des Erklärenden nach der Abgabe (und unabhängig davon, ob bereits der Zugang vorliegt) auf die Wirksamkeit der Erklärung **ohne Einfluss** ist. Das bedeutet, dass die Willenserklärung auch dem Erben gegenüber wirksam ist. Ein Angebot liegt mithin vor.

Hinweis: *§ 130 Abs. 2 gilt* ***ausnahmslos*** *und für* ***jede empfangsbedürftige Willenserklärung****.*

2. V hat mit dem Verpacken und Absenden die **Annahme** des Angebots **erklärt**. Ein **Zugang** der Annahme war gemäß § 151 S. 1 **entbehrlich**, weil nach der Verkehrsanschauung der Besteller nicht erwartet, dass ihm die Annahmeerklärung zugeht.

157 3. Nach § 153 steht auch der **Tod** des A vor der Annahme dem **Zustandekommen** des Vertrags grundsätzlich nicht entgegen. Jedoch kommt ein Vertrag dann nicht zustande, wenn **„ein anderer Wille des Antragenden anzunehmen ist"**. Es ist umstritten, ob es genügt, dass der Antragende diesen „anderen Willen" insgeheim hatte, oder ob diese Willensbildung nach allgemeinen Auslegungsregeln (§§ 133, 157) für den Empfänger **erkennbar** sein muss.[146] Bei der Bestellung einer Sache für den **persönlichen Bedarf**, wie etwa eines Herrenanzugs, besteht in der Regel – und auch vorliegend bei A – sowohl ein Wille des Antragenden, das Angebot im Falle des eigenen Todes erlöschen zu lassen, als auch die Erkennbarkeit dieses Willens für den Verkäufer (wie hier für V). Mithin war das Angebot nach beiden Ansichten nicht annahmefähig. Die Annahme des V ging ins Leere.

Hinweis: *§ 153 gilt* ***nur für das Angebot****. Er enthält in seinem zweiten Halbsatz einen* ***Ausnahmetatbestand****.*

Mangels Einigung hat V gegen F keinen Zahlungsanspruch aus § 433 Abs. 2 Var. 1.

158 II. V könnte gegen F einen **Schadensersatzanspruch analog § 122** haben. Unstreitig besteht eine planwidrige Regelungslücke, denn § 122 Abs. 1 nimmt nur die §§ 118, 119, 120 in Bezug. Zweifelhaft ist aber, ob die **Interessenlagen vergleichbar** sind.

1. Diejenigen, die im Rahmen des § 153 den **inneren Willen des Antragenden** genügen lassen, bejahen **zum Ausgleich für den Empfänger** die **analoge Anwendung des § 122 Abs. 1**.[147] Der Verstorbene erkläre objektiv die uneingeschränkte Geltung des Rechtsgeschäfts. Sodann werde das Rechtsgeschäft nach § 153 wegen seines inneren (hypothetischen) Willens – unabhängig von dessen Erkennbarkeit – beseitigt. Das entspreche der Situation bei der Anfechtung.

   Danach wäre § 122 analog anwendbar. Allerdings war es wie ausgeführt für V ohne Weiteres erkennbar, dass A wollte, dass sein Angebot mit seinem Tod erlischt. Daher ist der Anspruch gemäß **§ 122 Abs. 2** ausgeschlossen,[148] den man konsequent ebenfalls **analog** wird anwenden müssen.

2. **Überwiegend** wird eine **analoge Anwendung** bereits des § 122 Abs. 1 ohnehin von denjenigen **abgelehnt**, die im Rahmen des § 153 die **Erkennbarkeit** fordern.[149] Stehe nach diesem strengen Maßstab der Wille des Erklärenden bereits

146 Für Erkennbarkeit MünchKomm/Busche § 153 Rn. 4 u. Medicus/Petersen AT Rn. 377; dagegen Clasen NJW 1952, 14.

147 Erman/Armbrüster § 153 Rn. 4.

148 So im Ergebnis Staudinger/Bork § 153 Rn. 8, allerdings ohne Bezugnahme auf § 122 Abs. 2.

149 MünchKomm/Busche § 153 Rn. 4; Medicus/Petersen AT Rn. 377.

von Anfang an fest, dann gebe es – anders als bei der Anfechtung – keine Diskrepanz zwischen dem objektiv Erkennbaren und dem subjektiv Gewollten. Der Empfänger wisse von Anfang an, dass er das Risiko des Todes des Erklärenden trage, daher könne ihm kein Vertrauensschaden entstehen.

Nach beiden Ansichten hat V gegen F keinen Schadensersatzanspruch analog § 122.

---

2. Freibleibendes Angebot, § 145 a.E.

Wer Waren anbietet, von denen er nicht weiß, **ob und zu welchem Preis er sie wird liefern können**, der nutzt Formulierungen wie „freibleibend", „unverbindlich" oder „sine obligo". Wie stets (vgl. Rn. 39, 41 ff.) ist durch Auslegung zu klären, ob **Rechtsbindungswille** vorliegt. **159**

- Es kann ein **verbindliches Angebot** vorliegen, wobei der Erklärende sich ein **Widerrufsrecht vorbehält**, was gemäß § 145 a.E. möglich ist. Die h.M. geht dabei regelmäßig von einer Auslegung dahin aus, dass noch unverzüglich nach Zugang der Annahmeerklärung ein Widerruf möglich sei,[150] während andere den Widerruf nur bis zum Zugang der Annahmeerklärung der Gegenseite zulassen.[151]

  Es ist dem Verkäufer weitergehend sogar möglich, sich den **Widerruf des Widerrufs vorzubehalten.**[152] Erklärt der Verkäufer nicht ausdrücklich den Widerruf des freibleibenden Angebots, sondern gibt er ein **geändertes Angebot** ab, so ist durch Auslegung im Einzelfall zu klären, ob das erste Angebot widerrufen wurde und daher nur noch das zweite Angebot gelten soll, oder ob beide Angebote alternativ nebeneinander stehen sollen.[153]

  Hinweis: *Der Widerruf des Angebots i.S.d. § 145 a.E. ist vom* ***Widerruf*** *einer jeden empfangsbedürftigen Willenserklärung i.S.d.* ***§ 130 Abs. 1 S. 2*** *zu unterscheiden. Zu diesem näher in Rn. 138 ff.*

- Es kann auch nur eine **invitatio ad offerendum** vorliegen. Der frei „Anbietende" ist allerdings verpflichtet, sich zur Antwort des Kunden, die dann ihrerseits als Angebot auszulegen ist, unverzüglich zu äußern. Kommt er dieser Erklärungspflicht nicht nach, so wird seinem **Schweigen** ausnahmsweise eine Erklärung mit Rechtsbindungswillen, nämlich die **Annahme des Angebots des Kunden**, entnommen.[154]

Bestehen **keine besonderen Anhaltspunkte** für die Auslegung, so ist nach der h.M. ein freibleibendes „Angebot" **regelmäßig nur eine invitatio ad offerendum.**[155] **160**

Geht aber dem freibleibenden Angebot eine **invitatio ad offerendum der Gegenseite** voraus, so ist es als **verbindliches Angebot mit Widerrufsvorbehalt** zu verstehen.

Beispiel:[156] Die A bittet die B, ihr ein Angebot für einen Charterflug zu machen. B nennt A Leistungsumfang und Preis mit der Ergänzung „freibleibend entsprechend unserer Verfügbarkeit". –

---

150 Erman/Armbrüster § 145 Rn. 17; Wolf/Neuner § 37 Rn. 15.

151 Vgl. Palandt/Ellenberger § 145 Rn. 4.

152 BGH RÜ 2004, 281.

153 Vgl. BGH MDR 2017, 326.

154 MünchKomm/Busche § 145 Rn. 7; Palandt/Ellenberger § 145 Rn. 4; näher zum Schweigen als Willenserklärung Rn. 220 ff.

155 BGH NJW 1996, 919.

156 Nach BGH NJW 1984, 1885.

Nachdem A zur Angebotsabgabe aufgefordert hat, kann die Erklärung der B nicht ebenfalls als invitatio verstanden werden, sonst droht ein unendliches Hin und Her. Die Erklärung der B ist ein Angebot mit Rechtsbindungswillen. Die Ergänzung ist aber so zu verstehen, dass B sich vorbehält (§ 145 a.E.), nach Zugang der Annahme der A die Verfügbarkeit zu prüfen und unverzüglich ihr Angebot zu widerrufen.

II. Annahme

161 Die Annahme ist ebenfalls eine **empfangsbedürftige Willenserklärung**, die die **uneingeschränkte Zustimmung zum Angebot** enthält.

1. Abgabe

162 Die Abgabe der Annahmeerklärung erfordert eine eindeutige, nach außen **erkennbare Willensbetätigung**, die den Schluss auf einen **Annahmewillen** zulässt. Es sind alle erkennbaren Indizien heranzuziehen, insbesondere das Verhalten des Erklärenden.[157]

163 ■ Ein Angebot zum Abschluss eines **gegenseitigen Vertrags**, welcher dem Annehmenden neben Rechten auch Pflichten zuschreibt, muss zumindest mit hinreichend schlüssigem Verhalten angenommen werden.

Beispiel: Hobbyklempner K bestellt beim Versandhändler V einen selbsttätigen Entlüfter, in Fachkreisen auch Schnüffelstück genannt, über die Bestellmaske auf dessen Homepage. V versendet das Schnüffelstück und K baut es nach Erhalt ein. –
K bietet V mit dem Absenden der Bestellung den Abschluss eines Kaufvertrags an. Der Versand durch V beinhaltet die konkludente Annahme des Kaufvertrags und zugleich ein konkludentes Angebot auf Übereignung. Mit dem Einbau nimmt K konkludent das Übereignungsangebot an. Der Zugang der Annahme des Übereignungsangebots ist nach § 151 S. 1 entbehrlich.

Versendet allerdings ein Unternehmer an einen Verbraucher **unbestellte Waren** oder erbringt er **unbestellte sonstige Leistungen**,[158] so lässt sich angesichts § 241a Abs. 1 aus der Nutzung und dem Verbrauch dieser Leistungen nicht auf einen konkludenten Annahmewillen des Verbrauchers bezüglich des Kaufvertrags schließen. Eine solche Annahme muss der Verbraucher ausdrücklich erklären. Konkludent ergibt sie sich nur aus einer freiwilligen Zahlung an den Unternehmer.

Auch **gesetzliche Ansprüche** sind grundsätzlich ausgeschlossen (arg. e contrario § 241a Abs. 2). Nach h.M. zählen zu diesen neben §§ 987, 989 ff. auch § 985 und die §§ 812 ff. Versendet der Unternehmer allerdings die Sache eines Dritten, so sind gesetzliche Ansprüche dieses Dritten gegen den Verbraucher nicht ausgeschlossen.[159]

164 ■ Ein **lediglich rechtlich vorteilhaftes Angebot** nimmt der Empfänger hingegen grundsätzlich konkludent an, es sei denn, er lehnt es konkludent oder ausdrücklich ab.[160] Dieser Gedanke ist für Schenkungen in § 516 Abs. 2 S. 2 normiert.

Beispiele: Annahme einer Schenkung, einer Leihe, einer Garantie, eines Schuldbeitritts, einer Bürgschaft, einer Abtretung oder (wie im Beispiel zuvor durch Klempner K) einer Übereignung

165 ■ Wird eine **Teilleistung** mit dem **Angebot auf einen Teilerlassvertrag** (§ 397 Abs. 1) verknüpft und nimmt der Empfänger die Teilleistung – obwohl er dies nach § 266

---

157 BGH NJW 2006, 3777, Rn. 18; Palandt/Ellenberger § 151 Rn. 2.
158 Vgl. zum Folgenden Palandt/Grüneberg § 241a Rn. 6 ff.
159 Palandt/Grüneberg § 241a Rn. 7 m.w.N. zu allen Ansichten.
160 BGH NJW 2000, 276.

nicht muss – hin, so kann nach h.M. diese Hinnahme im Einzelfall eine konkludente Annahme des Erlassangebots beinhalten. Maßgeblich hierfür ist insbesondere, ob der erlassene Betrag in krassem Missverhältnis zum Gesamtbetrag steht.[161]

Beispiel:[162] K schuldet V 1.000 €. K schickt V einen Brief mit einem Verrechnungsscheck und der Erklärung, dass er davon ausgehe, man sei quitt, wenn V den Scheck einlöse. V löst den Scheck ein. – Ist der Scheck auf 980 € ausgestellt, so spricht vieles dafür, dass V das Erlassangebot konkludent annimmt. Bei einem Betrag von z.B. 700 € ist das schon zweifelhafter, es kommt dann umso mehr auf die sonstigen Umstände (Zahlungskräftigkeit des K; Erfolgsaussichten einer sonst erforderlichen Klage des V) an. Baut K eine regelrechte **Erlassfalle** auf, indem er 100 €, 20 € oder gar nur 2 € einträgt, dann liegt kein Annahmewille des V vor.

Hinweis: *Wird die Annahmeerklärung nicht abgegeben, kann dieses* ***Schweigen*** *ausnahmsweise genügen (s. Rn. 220 ff.). Das ist kein Fall des § 151 (s. Rn. 176 ff.).*

2. Modifizierte Annahme, §§ 150 Abs. 2, 146 Var. 1

Eine Annahme liegt nur vor, wenn das Angebot bedingungslos bestätigt wird („Ja.") oder wenn das Angebot inhaltsgleich wiedergegeben wird. Formuliert die andere Seite hingegen Erweiterungen, Einschränkungen oder sonstige Änderungen, so ist dies gemäß § 150 Abs. 2 eine **Ablehnung des Angebots**, welches dadurch gemäß § 146 Var. 1 **erlischt**. Der Ablehnende gibt gemäß § 150 Abs. 2 **zugleich ein neues Angebot** ab. 166

Beispiel:[163] K bestellt bei V Waren. V bestätigt den Auftrag schriftlich mit dem Hinweis darauf, dass er nur unter Eigentumsvorbehalt liefern werde. Bald darauf werden die Waren von V an K übersandt. –
I. K hat ein **Angebot** zum Abschluss eines Kaufvertrags mit dem Inhalt abgegeben, dass an ihn unbedingtes Eigentum übertragen werden soll (Regelfall des § 433 Abs. 1 S. 1 Var. 2).
II. V hat erklärt, nur unter Eigentumsvorbehalt (vgl. § 449 i.V.m. §§ 929 ff., 158 Abs. 1) leisten zu wollen. Gemäß § 150 Abs. 2 hat V das **Angebot** des K **abgelehnt** und ein **modifiziertes Angebot** abgegeben.
III. Dieses Angebot hat K mit der Entgegennahme der Waren **konkludent angenommen**.
Zwischen V und K besteht daher ein **Kaufvertrag**, wobei V abweichend vom Regelfall des § 433 Abs. 1 S. 1 Var. 2 nur verpflichtet ist, dem K **bedingtes Eigentum** i.S.d. § 449 Abs. 1 zu verschaffen.

Der Ablehnende muss aber seinen Änderungswillen **klar und unzweideutig** zum Ausdruck bringen. Anderenfalls muss er sich nach Treu und Glauben so behandeln lassen, als habe er eine Annahme ohne Änderungen erklärt. 167

Beispiel:[164] V mailt K einen Vertrag mit 50 Seiten. K ergänzt auf S. 37 in der Mitte in identischer Schriftart und -größe den Passus „Eine Aufrechnung mit oder gegen Forderungen aus diesem Vertrag ist nicht zulässig". K druckt das Dokument aus, unterschreibt und schickt es per Post an V zurück. –
Zwischen V und K ist ein Vertrag ohne Aufrechnungsverbot zustande gekommen. Die E-Mail des V enthält sein Angebot. Der Ausdruck des K enthält seine Annahme ohne beachtliche Änderungen.

Erklärt der Empfänger eines Angebots, dass er einen Vertrag über eine **größere Menge** erstrebe, gilt **grundsätzlich § 150 Abs. 2**. 168

Beispiel: V bietet K 10 t Kohle zum Kauf an. K erklärt, er wolle 15 t Kohle kaufen. –
Liefert V nicht, so entsteht kein Kaufvertrag. Liefert V 15 t, so kommt ein Kaufvertrag über 15 t zustande.

Durch **Auslegung** der Annahmeerklärung kann sich aber **ausnahmsweise** ergeben, dass sie die **Teilannahme** hinsichtlich der angebotenen **kleineren Menge** enthält.[165]

161 Palandt/Ellenberger § 151 Rn. 2a m.w.N.
162 Nach BGH NJW 1990, 1656; BGH RÜ 2001, 388; BGH MDR 2008, 274.
163 Nach BGH, NJW 1995, 1671.
164 Nach BGH RÜ 2014, 545.
165 Staudinger/Bork § 150 Rn. 11.

Beispiel: Versicherung V bietet dem Geschädigten G vergleichsweise 3.000 € an. G antwortet, das sei ein Anfang, für seine von V nicht berücksichtigten Anwaltskosten verlange er aber weitere 500 €. – Zwischen V und G ist hinsichtlich der übrigen Schadensposten ein Vergleich (§ 779) zu 3.000 € zustande gekommen. G hat V daneben den Abschluss eines weiteren Vergleichs hinsichtlich der Rechtsanwaltskosten zu 500 € angeboten.

169 Auch wenn der Empfänger erklärt, dass er **nur einen Teil der angebotenen Leistung** annehme, fällt dies grundsätzlich unter § 150 Abs. 2. Die **Auslegung** des Angebots kann jedoch ergeben, dass eine **Teilannahme** möglich sein soll.[166]

Beispiel zu § 150 Abs. 2: V will seine Videospielsammlung verkaufen. Er bietet sie K zum Paketpreis von 400 € mit der Bemerkung an, er habe keine Lust, über jedes Spiel einzeln zu feilschen. K erklärt, er wolle nur Monkey Island 1 und 2, Super Mario World und Quake 2 für insgesamt 13 € kaufen. –
V gibt zu erkennen, dass er nur an einem Gesamtverkauf interessiert ist. Eine Teilannahme soll nicht möglich sein. Es ist daher bislang kein Kaufvertrag zustande gekommen. V kann entscheiden, ob er das modifizierte Angebot des K annimmt.

Abwandlung zur Teilannahme: V gibt K eine Liste, in welcher neben dem Paketpreis auch Einzelpreise ausgewiesen sind. Außerdem sagt er zu K, er solle sich beeilen, denn gleich komme X, der ein besonderes Auge auf die Spiele von LucasArts, zu denen u.a. die Monkey Island-Reihe zählt, geworfen habe. –
V gibt zu erkennen, dass er (auch) zu einem Einzel- und Reihenverkauf bereit ist. Zwischen K und V ist daher ein Kaufvertrag über die vier ausgewählten Spiele zu einem Preis von 13 € zustande gekommen.

170 Ist eine **Sukzessivlieferung** angeboten, so ist der Abruf der ersten Lieferung die uneingeschränkte Annahme des Komplettangebots. Für § 150 Abs. 2 ist dann kein Raum.

Beispiel:[167] V bietet K nach einigem Verhandeln den Kauf von 6.000 Steuerplatinen zum rabattierten Mengenpreis von 30 € pro Stück an, abrufbar in fünf Teillieferungen à mindestens 200 Stück. K ruft 200 Stück ab und verweigert später die Abnahme und Bezahlung der restlichen 5.800 Platinen. –
Gemäß § 433 Abs. 2 muss K abnehmen und bezahlen. V hat K den Abschluss eines Kaufvertrags über 6.000 Platinen angeboten. K hat zwar nur 200 Stück abgerufen, dies aber kommentarlos. Er hat aus Sicht eines objektiven Beobachters konkludent erklärt, das Angebot in vollem Umfang anzunehmen.

3. Fristgerechte Annahme, § 146 Var. 2

171 Ein Angebot gilt **nicht ewig**. Es muss fristgemäß angenommen werden, § 146 Var 2.

a) Vom Anbietenden bestimmte Annahmefrist, § 148

172 Der Anbietende kann (auch konkludent) im Angebot **einseitig nach seinem Belieben** bestimmen, innerhalb welcher Frist die Abgabe und/oder der Zugang der Annahme erfolgen müssen. Eine zu kurz bemessene Frist setzt keine angemessene Frist in Lauf, denn der Anbietende könnte von dem Angebot auch ganz absehen.

Hingegen ist eine **unangemessen lange Annahmefrist**, die sich der **Empfänger des Angebots** in seinen **AGB** vorbehält, nach Maßgabe des § 308 Nr. 1 unwirksam, weil sie den Anbietenden zu lange einseitig bindet. Bei einem Bauträgervertrag ist z.B. eine Frist von länger als drei Monaten unzulässig.[168]

166 Medicus/Petersen AT Rn. 381; Staudinger/Bork § 150 Rn. 11.
167 Nach OLG Köln, NJW-RR 2004, 1693.
168 BGH RÜ 2014, 1.

b) Gesetzliche Annahmefrist, § 147

Fehlt eine ausdrückliche oder konkludente Fristbestimmung, gilt Folgendes: 173

- Angebote **unter Anwesenden** können nur **„sofort"** angenommen werden, § 147 Abs. 1 S. 1, also so schnell wie objektiv möglich. Auch schuldloses Zögern schadet.[169]

  „Unverzüglich" ist weniger streng, hier schadet nur schuldhaftes Zögern, vgl. § 121 Abs. 1 S. 1.

- Der einem **Abwesenden** gemachte Antrag kann nur bis zu dem Zeitpunkt angenommen werden, in welchem der Antragende den Eingang der Antwort **unter regelmäßigen Umständen erwarten darf**, § 147 Abs. 2.

  Die **Frist beginnt** bereits mit Abgabe des Angebots.[170] Ihre **Dauer** addiert sich aus den üblichen Zeiten für Übermittlung des Angebots, Prüfung durch dessen Empfänger und Übermittlung seiner Antwort. **Verzögernde Umstände**, die der Anbietende kannte oder i.S.d. § 122 Abs. 2 kennen musste, sind regelmäßig Umstände i.S.d. § 147 Abs. 2. Für die Fristwahrung ist der **Zugang** der Annahme maßgeblich.[171]

  Die **„Umstände"** ergeben sich immer aus dem **konkreten Einzelfall**. Zu ihnen zählen **beispielsweise** die Dauer der internen Willensbildung in einer Gesellschaft oder einem (insbesondere größeren) Unternehmen sowie absehbare Urlaubszeiten, soweit diese (insbesondere in kleineren Unternehmen) zu Verzögerungen führen.[172]

  Beispiele für Fristen bei Mietangeboten: vier bis fünf Tage bei einer Wohnung in einem Gebiet mit knappem Wohnraum;[173] regelmäßig zwei bis drei Wochen bei Gewerberäumen;[174] vier Wochen bei Bauträgerverträgen (auch wenn diese finanziert und beurkundungsbedürftig sind)[175]

c) Verspätet zugegangene, rechtzeitig abgesandte Annahme, § 149

Wird die **Annahme rechtzeitig abgesandt**, geht sie aber **aufgrund verzögerter Beförderung verspätet** zu und erkennt der Anbietende dies, so muss er gemäß § 149 S. 1 diesen Umstand dem Annehmenden unverzüglich, also ohne schuldhaftes Zögern (§ 121 Abs. 1 S. 1) **anzeigen**. Anderenfalls gilt die Annahme als nicht verspätet, § 149 S. 2. 174

Beispiel: V bietet K den Kauf eines Gemäldes mit einer Annahmefrist bis zum 15.05 an. Am 23.05. erhält V die Annahme des K. Das Schreiben ist auf den 10.05. datiert und trägt den Poststempel vom 11.05.

d) Verspätete Annahme, § 150 Abs. 1

Ist die Annahmefrist abgelaufen, so ist das Angebot unwirksam. Die Annahme geht ins Leere, sie **gilt** aber gemäß § 150 Abs. 1 als **neues Angebot**. 175

Dabei kann sich erstens im Einzelfall aus **§ 242** ergeben, dass das **Schweigen** des ursprünglich Anbietenden auf dieses neue Angebot **als konkludente Annahme** zu werten ist (vgl. zum Schweigen insbesondere Rn. 224). Der hierfür erforderliche **Rechtsbindungswille** des ursprünglich Anbietenden **fehlt** allerdings, wenn er **davon ausgeht, dass bereits** ein Vertrag (durch sein Angebot und die [vermeintlich rechtzeitige] Annahme) **zustande gekommen** ist.

---

169 Palandt/Ellenberger § 147 Rn. 5.
170 BGH RÜ 2010, 212, 214 Rn. 20.
171 Palandt/Ellenberger § 147 Rn. 6 f.; BGH RÜ 2008, 283, 284.
172 BGH NJW 2016, 1441 Rn. 30.
173 KG MDR 2001, 685.
174 BGH NJW 2016, 1441.
175 BGH RÜ 2014, 1.

Dann kann sich aber zweitens zumindest aus **§ 242** ergeben, dass der ursprünglich Anbietende sich **nicht auf § 150 Abs. 1 und die Verspätung berufen darf**.
Beide Überlegungen greifen umso eher durch, je **knapper** die Frist überschritten ist, je mehr **Vorteile** der ursprünglich Anbietende bereits aus dem Geschäft gezogen hat und je stärker der neu Anbietende bereits **Dispositionen im Vertrauen** auf die Wirksamkeit des Vertrags getroffen hat.[176]

4. Ausnahmsweise entbehrlicher Zugang, § 151

176 Nach § 151 S. 1 ist der **Zugang der Annahmeerklärung ausnahmsweise entbehrlich** („ohne dass die Annahme dem Antragenden gegenüber erklärt zu werden braucht").

Hinweis: *Die zumindest konkludente **Abgabe der Annahmeerklärung** ist aber auch in den Fällen des § 151 **unverzichtbar** („durch die Annahme").*

Die Annahme wird gemäß § 151 S. 1 Hs. 2 auch ohne Zugang wirksam, wenn dieser entweder **nach der Verkehrssitte nicht zu erwarten** ist oder wenn der Anbietende auf den Zugang **verzichtet** hat.

Ferner ist bei der **Sukzessivbeurkundung** der Zugang der Annahme entbehrlich, §§ 152 S. 1, 128.[177]

177 Die **Abgrenzung** der Varianten des § 151 S. 1 ist **ohne Relevanz**. Zudem liegt bei entsprechender Verkehrssitte oft auch ein konkludenter Verzicht vor. Selbst bei formbedürftigen Geschäften kann der Antragende nämlich auch **konkludent verzichten**.[178]

Beispiele: für den Empfänger vorteilhafte Geschäfte wie die in Rn. 164 aufgezählten sowie **eilbedürftige Geschäfte** wie Handelsgeschäfte oder das Ersuchen eines Arztes oder Anwalts um eilige Hilfe

Die Verkehrssitte kann sich wandeln. Bei **Buchung eines Hotelzimmers** wurde beispielsweise früher ein Zugang der Annahmeerklärung des Hotels für entbehrlich gehalten. Inzwischen halten aber manche den Zugang für erforderlich, denn eine Buchungsbestätigung per E-Mail sei mittlerweile üblich.[179]

178 Auch eine Annahmeerklärung nach § 151 muss **fristgemäß** abgegeben werden.

- Primär ist die vom Anbietenden **festgelegte Frist** maßgeblich (**§ 148**, s. Rn. 172).
- Im Übrigen gilt die **gesetzliche Frist**. Für diese ist aber nicht der üblicherweise zu erwartende Zeitpunkt maßgeblich (§ 147 Abs. 2, s. Rn. 173), sondern gemäß **§ 151 S. 2** alleine der **individuelle (mutmaßlichen) Wille** des Anbietenden.[180]

Beispielsweise wird der Verkäufer, der sich vor Interessenten nicht retten kann, dem einzelnen Interessenten nur eine kurze Frist einräumen wollen. Der Makler, der auf den Vermittlungsauftrag für ein exklusives Grundstück hofft, wird dem Eigentümer eher eine längere Frist zugestehen.

III. Vertragsschluss bei Online-Auktionen

179 Online-Auktionen, z.B. bei eBay, weisen (nicht nur zum Vertragsschluss) einige **Besonderheiten** auf (vgl. zum Rechtsbindungswillen bereits Rn. 52).[181]

Hinweis: *Der folgende Fall ist die knappe Essenz aus mehreren Urteilen zu der Thematik. Sie sind allesamt ausführlich in der RechtsprechungsÜbersicht – RÜ dargestellt.*[182]

---

176 BGH NJW 2016, 1441, Rn. 46 u. 50.

177 Näher dazu AS-Skript BGB AT 2 (2019) Rn. 186 f.

178 Vgl. zum Folgenden Palandt/Ellenberger § 151 Rn. 3 f.; MünchKomm/Busche § 151 Rn. 5 ff.; BGH RÜ 2019, 477,479 Rn. 20.

179 Für die Entbehrlichkeit Palandt/Ellenberger § 151 Rn. 3 u. Staudinger/Bork § 151 Rn. 20; gegen Entbehrlichkeit MünchKomm/Busche § 151 Rn. 6.

180 BGH RÜ 1999, 357; Palandt/Ellenberger § 151 Rn. 5.

181 Überblick bei Föhlisch/Stariradeff NJW 2016, 353.

182 BGH RÜ 2012, 341; BGH RÜ 2014, 205; BGH RÜ 2015, 205; BGH RÜ2 2017, 51; BGH RÜ 2018, 208; BGH RÜ 2019, 749 mit RÜ-Video 12/19 unter bit.ly/36gLcTX.

Fall 10: Das Stratocaster-Schnäppchen

Hobbymusiker V startet bei eBay (E) eine Online-Auktion über eine Stratocaster-Gitarre (Wert: 666 €) zum Startpreis von nur 1 €, um Gebühren zu sparen. Instrumentenhändler K gibt ein Maximalgebot, bis zu welchem automatisch geboten werden soll, i.H.v. 10 € ab. V verkauft die Gitarre an X für 555 €, bricht die Auktion ab und übereignet X die Gitarre. Bei Abbruch lag das aktuelle Höchstgebot bei 1 €, durch K.
Laut den AGB von E ist der Start einer Auktion ein verbindliches Angebot. Der Kaufvertrag kommt sowohl bei Ablauf der Auktionszeit als auch bei vorzeitiger Rücknahme des Angebots mit dem Höchstbietenden zum aktuellen Höchstgebot zustande, es sei denn, der Anbieter ist kraft Gesetzes oder wegen Verlustes der Kaufsache ohne sein Verschulden zur Rücknahme des Angebots berechtigt.
K verlangt von V die Gitarre oder zumindest Geld. V weigert sich, weil K in jüngster Zeit – was zutrifft – bei über 1.000 Auktionen Maximalgebote jeweils deutlich unter dem objektiven Wert und i.H.v. insgesamt über 50.000.000 € abgegeben habe, die er nie hätte aufbringen können. Es sei K daher von Anfang an nie um die Gitarre, sondern um die Provokation eines Auktionsabbruchs und eines Schadensersatzanspruchs gegangen. K wendet ein, es könne ihm nicht zum Nachteil gereichen, dass er gezielt nach günstigen Schnäppchen jage. Er sei – was zutrifft – bei den allermeisten Auktionen überboten worden und die von ihm günstig ersteigerten Sachen habe er allesamt vollständig und unverzüglich bezahlt.
Ansprüche des K gegen V, wenn X die Gitarre auf keinen Fall herausgeben will?

A. Ein Anspruch des K gegen V auf **Übergabe und Übereignung** der Gitarre aus **§ 433 Abs. 1 S. 1** scheitert jedenfalls daran, dass X Besitz und Eigentum an der Gitarre nicht wieder aufgeben will, sodass dem V seine Leistungspflichten **unmöglich** und der Anspruch daher gemäß **§ 275 Abs. 1 BGB** untergegangen ist. **180**

Die **Vertragsfreiheit** erlaubt es V, mehrere **Kaufverträge** über eine Gitarre zu schließen – selbst anfängliche Unmöglichkeit steht der Wirksamkeit eines Vertrags gemäß § 311 a Abs. 1 nicht entgegen. Wegen des **Trennungs- und Abstraktionsprinzips** ist unabhängig von den schuldrechtlichen Verträgen die erste **Übereignung** der Sache (hier: an X) wirksam. Weitere Übereignungen des V scheitern grundsätzlich an seiner fehlenden Berechtigung (**Prioritätsprinzip**).

B. K könnte gegen V einen **Schadensersatzanspruch** aus **§§ 280 Abs. 1 u. 3, 283, 251 Abs. 1** haben.

I. Ein **Schuldverhältnis** zwischen V und K könnte als Kaufvertrag vorliegen.

1. Trotz der Bezeichnung als „Online-Auktion" kommt der Vertrag **nicht durch Angebot und Zuschlag gem. § 156** zustande, denn E ist kein Versteigerer, sondern als Plattformbetreiber **nur Vermittler** zwischen Käufer und Verkäufer. Ferner ist die Mitteilung des E über den Gewinner der Auktion **keine Willenserklärung** in Form eines Zuschlags, sondern eine **reine Wissenserklärung**. **181**

2. Vielmehr müssen V und K **Angebot und Annahme** erklärt haben. Ihr Verhalten ist aus Sicht eines objektiven Empfängers nach der Verkehrssitte auszulegen, §§ 133, 157. Zur **Verkehrssitte** bei der Benutzung einer Internetplattform gehören auch die **AGB** ihres Betreibers, soweit die Benutzer von diesen AGB nicht **182**

erkennbar abrücken.[183] Weder V noch K sind von den AGB erkennbar abgerückt, sodass diese mithin die maßgebliche Verkehrssitte definieren.

Klausurhinweis: *Wegen der* ***Relativität der Schuldverhältnisse*** *gelten die AGB unmittelbar nur zwischen V und E und zwischen K und E. Über das Merkmal* ***„Verkehrssitte"*** *wirken sie aber mittelbar grundsätzlich auch zwischen K und V.*

Ausweislich der AGB ist der **Auktionsstart** durch V nicht etwa eine bloße Aufforderung zur Angebotsabgabe (invitatio ad offerendum) ohne Rechtsbindungswillen, sondern **ein rechtsverbindliches Angebot**. Ihm lässt sich der **hinreichend bestimmte Geschäftswille** entnehmen, mit dem bei Auktionsende Höchstbietenden zu kontrahieren, wer auch immer dies sein mag (offerta ad incertas personas). Das **Höchtsgebot** des K stellt also seine **Annahme** dar.

Klausurhinweis: *Andere Plattformen haben bzw. hatten in ihren AGB festgelegt, dass das Auktionsgebot des Käufers das Angebot und der* ***Auktionsstart durch*** *den Verkäufer die* ***zeitlich vorverlagerte (antezipierte/antizipierte) Annahme*** *sein sollen. Wichtig ist, dass Sie Ihr Gutachten nach den konkreten AGB ausrichten. Sind diese nicht abgedruckt, so können Sie den Ablauf des Vertragsschlusses nach Erwähnung der beiden Möglichkeiten offenlassen, wenn für die weitere Lösung ohnehin nur wichtig ist, ob („irgendwie") ein Vertrag zustande gekommen ist.*[184]

183 3. Allerdings steht laut den AGB das Angebot des V unter dem **Vorbehalt** i.S.d. § 145 Hs. 2, dass er es **nicht berechtigterweise zurücknimmt**. Ausweislich der AGB besteht eine solche Berechtigung zum einen, wenn V die Kaufsache ohne sein Verschulden verliert. V hat aber die Gitarre vorsätzlich an den X veräußert. Zum anderen kann sich eine Berechtigung aus einer **gesetzlichen Vorschrift** ergeben, die im weitesten Sinne die „Rücknahme" des Angebots erlaubt.

Insofern sind die AGB nur **deklaratorisch**. Wenn V bereits kraft (zwingender bzw. disponibler, aber nicht abbedungener) gesetzlicher Regelungen das Recht hat, sich von seiner Willenserklärung zu lösen, dann gilt das unabhängig von inhaltsgleichen Ausführungen in AGB.

Eine **Abweichung** von gesetzlichen Vorschriften kann im Einzelfall wirksam oder unwirksam sein. Ist in den AGB etwa festgelegt, dass eine Anfechtung nur bei Zustimmung der anderen Partei zulässig sein soll, so ist dies hinsichtlich § 123 Abs. 1 bereits unwirksam, weil diese Norm nicht disponibel ist. § 119 ist zwar disponibel, aber eine derartige Abweichung von ihm in AGB ist gemäß § 307 Abs. 1 u. Abs. 2 Nr. 1 unwirksam.[185]

a) Ein Rücknahmegrund i.d.S. ist die **Anfechtung**, welche gemäß § 142 Abs. 1 das Angebot des V rückwirkend vernichtet. Es liegt aber kein Anfechtungsgrund vor, insbesondere kein in § 119 genannter Irrtum des V.

b) Der Vertrag ist über das Internet als **Fernkommunikationsmittel** im Rahmen des **Vertriebssystems** von E zustande gekommen. Also könnte V das Angebot gemäß §§ 312 g Abs. 1, 355 Abs. 1 S. 1, 312 c **widerrufen** haben.

aa) Dieses Widerrufsrecht ist zwar **nicht gemäß § 312 g Abs. 2 S. 1 Nr. 10 ausgeschlossen**, denn dieser Ausschlusstatbestand gilt nur für klassi-

---

183 BGH NJW 2017, 1660 (eBay); BGH RÜ 2018, 208 (Paypal).

184 Vgl. die Darstellung von BGH RÜ 2014, 205, 207, im Gutachtenstil.

185 Vgl. Sutschet NJW 2014, 1041, zusammengefasst von Lüdde RÜ 2014, 366, 367.

sche Versteigerungen mit präsenten Interessenten und Vertragsschluss durch Angebot und Zuschlag i.S.d. § 156,[186] während hier eine reine Internetversteigerung und – wie ausgeführt – ein Vertragsschluss durch Angebot und Annahme vorliegt.

bb) Ein Fernabsatzvertrag liegt aber gemäß §§ 312 Abs. 1, 310 Abs. 3 nur bei **Verbraucherverträgen** vor, bei welchen der Unternehmer dem Verbraucher eine entgeltliche Leistung anbietet. Nur dann ist der Verbraucher in seinem Bedürfnis schutzwürdig, die Leistung zunächst zu prüfen und dann über den Fortbestand des Vertrags zu entscheiden. Vorliegend bot aber **umgekehrt V als Verbraucher** i.S.d. § 13 die Leistung entgeltlich an und **K als Unternehmer** i.S.d. § 14 verpflichtete sich zur Entgeltzahlung. Mangels Verbrauchervertrags in Form eines Fernabsatzvertrags konnte V sein Angebot nicht widerrufen.

4. Der Kaufvertrag könnte **sittenwidrig** und gemäß **§ 138 Abs. 1** nichtig sein. **184**

a) Das erfordert ein **grobes Missverhältnis** zwischen Leistung und Gegenleistung, welches regelmäßig ab einer Diskrepanz von 200% bis 300% besteht. Der Kaufvertrag schreibt einen Kaufpreis i.H.d. aktuellen Höchstgebots, also von 1 € für die Gitarre im Wert von 666 € fest, das ist eine Diskrepanz von 66.600%. Würde man auf das Maximalgebot des K (10 €) abstellen, so wären es immer noch 6.660%. Ein grobes Missverhältnis liegt also vor.

b) Es müssen aber **weitere Umstände** hinzutreten, die die Gesinnung des von dem Kaufvertrag profitierenden K als **verwerflich** erscheinen lassen. Es liegt aber gerade im **Wesen einer Versteigerung** (sei es auf klassischem Wege oder im Internet), dass der Käufer einen Schnäppchenpreis erzielen kann. Umgekehrt besteht für den Käufer auch das Risiko (und für den Verkäufer die Chance), dass mehrere Käufer sich durch gegenseitiges Überbieten anstacheln und so ein besonders hoher Kaufpreis zustande kommt. Daher handelte K nicht in verwerflicher Gesinnung. Der Kaufvertrag ist nicht sittenwidrig und nicht nach § 138 Abs. 1 nichtig.

Zwischen K und V besteht mithin ein wirksamer Kaufvertrag.

II. Mit der Herausgabeverweigerung des X ist es V nachträglich i.S.d. § 275 Abs. 1 **unmöglich** geworden, seine Pflichten aus § 433 Abs. 1 S. 1 zu erfüllen, sodass eine **Pflichtverletzung** vorliegt. **185**

Diese Pflichten bestehen zwar nicht und wären daher auch nicht verletzbar, soweit **§ 762 Abs. 1 S. 1** greift. Allerdings erfordert ein **Spiel** eine nicht ernsthafte Erklärung bezüglich eines zufälligen Ereignisses zwecks Unterhaltung und/oder Gewinnerzielung. Eine **Wette** liegt nur vor, wenn die Parteien zur Untermauerung sich widersprechender Behauptungen ihre Wetteinsätze abgeben.[187] Eine Versteigerung verfolgt hingegen den ernsthaften Zweck, den marktgerechten Preis einer Sache zu ermitteln. Es gibt dabei kein „richtig oder falsch" und keinen „Gewinner oder Verlierer", sondern nur das Ergebnis der ernsthaften Sondierung von

186 Palandt/Grüneberg § 312 g Rn. 13.

187 Palandt/Sprau § 763 Rn. 2 f.

Angebot und Nachfrage. Sie ist daher weder Spiel noch Wette.[188] Die Pflichten aus dem Kaufvertrag wurden daher begründet, § 762 Abs. 1 S. 1 greift nicht.

§ 762 Abs. 1 und auch § 656 regeln **unvollkommene Verbindlichkeiten**. Nach dem jeweiligen Satz 1 entsteht **kein einklagbarer Anspruch**. Wettschulden sind also nur Ehrenschulden. Wird aber freiwillig geleistet, so kann nach dem jeweiligen Satz 2 die Leistung nicht nach § 812 Abs. 1 S. 1 Var. 1 mit der Begründung zurückgefordert werden, es bestehe kein Rechtsgrund. Genehmigte Glücksspiele (z.B. Lotto) begründen aber gemäß § 763 S. 1 Ansprüche.

186 III. V hat die Gitarre **vorsätzlich** an X weitergegeben, sodass V die Unmöglichkeit i.S.d. §§ 280 Abs. 1 S. 2, 276 Abs. 1 **zu vertreten** hat.

187 IV. **Inhalt** des Anspruches ist, dass V den K so **wie ohne das schädigende Ereignis stellen** muss, und zwar gemäß § 249 Abs. 1 grundsätzlich in Natur. Es ist dem V aber – wie ausgeführt – nicht möglich, dem K Eigentum und Besitz an der Gitarre zu verschaffen. Daher schuldet V gemäß § 251 Abs. 1 Var. 1 **Geldentschädigung**.

Ohne die Veräußerung der Gitarre von V an X hätte K von V Eigentum und Besitz an der Gitarre im Wert von 666 € erhalten. Im Gegenzug hätte K an V 1 € zahlen müssen. V muss daher K i.H.v. 665 € entschädigen.

188 V. K ist die Geltendmachung dieses Anspruchs gemäß **§ 242** verwehrt, soweit sie **rechtsmissbräuchlich** ist und daher gegen Treu und Glauben verstößt. Dieser Vorwurf ist aber **nur** dem **„Abbruchjäger“** zu machen, der bereits bei Gebotsabgabe kein Interesse an der Kaufsache, sondern nur an der Provokation eines Abbruchs und des damit einhergehenden Schadensersatzanspruchs hat. Ein **„Schnäppchenjäger“ hingegen**, der unter Ausnutzung der beiderseitig eingegangenen Risiken und Chancen einer Versteigerung einen Vorteil in Form eines (auch extrem) günstigen Preises zu erlangen versucht, handelt **redlich**.[189]

RÜ-Video 12/19

Vorliegend mag K bei unzähligen Auktionen deutlich über seine finanziellen Verhältnisse geboten haben. Das macht ihn aber nicht zum Abbruchjäger, weil seine Maximalgebote stets deutlich unter dem Wert der Kaufsache lagen, durfte er damit rechnen, in den meisten Fällen überboten zu werden – wie es dann auch tatsächlich geschehen ist. Ihm war daher bewusst, dass er zumeist weder einen Anspruch auf die Kaufsache noch auf Schadensersatz erlangen wird. Dass K nur auf Schnäppchenjagd war und ein echtes Interesse an den Kaufsachen hatte, wird dadurch untermauert, dass er diese im Erfolgsfall stets und pünktlich zahlte.

V aber ist (zwecks Einsparung von Gebühren) ganz bewusst das Risiko eines für ihn niedrigen Startpreises eingegangen. Außerdem hat V aus freien Stücken die Auktion einzig zu dem Zweck abgebrochen, die Gitarre an den X veräußern zu können. Der Vorwurf einer Treuwidrigkeit trifft also eher V, keinesfalls aber K. K ist es daher nicht gemäß § 242 verwehrt, seinen Anspruch geltend zu machen.

Indiz für einen Abbruchjäger ist insbesondere, wenn der Käufer auf eine Vielzahl von Auktionen bietet und dann von einem Verkäufer, der die Auktion aufgrund eines Irrtums abbricht und **sogleich korrigiert startet, gleichwohl Schadensersatz verlangt, anstatt auf das neue Angebot zu bieten**. Er zeigt nämlich, dass er kein Interesse an der Kaufsache selbst hat.[190]

---

188 Vgl. BGH, NJW 2002, 363, 365 (Ricardo.de).

189 BGH RÜ 2019, 749, mit RÜ-Video 12/19 unter bit.ly/36gLcTX; „Abbruchjäger“ ist O-Ton des BGH.

190 Vgl. LG Görlitz, Urt v. 29.07.2015 – 2 S 213/14, BeckRS 2016, 08624; BGH RÜ2 2017, 51 hat nachfolgend die Klage bereits mangels Prozessführungsbefugnis als unzulässig abgewiesen und daher die materielle Rechtslage nicht betrachtet.

K hat gegen V einen Anspruch i.H.v. 665 € aus §§ 280 Abs. 1 u. 3, 283, 251 Abs. 1.

C. Daneben hat K gegen V aus **§ 285 Abs. 1** einen Anspruch auf Herausgabe des **stellvertretenden commodums**, also der 555 €, die X an V gezahlt hat. **189**

Dieser Anspruch steht zu §§ 280 Abs. 1 u. 3, 283 in **elektiver Konkurrenz**. K hat ein **ius variandi**, d.h. er darf wahlweise einen der beiden Ansprüche geltend machen.[191] Soweit er den Anspruch aus § 285 Abs. 1 geltend macht, mindert sich gemäß § 285 Abs. 2 der Schadensersatzanspruch. Insgesamt kann K also 665 € verlangen.

Manche wollen das **Prinzip der Preisbildung** bei Online-Auktionen **umgehen.**[192] **190**

- Beim **Bid Shielding schirmt ein Käufer** sein Angebot mit dem Angebot eines ande- **191** ren Accounts ab, um seine **Konkurrenten abzuschrecken.** Es kommt gleichwohl ein **Kaufvertrag mit einem Kaufpreis i.H.d. Gebots mit dem zweiten Account** zustande. Dieses Gebot ist wirksam. Insbesondere ist es nicht nach § 130 Abs. 1 S. 2 widerrufbar, da bereits zugegangen. Ein geheimer Vorbehalt ist nach § 116 S. 1 unbeachtlich und § 117 Abs. 1 führt nicht zur Nichtigkeit, da der Verkäufer nicht mit dem zweiten Gebot einverstanden war. Auch hat der Verkäufer keinen Grund, an dessen Ernstlichkeit zu zweifeln, sodass § 118 nicht greift. Schließlich kann mangels Anfechtungsgrundes das zweite Gebot auch nicht nach § 142 Abs. 1 vernichtet werden.

  Beispiel: K bietet für eine Sache des V, deren objektiver Wert 400 € ist und für die das Höchstgebot derzeit 30 € beträgt, 600 €. eBay setzt den K als Höchstbietenden mit 30,50 € ein. K bietet sodann mit einem anderen Account 605 €. eBay setzt den anderen Account als Höchstbietenden mit 601 € ein. Andere Interessenten werden von weiteren Geboten abgeschreckt. Wenige Sekunden vor Auktionsende zieht K das zweite Gebot zurück. eBay zeigt wieder 30,50 € als Höchstgebot an. - Zwischen K und V besteht ein Kaufvertrag über 601 €.

- Beim **Shill Bidding** bietet der **Verkäufer oder ein von ihm Beauftragter (Shill)** auf **192** die eigene Auktion, um bei dieser **den Preis hochzutreiben.** Der Verkäufer kann aber nicht mit sich selbst kontrahieren (vgl. § 145 „einem anderen"; ebenso auch die AGB von eBay) bzw. das Gebot des Beauftragten ist nach § 117 Abs. 1 nichtig. Zum selben Ergebnis gelangt man über den Rechtsgedanken des § 162.

  Daher kommt ein **Kaufvertrag mit dem letzten redlichen Bieter** zustande, selbst wenn dieser zuletzt vom Verkäufer bzw. vom Shill überboten wurde. Der **Kaufpreis** richtet sich nach Ansicht des **BGH**[193] **nicht nach dem Höchstgebot.** Der Verkäufer darf nach Treu und Glauben (und übrigens auch nach den bei der Auslegung zu berücksichtigenden AGB von eBay) die Auktion nicht manipulieren und daher nicht darauf vertrauen, den hochgetriebenen Preis zu erhalten. Maßgeblich für den Kaufpreis ist nach dem Dafürhalten des BGH vielmehr

  - wenn **kein Dritter mitbietet** das **letzte Gebot des Auktionsgewinners vor Beginn der Manipulation.** Zwar war der Käufer bereit, auch den zuletzt gebotenen Preis zu zahlen, aber er hätte die späteren Gebote nicht abgegeben, wenn der Verkäufer nicht manipuliert hätte;

---

191 Palandt/Grüneberg § 285 Rn. 10.

192 Vgl. zum Folgenden Sutschet NJW 2014, 1041, zusammengefasst mit Beispielen von Lüdde RÜ 2014, 366.

193 BGH RÜ 2017, 210.

- wenn jedoch ein **redlicher Dritter mitbietet** das **unmittelbar an den Dritten anschließende nächste Gebot** des Höchstbietenden. Dieses Gebot beruht nämlich auf dem vorhergegangenen redlichen und daher wirksamen Gebot des Dritten. Dass dieses Gebot des Dritten seinerseits auf der Preistreiberei beruht und daher nichtig bzw. anfechtbar sein kann, verleiht dem Höchstbietenden keinen Schutz.

Nach **a.A.** kommt der Kaufvertrag zum **Höchstgebot** zustande, allerdings kann der Käufer die Differenz nach **§§ 280 Abs. 1, 311 Abs. 2, 241 Abs. 2** zurückfordern.[194]

Hätte **beispielsweise** im Fall 10 nach dem ersten Gebot des K von 1 € der V die Gebote des K auf 700 € hochgetrieben, so würde sich nach Ansicht des BGH nichts ändern: Der Kaufvertrag käme zu 1 € zustande. Hätte hingegen der redliche D nach Preistreiberei des K 300 € geboten und K den Zuschlag für 301 € erhalten, so käme der Kaufvertrag zu 301 € zustande. Nach der a.A. käme in beiden Fällen ein Kaufvertrag zu 700 € zustande. K hätte aber gegen V aus §§ 280 Abs. 1, 311 Abs. 2, 241 Abs. 2 einen Anspruch auf 699 €, mit welchem er aufrechnen kann (§ 389).

Für den Fall, dass der Käufer sich **anderweitig eingedeckt** hat und daher an der Sache nicht mehr interessiert ist, wird vorgeschlagen, **§ 156 S. 2 Var. 1 analog** anzuwenden, sodass das Gebot des Käufers erlischt und daher keinerlei Kaufvertrag zustandekommt.[195]

B. Übereinstimmung von Angebot und Annahme – Konsens und Dissens

193 Die Einigung reicht – wie ausgeführt – nur soweit, wie **Angebot und Annahme inhaltlich übereinstimmen**. Die Annahme setzt eine uneingeschränkte Zustimmung zu dem Angebot voraus. Eine Annahme unter Einschränkungen oder Änderungen gilt gemäß § 150 Abs. 2 als Ablehnung (verbunden mit einem neuen Antrag).

Stimmen die beiden Erklärungen nicht offensichtlich überein, so ist **zunächst** zu klären, ob Missverständnisse, Widersprüche oder Unvollständigkeiten sich **primär** durch **Auslegung** (näher Rn. 267 ff.) oder **sekundär** durch **dispositives Recht** beseitigen lassen.

Beispiel: Ist nicht vereinbart, wann und wo geleistet werden muss, dann führen zumindest §§ 269, 270, 271 zum Konsens. Vorrangig ist aber die Auslegung der Einigung (vgl. auch § 269 Abs. 1 u. § 271 Abs. 1 „aus den Umständen zu entnehmen").

Lässt sich auch auf diesen Wegen kein **Konsens** erzielen, dann liegt zwischen den Parteien ein **Dissens** vor. Zwei seiner **drei Erscheinungsformen** sind in §§ 154 f. geregelt.

Hinweis: *Beim* ***Dissens*** *divergieren die jeweils objektiven Erklärungstatbestände zweier Erklärungen. Die* ***Anfechtung nach § 119*** *erfordert hingegen, dass der objektive und der subjektive Erklärungstatbestand derselben Erklärung divergieren.*

I. Totaldissens bezüglich wesentlicher Vertragsbestandteile

194 Ohne Einigung über die wesentlichen Vertragsbestandteile (vgl. zu diesen Rn. 87) liegt ein Totaldissens (auch: logischer Dissens) vor. Es kommt **nicht zum Vertragsschluss**. Das ergibt sich bereits daraus, dass die **Annahme mangels objektiven Geschäftswillens nicht wirksam** ist. In den §§ 154 f. ist dieser Fall **nicht geregelt**.

---

194 OLG Stuttgart MMR 2015, 577 (zusammengefasst in der Schlussbemerkung zu BGH RÜ 2017, 210, 215); Sutschet NJW 2014, 1041, zusammengefasst von Lüdde RÜ 2014, 366, 367 f.

195 Sutschet NJW 2014, 1041, zusammengefasst von Lüdde RÜ 2014, 366, 367 f.

Beispiel:[196] X simst an Y: „Erbitte Limit über 100 Kilo Weinsteinsäure Gries bleifrei." Y antwortet: „Weinsteinsäure Gries bleifrei Kilogramm 128 € netto Kasse bei hiesiger Übernahme." X antwortet: „100 Kilo Weinsteinsäure Gries bleifrei geordert. Briefliche Bestätigung unterwegs." Als X die Lieferung der Säure verlangt, stellt sich heraus, dass beide verkaufen wollten.

Auslegung und **dispositives Recht** sind aber auch beim Totaldissens vorrangig.

Fall 11: Kaufvertrag ohne Kaufpreisabrede

V und K schließen einen notariellen Kaufvertrag über ein Hotelgrundstück und vereinbaren, dass über das Inventar ein selbstständiger Vertrag geschlossen werden soll. Später kommt es zu längeren mündlichen Verhandlungen ohne Einigung über den Kaufpreis für das Inventar. V verlangt 60.000 €. K will nicht mehr als 45.000 € zahlen. Das Grundstück wird aber mit dem gesamten Inventar an K übergeben und übereignet. K zahlt nur den für das Grundstück vereinbarten Preis. Ansprüche V gegen K?

A. V könnte gegen K einen **Zahlungsanspruch** aus einem Kaufvertrag i.V.m. **§ 433 Abs. 2 Var. 1** haben. **195**

V und K müssen sich **über sämtliche wesentliche Vertragsbestandteile** eines Kaufvertrags **geeinigt** haben. Ihr objektiv zu ermittelnder Geschäftswille muss übereinstimmend die Parteien, die Kaufsache und den Kaufpreis umfassen, vgl. § 433. Sie haben sich über sich selbst als Parteien, über das Inventar als Kaufsachen und darüber geeinigt, dass ein Kaufpreis gezahlt werden soll. Die **Höhe des Kaufpreises** wurde hingegen **nicht vereinbart**.

Bei einem derartigen **Totaldissens** liegt keine Einigung vor. Es ist auch nicht ersichtlich, dass mithilfe einer **Auslegung** nach Maßgabe der §§ 133, 157 ein Konsens über die Kaufpreishöhe ermittelt werden kann. Womöglich lässt er sich aber durch Rückgriff auf **dispositive Rechtsnormen** erzielen.

I. Im **UN-Kaufrecht** wird gemäß **Art. 55 CISG** (Schönfelder Ergänzungsband, 50 c) eine stillschweigende Einigung auf den **üblichen Kaufpreis** vermutet. Die Norm ist aber nicht anwendbar, weil V und K ihre Niederlassung im selben Staat haben. **196**

II. Die Parteien können vereinbaren, dass eine **Leistungsbestimmung nach den §§ 315 ff.** erfolgen soll. Hier kann allenfalls § 316 eingreifen. V hätte dann als derjenige, der die Gegenleistung zu fordern hat, das Leistungsbestimmungsrecht. **§ 316** gilt jedoch **nur „im Zweifel"**. Die Vorschrift greift dann nicht ein, wenn die Auslegung des Vertrags ergibt, dass keiner Partei ein Bestimmungsrecht zustehen soll.[197] K hat deutlich gemacht, dass er nicht mehr als 45.000 € aufwenden will. Mit einer Leistungsbestimmung durch V war er also nicht einverstanden.

III. Ein **Mietvertrag** kommt **auch ohne Einigung über die Höhe der Miete** zustande, wenn sich die Parteien **generell über die entgeltliche Gebrauchsüberlassung einigen**. Es gilt dann die angemessene oder ortsübliche Miete als vereinbart. Das ergibt sich entweder aus §§ 612 Abs. 2, 632 Abs. 2, 653 Abs. 2 analog, die

196 Nach RG RGZ 104, 265.

197 BGH NJW 2010, 1742; Palandt/Grüneberg § 316 Rn. 2.

verallgemeinerbar die Erbringung einer Dienstleistung zu einem Preis in unklarer Höhe[198] betreffen (dazu 1.), oder aus ergänzender Vertragsauslegung (dazu 2.).[199] Womöglich lässt sich das **auf den vorliegenden Kaufvertrag übertragen.**

197 1. Die **§§ 612 Abs. 2, 632 Abs. 2, 653 Abs. 2** könnten auch auf den Kauf **analog** anzuwenden sein, gestützt durch den Rechtsgedanken des Art. 55 CISG.

Bezüglich Kaufverträgen ist das Gesetz **planwidrig lückenhaft.** Auch macht es keinen Unterschied für die Festlegung der Höhe eines Preises, für welche Art von Gegenleistung er gezahlt wird. Wichtig für das Erfordernis der **vergleichbaren Interessenlage** ist nur, dass die Parteien zu erkennen geben, dass sie sich auch ohne den offen gebliebenen Punkt erkennbar vertraglich binden wollen. Ein solcher Wille ist in der Regel zu bejahen, wenn die Parteien – wie hier – einvernehmlich **mit der Durchführung des unvollständigen Vertrags begonnen** haben.[200] Die genannten Normen sind daher auf in Vollzug gesetzte Kaufverträge – wie den vorliegenden – analog anzuwenden.

Der **Tatbestand** der Normen erfordert aber, dass zumindest eine **übliche Vergütung** ermittelbar ist. Eine ortsübliche Miete lässt sich z.B. mithilfe von Mietspiegeln ermitteln, vgl. §§ 558c f. Für gebrauchtes Hotelinventar ist aber ein üblicher Kaufpreis nicht feststellbar. Daher lässt sich analog §§ 612 Abs. 2, 632 Abs. 2, 653 Abs. 2 kein Kaufpreis bestimmen.

Klausurhinweis: *Es ist ein schwerer Fehler, die Rechtsfolge einer Norm wie vom Himmel gefallen greifen zu lassen, auch bei analoger Anwendung.* ***„Analog" ist keine Begründung!*** *Sie müssen vielmehr nach dem* ***Tatbestand der Analogie*** *(der hier erfüllt ist) sodann* ***den durch die Analogie modifizierten Tatbestand der Norm*** *(der hier nicht erfüllt ist) prüfen.*

198 2. Eine **ergänzende Vertragsauslegung** setzt voraus, dass der Vertrag eine Regelungslücke enthält, für die auch das Gesetz keine Regelung vorsieht. Eine solche Lücke ist durch Ermittlung des hypothetischen Parteiwillens zu schließen (näher Rn. 291 f.). Es wäre denkbar, von einem Willen von V und K dahin auszugehen, dass eine **angemessene Vergütung** festgelegt werden soll.

Die ergänzende Vertragsauslegung ist zwar ein bewährtes Werkzeug zur Schließung von kleineren Lücken (im Bereich der **accidentalia negotii**) in Verträgen, die nach Maßgabe der §§ 154 f. wirksam sind. Man würde aber die Grundprinzipien unserer Rechtsordnung ins Gegenteil verkehren, wenn man mit ihr auch die **essentialia negotii**, also das tragende Gerüst und das „Ob" eines Vertrags festlegen würde. Eine solche Entscheidung müsste letztlich ein Gericht, also ein Organ der staatlichen Gewalt treffen. Das widerspräche aber der Privatautonomie (Art. 2 Abs. 1 GG, § 311 Abs. 1), die es den Privatrechtssubjekten gestattet, nach eigenem Willen zu entscheiden, ob sie Verträge abschließen. Wenn die Parteien bereits in wesentlichen Punkten keine Einigung

198 Klarstellend für Maklerverträge BGH RÜ 2002, 68.

199 Vgl. BGH NJW 2003, 1317.

200 BGH NJW 1997, 2671.

erzielen können oder wollen, dann liegt eben keine Einigung vor. Das müssen die Privatrechtsordnung und die staatlichen Gerichte akzeptieren. **Mittels ergänzender Vertragsauslegung dürfen** daher die **wesentlichen Vertragsbestandteile** – wie hier die Höhe des Kaufpreises – **nicht festgesetzt werden.**[201]

V und K haben sich also nicht über die Höhe des Kaufpreises geeinigt und dieser ist auch nicht bestimmbar. Es besteht ein Totaldissens und daher kein Kaufvertrag über das Inventar, sodass V gegen K keinen Zahlungsanspruch aus § 433 Abs. 2 Var. 1 hat.

B. V hat an K Besitz und Eigentum an dem Grundstück und am Inventar geleistet. Nur **199**
hinsichtlich des Grundstücks liefert der wirksame Grundstückskaufvertrag dem K hierfür einen Rechtsgrund, sodass V von K gemäß **§ 812 Abs. 1 S. 1 Var. 1** Rückgabe und Rückübereignung des Inventars verlangen kann.

II. Offener Dissens bezüglich Nebenpunkten, § 154

Nach § 154 Abs. 1 S. 1 ist ein Vertrag im Zweifel nicht geschlossen, solange die Parteien **200**
sich zwar über die wesentlichen Vertragsbestandteile, nicht aber **über alle übrigen Punkte** geeinigt haben, **über die nach dem erklärten Willen zumindest einer Partei eine Einigung erforderlich** ist.

§ 154 Abs. 1 gilt als **Auslegungsregel** nur **„im Zweifel"** (vgl. Rn. 274). Anders als beim Totaldissens kommt es also nicht stets zur Nichtigkeit. Zweifel bestehen **nicht, wenn** sich die Parteien **trotz des offenen Punktes erkennbar vertraglich binden wollen**. Indiz ist auch hier die einvernehmliche Vertragsdurchführung.[202]

Wenn der Vertrag mangels Zweifeln wirksam ist, dann ist der **offen gebliebene Punkt** **201**
mit **ergänzender Vertragsauslegung** oder **dispositivem Recht** zu schließen.

Beispiel: V verkauft K im April einen automatischen Rasenmäher für 2.000 €. Sie vereinbaren, dass K an einem noch zu vereinbarenden Tag im Juli bezahlen soll. V übergibt K den Rasenmäher im Mai. –
I. Die vertragswesentlichen Bestandteile (insbesondere der Kaufpreis) sind vereinbart, es liegt also **kein Totaldissens** vor.
II. Über die Fälligkeit der Zahlung haben die Parteien sich jedoch nicht exakt geeinigt, obwohl sie dies beide für erforderlich hielten. Aufgrund dieses **offenen Dissenses** ist der Vertrag daher im Zweifel gemäß § 154 Abs. 1 S. 1 nichtig. Es bestehen jedoch keine Zweifel daran, dass V und K die Einigung als wirksam ansehen, denn sie haben die Durchführung des Vertrages durch Übergabe der Kaufsache bereits begonnen. Der Vertrag ist daher wirksam.
III. Die **Fälligkeit** tritt gemäß **§ 271 Abs. 1 Var. 1** im Zweifel sofort ein. Die Einigung der Parteien geht aber so weit, dass die Fälligkeit erst im Juli eintreten sollte, sodass diese gesetzliche Auffangregel nicht greift. Die Bestimmung des exakten Tages ist daher im Wege der **ergänzenden Vertragsauslegung** vorzunehmen und eine Frage des Einzelfalls. In ihrem Rahmen lässt sich nun § 271 Abs. 1 Var. 1 heranziehen, aus dem hervorgeht, dass die Fälligkeit regelmäßig schnell eintreten soll. Dies spricht für eine Fälligkeit am 1. Juli, soweit V und K nicht zwischenzeitlich ein anderes Datum vereinbaren.

Auch wenn die **AGB** der Parteien einander **widersprechende Regelungen** bezüglich einzelner Nebenpunkte enthalten, ist davon auszugehen, dass die Parteien **nur insofern** eine **Einigung nicht wollen**.

---

201 Vgl. BGH NJW-RR 2006, 1139; Medicus/Petersen AT Rn. 438; Brox/Walker § 11 Rn. 12 u. 15.
202 Palandt/Ellenberger § 154 Rn. 2.

Es liegt ein offener Dissens vor, der Vertrag ist also wirksam und Lücken sind mit dem Gesetz oder mit ergänzender Vertragsauslegung zu schließen.[203]

III. Versteckter Dissens, § 155

202 Ein versteckter Dissens liegt gemäß § 155 Hs. 1 vor, wenn die Parteien **von einer vollständig ihren Willen erfassenden Einigung ausgehen**, sich aber in Wahrheit zwar über die wesentlichen Vertragsbestandteile, **nicht aber über einen vermeintlich von der Einigung erfassten Nebenpunkt geeinigt** haben.

Rechtsfolge ist **grundsätzlich** die **Nichtigkeit** der Einigung, wie bei § 154. Nur **ausnahmsweise** hat die Einigung ohne den offenen Nebenpunkt gemäß § 155 Hs. 2 Bestand, sofern anzunehmen ist, dass die Parteien den Vertrag auch ohne eine Einigung über den offenen Punkt geschlossen hätten. Der offene Punkt ist bei Bedarf auch hier mithilfe des **dispositiven Rechts** oder **ergänzender Vertragsauslegung** zu schließen.

203 Auch wenn nur eine Partei den Vertrag irrtümlich für geschlossen hält (Fall des § 155) und die andere Partei den Einigungsmangel kennt (Fall des § 154, daher **einseitig verdeckter Dissens** genannt), greift § 155.[204] Das Regel-Ausnahme-Verhältnis der Rechtsfolgen beider Normen ähnelt sich, sodass auch dieser Mischfall erfasst sein soll.

204 Es gibt drei **Fallgruppen** des verdeckten Dissenses:[205]

1. Vergessen, Übersehen (verdeckte Unvollständigkeit)

205 Eindeutiger Fall des versteckten Dissenses ist die **klassische verdeckte Unvollständigkeit**, die entsteht, wenn die Parteien einen Punkt **vergessen oder übersehen**, dies aber nicht bemerken und von einer Einigung ausgehen.

Beispiel:[206] K will bei V Acrylglas bestellen. K legt besonderen Wert auf eine Beschichtung. In mehreren Schreiben erwähnt K diese, während V sie in seinen Schreiben nicht nennt. V vereinbart mit K einen Liefertermin. V liefert ohne Beschichtung, K beschwert sich. –
I. Die wechselseitigen Schreiben haben nicht zu einer Einigung geführt. Vielmehr war gemäß **§ 150 Abs. 2** ab dem zweiten Schreiben jedes Schreiben eine Ablehnung des vorherigen Angebots und zugleich eine Unterbreitung eines neuen Angebots.
II. K und V gingen aber von einer Einigung aus, sodass gemäß **§ 155** das Vereinbarte gilt, wenn davon auszugehen ist, dass die Parteien den Vertrag auch ohne Einigung über die Beschichtung geschlossen hätten. Für K war die Beschichtung aber wichtig und er hat sich beschwert, anstatt den (vermeintlichen) Kaufvertrag klaglos zu vollziehen. Daher besteht kein Kaufvertrag.

2. Erklärungsdissens

206 Beim Erklärungsdissens **divergieren** die Erklärungen aus **objektiver Sicht** nach Inhalt und Sinn, die Parteien gehen aber **subjektiv** von einer **vollständigen Einigung** aus.

Beispiel: M bittet V per E-Mail, ihm sein Seegrundstück für eine Party inklusive „Nacktbaden" für 200 € zu vermieten. V liest „Nachtbaden" und schreibt zurück, M könne das Grundstück zum „Nachtbaden" für 200 € mieten. M liest „Nacktbaden". V und M freuen sich über den abgeschlossenen Vertrag.

---

203 Näher dazu mit Beispielsfall AS-Skript BGB AT 2 (2019) Rn. 494 ff.

204 MünchKomm/Busche § 155 Rn. 2.

205 Vgl. Palandt/Ellenberger § 155 Rn. 4.

206 Nach OLG München, Urt. v. 18.05.2011 – 7 U 4937/10, BeckRS 2011, 14831.

Wie stets gilt aber auch hier, dass die Erklärungen zunächst nach §§ 133, 157 **auszulegen** sind, um ihren **Inhalt** und sodann ihr **Übereinstimmen** nach den §§ 145–153 zu beurteilen.[207] Führt die Auslegung zum Konsens, so besteht kein Anlass für die Anwendung der Regeln über den Dissens. Allerdings ist an eine Anfechtung zu denken. 207

Beispiel: M bietet B an, die Wohnung des B ohne Mansarde für 1.200 € zu streichen. B schreibt an M, er sei einverstanden, vorausgesetzt die Mansarde werde auch gestrichen. M überliest den Zusatz bzgl. der Mansarde und beginnt eines der Zimmer zu streichen. –
M hat B das Streichen ohne Mansarde angeboten. B hat dies abgelehnt und seinerseits ein Streichen mit Mansarde angeboten (§ 150 Abs. 2). M hat dieses Angebot durch Beginn der Arbeiten konkludent angenommen. M muss also zu dem vereinbarten Preis auch die Mansarde streichen. M kann seine konkludente Erklärung gemäß §§ 142 Abs. 1, 119 Abs. 1 Var. 2 anfechten, denn er wollte sich nicht zum Streichen der Mansarde verpflichten. Dann schuldet er aber B nach Maßgabe des § 122 Schadensersatz.

3. Scheinkonsens

Beim Scheinkonsens gehen die Parteien von einer Einigung aus und der objektive Gehalt ihrer Erklärungen stimmt ebenfalls überein. Jedoch sind die Erklärungen **objektiv mehrdeutig** und jede Partei **versteht sie anders**. 208

Beispiel:[208] B verpflichtet sich gegen monatliche Zahlung zur „Übernahme einer Baulast" auf seinem in NRW gelegenen Grundstück „für den Bau eines Windrades auf dem Nachbargrundstück des K". § 85 Abs. 1 S. 1 BauO NRW definiert die Baulast als „Verpflichtung zu einem Tun, Dulden, Unterlassen"–
Der Begriff der „Baulast" ist mehrdeutig, auch die BauO NRW definiert ihn nur abstrakt. Vorliegend könnte insbesondere eine Vereinigungsbaulast (es darf über die Grenze hinweg gebaut werden), eine Abstandsflächenbaulast (es darf auf dem Grundstück des K bis an die Grenze heran gebaut werden) oder eine Erschließungsbaulast (die Stromkabel dürfen auf dem Grundstück der B verlegt werden) gemeint sein. Zwischen B und K besteht nur ein Scheinkonsens, also ein versteckter Dissens, und daher nach der Grundregel des § 155 keine vertragliche Einigung.

Auch hier gilt: Die Erklärungen sind nur dann mehrdeutig und stehen nur dann im Dissens, wenn nicht eine **Auslegung** ihre Eindeutigkeit und daher einen Konsens ergibt. 209

Beispiel:[209] K will bei V einen Mittelklassewagen kaufen, ausdrücklich mit 5 Türen. K macht eine Probefahrt mit einem 5-Türer. K unterschreibt schließlich ein Bestellformular, in welchem sämtliche Sonderausstattung im Klartext aufgeführt wird. Hinsichtlich der Anzahl der Türen ist nur der Code „5G14GZ" enthalten, welcher für einen 900 € günstigeren 3-Türer steht. –
I. K und V haben sich objektiv auf ein Modell „5G14GZ" geeinigt und gehen auch von einer solchen Einigung aus. Wäre diese Modellbezeichnung allerdings **mehrdeutig**, so läge ein Scheinkonsens als Fallgruppe des **§ 155** vor. Da die Anzahl der Türen beim Autokauf allgemein und auch für K wichtig sind bzw. waren, läge dann nach der Grundregel des § 155 kein Vertrag vor.
II. Eine **Auslegung** ergibt aber, dass die Modellbezeichnung **eindeutig** ist. In der Regel werden Pkw, abgesehen von Kleinstwagen, mit fünf Türen bevorzugt. Zudem verlangte K einen 5-Türer und machte mit einem solchen eine Probefahrt. Die Chiffrierung der Modellbezeichnung, die hingegen einen 3-Türer bezeichnete, darf nicht zu einer Auslegung zulasten der K führen, denn sie war für K nicht zu verstehen, während V ohne Aufwand die Anzahl der Türen (so wie alle Sonderausstattungen) im Klartext hätte angeben können. Zwischen K und V besteht daher ein konsensueller Kaufvertrag über einen 5-Türer.

---

207 Vgl. BGH NJW 2003, 743.

208 Nach OLG Hamm RÜ 2017, 545.

209 Nach OLG Schleswig NJW 2015, 2045.

C. Zustandekommen des Vertrags ohne Angebot und Annahme

210 Ein Vertrag kann auch **ohne Angebot und Annahme** zustande kommen.

I. Einigung durch gemeinsame Erklärungen

211 Die §§ 145, 150 Abs. 2 gehen davon aus, dass das **Angebot** sämtliche Regelungen der Einigung enthält und dass die **Annahme** diese bloß bestätigt („Ja.").

Beispiele: Wortlose Alltagsgeschäfte wie der Kauf eines Brötchens nebst Übereignung des Brötchens und des Bargeldes; Ausfüllen eines vom Verkäufer bzw. vom Dienstleister vorgegebenen Formulars (Papier oder digital) durch den Kunden als Angebot und Annahme durch den Verkäufer bzw. den Dienstleister durch gesonderte Nachricht oder konkludent durch Erbringung der Leistung.

Die §§ 154 f. zeigen aber, dass es den Parteien auch möglich sein muss, **gemeinsam einen Vertrag auszuhandeln** und das Ergebnis der Verhandlungen sodann als verbindlich anzusehen. Dabei ist dann oft nicht mehr aufklärbar und auch rechtlich irrelevant, welche Partei (eher) das Angebot und welche (eher) die Annahme erklärt hat.

Soweit die **Schriftform erforderlich** ist, kann gemäß § 126 Abs. 2 ein Vertrag **grundsätzlich sogar nur auf diesem Weg** (und nicht mit einer Annahme durch bloßes „Ja.") geschlossen werden.[210]

Beispiel: V und K sammeln Oldtimer. K interessiert sich für einen Oldtimer des V. Sie verhandeln mehrere Stunden über den Kaufpreis, den Tag der Übergabe und den Umfang der Restaurationen, die V zuvor vornehmen soll. Sie sind sich schließlich einig und besiegeln dies per Handschlag bzw. in einem gemeinsam formulierten und sodann V und K unterschriebenen Schreiben bzw. vor einem Notar.–
In allen Fällen ist ein Kaufvertrag mit dem ausgehandelten Inhalt zustande gekommen.

212 Ebenso können die Parteien ihr gemeinsames Einverständnis mit der **Formulierung eines Dritten** erklären. Auch dies bindet die Parteien ohne Angebot oder Annahme.[211]

Beispiele: Zwei streitende Nachbarn akzeptieren per Handschlag einen Schlichtungsvorschlag des Bürgermeisters; Zwei Prozessparteien erklären zu Protokoll bzw. im schriftlichen Vorverfahren ihr Einverständnis mit einem Vergleichsvorschlag des Gerichts (vgl. §§ 160 Abs. 3 Nr. 1, 278 Abs. 6 ZPO)

213 Die **§§ 104 ff., 116 ff.** finden auch auf die gemeinsamen Erklärungen Anwendung, denn sie sind Willenserklärungen. Die **§§ 145 ff.** sind nach richtiger, weil Flexibilität ermöglichender Ansicht **analog** auf die gemeinsamen Erklärungen anzuwenden. Ob z.B. eine Partei ihre Erklärung rechtzeitig abgegeben hat, richtet sich nach § 147 analog. Nach anderer Ansicht sollen nur die §§ 154 f. analog anwendbar sein.[212]

II. Vertragsschluss durch sonstiges Verhalten

214 Ausnahmsweise kann ein Vertrag **ohne Willenserklärungen** ent- bzw. fortbestehen.

1. Fortsetzung eines beendeten Dauerschuldverhältnisses

215 Wird ein Dauerschuldverhältnis, das durch Zeitablauf oder Kündigung beendet worden ist, fortgesetzt, so bleibt der Vertrag bestehen.

---

210 Näher zu § 126 Abs. 2 AS-Skript BGB AT 2 (2019) Rn. 179.

211 Bork, Rn. 701.

212 Bork, Rn. 701, m.w.N. zur a.A.

- Für **Miet-** und **Dienstverträge** ist dies in § 545 bzw. in § 625 näher geregelt. Die Fortsetzung wird von der h.M. als **reiner Realakt** und das Fortbestehen des Vertrages als Fiktion gesehen. Daher ist eine **Anfechtung nicht möglich**, auch nicht nach § 123 Abs. 1. Bei Drohung oder Täuschung ergibt sich aber aus § 242 eine Einrede.[213]

- Für **andere Dauerschuldverhältnisse** kann sich die Fortführung nur aus **konkludenten Willenserklärungen** ergeben, welche nach dem Rechtsgedanken der §§ 545, 625 in der Regel angenommen werden. Diese sind dann auch nach den §§ 142 Abs. 1, 119 ff. **anfechtbar**, allerdings nicht aus dem Grund, dass die Wirkung des Fortsetzens nicht bekannt gewesen sei (unbeachtlicher Rechtsfolgenirrtum).[214]

  Beispiel: [215] Obwohl die Krankenkasse die weitere Kostenübernahme ablehnt, bleibt Patient P im Krankenhaus und nimmt dessen medizinische und sonstige Leistungen in Anspruch.

2. Realofferte und sozialtypisches Verhalten

Werden **Massengeschäfte zu nicht aushandelbaren Bedingungen** angeboten – insbesondere im Bereich der **Daseinsvorsorge** – so kommt nach ganz h.M. ein **Vertrag durch die Inanspruchnahme** der Leistung zustande.[216] **216**

Früher wurde die **Lehre vom faktischen Vertrag** bemüht. Laut ihr kann ein **Vertrag ohne Willenserklärungen alleine durch die Realakte** des Anbietens und Nutzens zustande kommen. Gegen diese Lehre spricht aber der Grundsatz, dass Verträge nur durch Willenserklärungen entstehen.

Der Vertragsschluss ergibt sich vielmehr daraus, dass dem Verhalten aus Sicht eines objektiven Dritten nach Treu und Glauben und der Verkehrssitte (§§ 242, 157) **konkludente Willenserklärungen** innewohnen: Das Anbieten der Dienste ist ein konkludentes Angebot (**Realofferte**). Die Nutzung der Dienste als **sozialtypisches Verhalten** beinhaltet eine konkludente, nach § 151 S. 1 nicht zugangsbedürftige Annahme. **217**

Auch die übrigen **Vorschriften für Willenserklärungen** gelten. Eine Anfechtung, weil man die Wirkung des Verhaltens nicht gekannt habe, ist aber nicht möglich (unbeachtlicher Rechtsfolgenirrtum).

Nutzer und Vertragspartner kann aber nur der **Adressat der Realofferte** sein.

Beispiele für Jedermann: Parkgebühr, ÖPNV und Müllabfuhr. **Beispiele für beschränkte Adressaten:**[217] Telefon, Internet, Strom und Wasser werden in Mehrparteienhäusern mit separaten Zählern bzw. Wanddosen regelmäßig nicht dessen Eigentümer, sondern dem einzelnen Bewohner angeboten.

Es bestehen zwei **Sonderkonstellationen**, die die h.M. wie folgt behandelt: **218**

- Je stärker **Sicherungsmaßnahmen umgangen** werden, umso eher ist dem Verhalten keine konkludente Vertragserklärung zu entnehmen. Anderenfalls würden selbst Straftäter mit dem Dienstleister einen Vertrag schließen. Auf solche Fälle ist aber **nicht das Vertragsrecht, sondern vor allem das Deliktsrecht** zugeschnitten.

  Beispiele: Wer im Selbstbedienungsladen Ware „mitgehen" lässt, haftet je nach Einzelfall nach § 985 ff., §§ 812 ff. u. §§ 823 ff. (insbesondere § 823 Abs. 2 i.V.m. § 242 bzw. § 263 StGB).[218] Eine ähn-

213 Palandt/Weidenkaff § 545 Rn. 10 u. § 625 Rn. 4.

214 Näher zur Anfechtbarkeit des Rechtsfolgenirrtums AS-Skript BGB AT 2 (2019) Rn. 259 ff.

215 Nach BGH NJW 2000, 3429.

216 Vgl. zum Folgenden jeweils m.w.N. Medicus/Petersen AT Rn. 245 ff.; Palandt/Ellenberger Einf v § 145 Rn. 25 ff.

217 Nach BGH, Urt. v. 27.11.2019 – VIII ZR 165/18 (betreffend Strom).

218 Vgl. zur Abgrenzung von Diebstahl und Betrug in diesen Fällen AS-Skript Strafrecht BT 1 (2020), Rn. 71 ff.

liche Haftung trifft denjenigen, der sich in ein Flugzeug hineinschleicht, wobei strafrechtlich nicht § 242 StGB, sondern die §§ 263, 265 a StGB relevant sind und zivilrechtlich die Haftung nach § 812 in den Fokus rückt.[219] In beiden Fällen wird aber nicht aus §§ 280 ff. gehaftet.

Gegenbeispiel: Das Schwarzfahren mit einer allgemein zugänglichen U-Bahn ist hingegen sozialtypisch als Vertragserklärung zu verstehen. Dem Schwarzfahrer in der U-Bahn sieht man sein illegales Handeln nicht an, dem blinden Passagier eines Flugzeugs mit Einlasskontrolle hingegen schon.

- Der Vertrag entsteht sogar dann, wenn der Inanspruchnehmende zeitgleich **erklärt, er wolle keinen Vertrag** schließen. Das Verhalten, das für einen Vertragsschließenden typisch ist, wiegt stärker als eine feigenblattartige gegenteilige Erklärung (**protestatio facto contraria non valet**).

Beispiele: [220] X betritt eine U-Bahn ohne Ticket und hält ein Schild mit der Aufschrift „Ich bin nicht bereit, für diese Fahrt zu zahlen." in der Hand; Taxifahrer T wartet am Taxistand des A auf Fahrgäste, obwohl T dem A zuvor mitgeteilt hat, er werde die Standgebühr nicht zahlen.

Die **Gegenansicht** kommt zum selben Ergebnis. Wer keinen Vertrag wolle (Ladendieb), der solle und dürfe auch keinen bekommen. Er sei dann eben dem Regime der §§ 985 ff, §§ 812 ff. und §§ 823 ff. und des Strafrechts unterworfen. Wer hingegen nur aus Protest (etwa gegen die Preispolitik des Dienstleisters) angibt, keinen Vertrag zu wollen, der habe diesen Willen gleichwohl im Rechtssinne. **Analog §§ 612, 632** müsse er aus Vertragsrecht den Preis für die Dienstleistung zahlen.[221]

219 Es wird vertreten, dass auf das **sozialtypische Verhalten eines Minderjährigen** nicht die §§ 104 ff. anzuwenden seien. Es komme nicht auf die Einwilligung der Eltern an, sondern wie bei § 828 auf seine individuelle Fähigkeit, zu erkennen, welche Bedeutung sein Verhalten hat.[222] Das widerspricht aber der Konzeption des BGB, welches für die Haftung eines Minderjährigen aufgrund seiner (wenn auch nur konkludenten) Willenserklärungen die §§ 104 ff. bereitstellt, während § 828 im Deliktsrecht greift.

Die **Einwilligung der Eltern** erstreckt sich aber **nicht auf das Schwarzfahren.**[223]

3. Zustandekommen des Vertrags durch Schweigen

220 Schweigen ist **grundsätzlich keine Willenserklärung**, sondern das Gegenteil einer solchen. Es lässt aus Sicht des maßgeblichen objektiven Dritten keinen Schluss auf einen Rechtsbindungs- oder gar Geschäftswillen zu. Unerheblich ist daher, ob die andere Seite dem Schweigen einen Erklärungswert beimisst, selbst wenn sie dies zuvor kundtut.

Beispiel: K schreibt V: „Ich möchte Ihr Bild ‚Der nahende Winter' von G. R. R. Martin für 1 € kaufen. Sollte ich bis Freitag keine Antwort erhalten, gehe ich von Ihrem Einverständnis aus." V antwortet nicht.– Zwischen K und V besteht kein Kaufvertrag. V hat das Angebot des K nicht angenommen, sein Schweigen hat keinen Erklärungswert. Das Angebot des K erlischt vielmehr gemäß § 147 Abs. 2.

221 **Ausnahmsweise** hat Schweigen einen **Erklärungswert.**[224] Auf die hiernach fingierte Erklärung finden die **Vorschriften für Willenserklärungen Anwendung.** Daher ist z.B.

- das Schweigen des **Geschäftsunfähigen** gemäß § 105 Abs. 1 unbeachtlich und des **beschränkt Geschäftsfähigen** nur nach Maßgabe der §§ 107 ff. beachtlich sowie

219 BGH NJW 1971, 609. In diesem Flugreisefall war der blinde Passagier zudem minderjährig. Die bereicherungsrechtliche Problematik dieses Falls ist dargestellt in AS-Skript Schuldrecht BT 3 (2019), Rn. 220 ff.

220 Zweites Beispiel nach BGH DB 1970, 1636.

221 Medicus/Petersen AT Rn. 250.

222 LG Bremen NJW 1966, 2360 (Straßenbahnfahrt eines Achtjährigen; Einsichtsfähigkeit und Vertrag bejaht).

223 Dazu AS-Skript BGB AT 2 (2019) Rn. 58.

224 Vgl. zum Folgenden Palandt/Ellenberger Einf v § 116 Rn. 12 u. § 147 Rn. 8.

- die im Schweigen liegende Erklärung nach Maßgabe der §§ 119 ff. **anfechtbar**, wobei allerdings ein Irrtum über den Bedeutungsgehalt des Schweigens nicht zur Anfechtung nach § 119 Abs. 1 berechtigt (unbeachtlicher Rechtsfolgenirrtum).[225]

a) Beredtes Schweigen kraft Vereinbarung

Die Parteien können **vereinbaren**, dass Schweigen als Willenserklärung gelten soll (**beredtes Schweigen**). **222**

Beispiel: K schreibt V „Ich möchte Ihr Bild ‚Allüberall' von M. Weis und T. Hickman kaufen. Bitte machen Sie mir ein faires Angebot. Bis 600 € bin ich einverstanden, gerne aber auch weniger. Sollten Sie binnen einer Woche nichts von mir hören, bin ich einverstanden." V verlangt 500 €, K antwortet nicht. – Zwischen V und K besteht ein Kaufvertrag. K hat V ein Angebot über eine Abrede betreffend die Bedeutung des Schweigens gemacht und zugleich V zur Abgabe eines Verkaufsangebots aufgefordert. V hat ein Verkaufsangebot abgegeben und zugleich die Bedeutungsabrede konkludent angenommen. Das Schweigen des K gilt aufgrund der Bedeutungsabrede als Annahme des Verkaufsangebots.

b) Normiertes Schweigen kraft Gesetzes

Der Erklärungsgehalt eines Schweigens kann normiert sein (**normiertes Schweigen**). **223**

- Schweigen kann als **Annahmeerklärung** gelten.

  Beispiele: § 516 Abs. 2 S. 2 BGB; § 362 Abs. 1 S. 1 Hs. 2 HGB; § 5 Abs. 3 S. 1 PflVG

- Schweigen kann als **Erteilung oder Ablehnung einer Genehmigung** gelten.

  Beispiel für Erteilung: § 416 Abs. 1 S. 2 Hs. 1
  Beispiele für Ablehnung: § 108 Abs. 2 S. 2 Hs. 2; § 177 Abs. 2 S. 2 Hs. 2; § 415 Abs. 2 S. 2 Hs. 2

Soweit die Norm bestimmt, dass das **Schweigen auf eine Aufforderung zum Verlust einer Wahlmöglichkeit** führt, ist die Aufforderung gegenüber einem **nicht voll Geschäftsfähigen** nur nach Maßgabe des **§ 131** wirksam.[226]

c) Schweigen als Willenserklärung gemäß § 242

In Ausnahmefällen kann sich aus § 242 die **Obliegenheit zur Abgabe einer Erklärung** ergeben. Ein Schweigen hat dann einen Erklärungswert. Wie stets bei der Herleitung einer Ausnahme aus § 242 ist ein **strenger Maßstab** anzulegen und die **Umstände des Einzelfalls** sind umfassend zu würdigen. **224**

Für eine Obliegenheit spricht insbesondere, **225**

- wenn der andere Teil im erkennbaren Vertrauen auf einen Vertragsschluss **Dispositionen** trifft und der Schweigende hieraus **Vorteile** zieht,
- wenn **Fristen nur geringfügig überschritten werden** sowie
- wenn eine **Annahme aus unwesentlichen Gründen scheitert**, nämlich
  - bei **geringfügig verspäteter oder geänderter Annahme**[227] (vgl. Rn. 175),
  - auf ein Angebot nach **umfassenden einvernehmlichen Verhandlungen**[228] und

---

225 Vgl. zur Anfechtbarkeit des Schweigens AS-Skript BGB AT 2 (2019), Rn. 263.
226 Medicus/Petersen AT Rn. 354; vgl. zu § 131 AS-Skript BGB AT 2 (2019) Rn. 20.
227 BGH NJW 2016, 1441; Staudinger/Bork § 150 Rn. 15.
228 BGH NJW 1996, 919, 920.

- auf ein Angebot, das auf ein **freibleibendes Angebot** hin ergeht, wenn dieses – wie regelmäßig (vgl. Rn. 159) – nur als invitatio ad offerendum zu verstehen ist.

Beispiel: V und K verhandeln intensiv über einen Mietvertrag. V gibt um 11 Uhr ein zusammenfassendes Angebot ab, an das er sich bis 14 Uhr gebunden fühle, weil er ansonsten um 16 Uhr den nächsten Interessenten kontaktieren wolle. K teilt V um 14.10 Uhr mit, dass er das Angebot annehme, allerdings wolle er – anders als verhandelt – die wöchentliche Reinigung dienstags statt mittwochs durchführen. – K hat angesichts § 150 Abs. 1 u. 2 keine Annahme erklärt, sondern ein neues Angebot abgegeben. Die Abweichungen vom Angebot des V sind aber gering und V hat noch nicht disponiert. Daher muss V dem K mitteilen, wenn er den Vertrag nicht will. Schweigt V, so wird seine Annahme fingiert.

226 **Gegen eine Obliegenheit** spricht hingegen, wenn es sich um ein **besonders bedeutsames Geschäft** wie etwa ein Grundstücksgeschäft (vgl. § 311 b Abs. 1) handelt, bei welchem die Parteien in der Regel besonderen Wert auf die exakte Einhaltung der gesetzlichen Vorschriften – seien sie ihnen bekannt oder nicht – legen.[229]

d) Schweigen auf ein kaufmännisches Bestätigungsschreiben

227 Personen, die in erheblichem Umfang wirtschaftlich tätig sind und eine Vielzahl von Verträgen abschließen, begnügen sich häufig damit, in Verhandlungen die **wesentlichen Vertragspunkte zunächst mündlich** festzulegen und im Anschluss den Vertragsinhalt **im Einzelnen schriftlich zu bestätigen**. Der Empfänger eines solchen Bestätigungsschreibens ist verpflichtet, **unverzüglich zu widersprechen**, wenn er verhindern will, dass der Vertrag mit dem Inhalt des Bestätigungsschreibens zustandekommt. Schweigt er, kommt der **Vertrag mit dem Inhalt des Bestätigungsschreibens** zustande.[230]

Die Grundsätze zum kaufmännischen Bestätigungsschreiben haben sich aus einem **Handelsbrauch** entwickelt (§ 346 HGB) und sind inzwischen gewohnheitsrechtlich anerkannt. Letztlich handelt es sich um einen **Spezialfall** des unter c) dargestellten Schweigens trotz einer **Rechtspflicht zur Erklärungsabgabe nach § 242**.

228 Die **Voraussetzungen** des kaufmännischen Bestätigungsschreibens lauten:[231]

229 - Die Parteien müssen **Kaufleute** i.S.d. §§ 1 ff. HGB[232] sein oder zumindest **wie Kaufleute** in größerem Umfang am Wirtschaftsleben teilnehmen, sodass erwartet werden kann, dass sie nach kaufmännischer Sitte verfahren und auch eine solche Verfahrensweise von der anderen Seite erwarten.[233]

230 - Die Parteien oder deren Vertreter müssen **Vertragsverhandlungen** geführt haben.[234] Unerheblich ist, ob die Vertreter Vertretungsmacht hatten, denn durch die Bestätigung und das Schweigen wird hinreichend deutlich, dass die Parteien das ausgehandelte Geschäft wollen bzw. nach §§ 177, 182, 184 genehmigen wollen.

231 - Das **Bestätigungsschreiben** kann schriftlich, aber auch in der **Form** eines Faxes oder elektronisch (E-Mail, SMS, WhatsApp usw.) abgesendet werden. Sein **Inhalt** muss **zumindest im Wesentlichen deklaratorischer** (affirmativer) **Natur** sein. Es muss aus

229 BGH NJW 2010, 2873 Rn. 16.

230 BGH RÜ 2007, 233; Palandt/Ellenberger § 147 Rn. 8; Brox/Walker § 9 Rn. 43.

231 BGH RÜ 2007, 233; Palandt/Ellenberger § 147 Rn. 9 ff.

232 Näher zur Kaufmannseigenschaft AS-Skript Handelsrecht (2019), Rn. 5 ff.

233 BGH NJW 1963, 1922, 1922 f.; Palandt/Ellenberger § 147 Rn. 9 f.

234 BGH NJW-RR 2001, 680.

ihm also hervorgehen, dass sein Verfasser (im Wesentlichen) davon ausgeht, dass **bereits (im Wesentlichen) ein Vertrag geschlossen** wurde, und dass dieser nur noch zwecks Beweissicherung bestätigt werden soll.

- **Abweichungen** vom zuvor Verhandelten sind **so weit zulässig, wie** der Absender diesbezüglich **mit dem Einverständnis des Empfängers rechnen durfte**. Insofern wirkt das Schreiben dann – entgegen des ursprünglichen Zwecks dieser Rechtsfigur – **konstitutiv**. Der Umfang des Zulässigen ist eine Frage des Einzelfalls und des Ablaufs der Verhandlungen. Es können bereits kleinste Änderungen unzulässig sein, es kann aber auch das Anfügen kompletter AGB zulässig sein.

- **Darüber hinausgehende Abweichungen** führen dazu, dass das gesamte Bestätigungsschreiben **keine Wirkungen entfaltet**.

Klausurhinweis: *In der Praxis spielt die Differenzierung zwischen deklaratorischer und konstitutiver Wirkung nur selten eine Rolle.* ***Oft lässt sich nicht beweisen, welchen Inhalt die Verhandlungen hatten****, so dass ein Abgleich mit dem Schreiben nicht erfolgen kann. Die beweissichernde und streitvermeidende Dokumentation des Vertragsinhalts ist ja gerade der Zweck des Bestätigungsschreibens. In einer Examensklausur kann der Sachverhalt aber entsprechende Angaben enthalten.*

Geht aus dem Schreiben hingegen hervor, dass der Erklärende **nicht vom einem Vertragsschluss ausgeht**, sondern dass er einen solchen erst mit seinem Schreiben herbeiführen will, so liegt **kein Bestätigungsschreiben** vor. Das ist insbesondere der Fall bei einer **Auftragsbestätigung**. Eine solche ist vielmehr eine **Annahmeerklärung** bzw. im Falle des § 150 Abs. 2 ein **neues Angebot**.

- Das Bestätigungsschreiben muss dem Partner **im engen zeitlichen Zusammenhang** mit den Verhandlungen nach Maßgabe des § 130 **zugehen**. Auch die Länge der einzuhaltenden Frist richtet sich nach dem Einzelfall, z.B. nach den üblichen Gepflogenheiten, dem Umfang des zu bestätigenden Vertragsinhalts und der Dringlichkeit des Geschäfts. **232**

- Der Empfänger darf dem Schreiben **nicht widersprochen** haben. Der Widerspruch ist formlos möglich, muss aber **unverzüglich** (§ 121 Abs. 1 S. 1) erklärt werden und dem Bestätigenden nach Maßgabe des § 130 **zugehen**. **233**

Schweigt ein Kaufmann hingegen bereits **auf ein Angebot**, so kann nach Maßgabe des § 362 HGB eine vertragliche Bindung konstitutiv entstehen.[235]

Wenn **beide Parteien ein Bestätigungsschreiben** absenden und diese sich **kreuzen**, so entsteht ein Vertrag nicht nur bei vollkommener Inhaltsidentität, sondern auch, wenn eins der Schreiben eine im Einzelfall **ohnehin zu erwartende Klausel** (z.B. eine Haftungsbeschränkung) enthält. Bei **darüber hinausgehenden Abweichungen** kommt kein Vertrag zustande, jedes Schreiben ist quasi gleichzeitig ein Widerspruch gegen das jeweils andere Schreiben.[236]

---

235 Näher zu § 362 HGB AS-Skript Handelsrecht (2019), Rn. 249 ff.

236 BGH NJW 1966, 1070.

***Hinweis:** Bei **sich kreuzenden AGB** ist hingegen das Ob des Vertrags (Konsens oder Dissens?) und der Inhalt des Vertrags differenzierter zu beurteilen.*[237]

234 Die **Rechtsfolge** des Bestätigungsschreibens bei Vorliegen dieser Voraussetzungen ist, dass zwischen den Parteien ein **Vertrag mit dem Inhalt des Schreibens** (sei es rein deklaratorisch oder in zulässigem Umfang konstitutiv) besteht.

Fall 12: Bestätigung mit Gegenzeichnung

Kaufmann B beliefert Kauffrau U aufgrund eines Rahmenvertrags regelmäßig mit Stahl, den U für B veredelt. Am 29.05. kündigt B an, Anfang Juni 4.700 t Stahl zu liefern. U teilt mit, eine Bearbeitung dieser Mengen sei zu dieser Zeit nicht möglich. U und B verhandeln mündlich über eine Reduzierung der Liefermenge. Mit Schreiben vom 01.06. fasst B das Verhandlungsergebnis mit dem einleitenden Hinweis zusammen, der „nachstehend aufgeführte Vertrag" sei zwischen den Parteien „ausgehandelt worden". U erhält das Schreiben, zeichnet aber nicht wie von B erbeten gegen. Ob die in dem Schreiben genannte Menge von 2.900 t zuvor mündlich vereinbart wurde, ist zwischen den Parteien streitig und nicht beweisbar.

Ist U verpflichtet, für den B 2.900 t Stahl zu veredeln?

235 Eine solche Verpflichtung der U könnte sich aus einem Werkvertrag mit B i.V.m. § 631 Abs. 1 Var. 1 ergeben. Dazu müssen sich U und B entsprechend **geeinigt** haben.

I. Der bereits länger bestehende **Rahmenvertrag** enthält lediglich die Bedingungen, unter denen die einzelnen Werkverträge abgeschlossen werden. Er selbst ist aber kein Werkvertrag, aus dem sich eine konkrete Veredelungspflicht ergibt.

236 II. In den **Verhandlungen** ist keine erwiesene Vereinbarung getroffen worden. Nach allgemeinen Beweislastgrundsätzen muss B eine solche für ihn günstige Vereinbarung beweisen, was ihm nicht gelingt. Es könnte aber nach den Grundsätzen über das **kaufmännische Bestätigungsschreiben** eine solche Vereinbarung anzunehmen sein. Dieser Handelsbrauch i.S.d. § 346 HGB ist gewohnheitsrechtlich anerkannt.

1. U und B sind **Kaufleute** (§ 1 HGB), die **Vertragsverhandlungen** geführt haben.

2. Das Schreiben des B muss darauf gerichtet sein, einen **bestehenden Vertrag zu bestätigen** (und nicht einen solchen erst abzuschließen). Dagegen könnte die **Bitte** des B **um Gegenzeichnung** sprechen.[238]

   Eine solche kann nach §§ 133, 157 so ausgelegt werden, dass die **Wirksamkeit des Vertrags von der Gegenzeichnung abhängig** sein soll – dann ist die Bitte ein Angebot und die erbetene Gegenzeichnung eine Annahme i.S.d. §§ 145 ff. Da U nicht gegengezeichnet hat, läge dann kein Vertrag vor.

   Die Bitte um Gegenzeichnung kann aber auch so zu verstehen sein, dass nur der **Zugang des Bestätigungsschreibens** (hier: bei U), welches den bereits erfolgten

---

237 Vgl. dazu AS-Skript BGB AT 2 (2019), Rn. 494 ff. (mit Beispielsfall).

238 Vgl. zum Folgenden BGH NJW-RR 2007, 325.

Abschluss eines Vertrags beweissicher dokumentieren soll, **seinerseits beweissicher dokumentiert** werden soll. Dann wäre die fehlende Gegenzeichnung durch U unschädlich, denn es steht ohnehin fest, dass U das Schreiben erhalten hat.

Dies ist ein gutes Beispiel dafür, dass manche Rechtsprobleme ihren Grund darin haben, dass in der Praxis – wie auch im 2. Staatsexamen, aber anders als im 1. Examen – **zivilrechtliche Sachverhalte oft nicht unstreitig** sind. Die Beweissicherung ist daher in der Praxis von großer Wichtigkeit. Auch bei manchem Meinungsstreit entscheidet sich der BGH trotz guter Argumente gegen eine vorherrschende Literaturauffassung, wenn diese unberücksichtigt lässt, dass die von ihr in der Theorie aufgestellten Voraussetzungen in der Praxis nicht beweisbar sind.

Für die zuletzt genannte Auslegung spricht, dass B in seinem Schreiben in der Vergangenheitsform einen **ausgehandelten Vertrag** erwähnt. Somit hat B aus Sicht des maßgeblichen objektiven Empfängers einen bestehenden Vertrag bestätigt.

3. Das Schreiben ist U in **engem zeitlichen Zusammenhang zugegangen**.

4. U hat **keinen Widerspruch** erhoben.

Nach den Grundsätzen des kaufmännischen Bestätigungsschreibens besteht zwischen U und B eine Einigung über einen Werkvertrag.

III. Womöglich kann U ihr **Schweigen anfechten** und so gemäß § 142 Abs. 1 seine Wirkung beseitigen.[239] Da dem Schweigen der U ausnahmsweise der Erklärungswert einer Willenserklärung zugemessen wird, muss U diese „Quasi-Erklärung" auch in gleichem Umfang wie eine echte Willenserklärung beseitigen können. **237**

1. Wenn der Schweigende den **Inhalt des Bestätigungsschreibens missversteht**, sich also über den Inhalt des bestätigten Vertrags irrt, so kann er nach § 119 Abs. 1 Var. 1 anfechten. Ein solcher Irrtum ist bei U aber nicht ersichtlich.

2. Wenn er hingegen geltend macht, **nicht gewusst** zu haben, dass sein **Schweigen eine vertragliche Haftung begründet**, dann hat er sich über die Rechtsfolgen seines Schweigen geirrt, was nicht zur Anfechtung nach § 119 Abs. 1 Var. 1 berechtigt. Ebenso wenig kann das Schweigen auf ein **Bestätigungsschreiben** angefochten werden, weil dieses **von der vorherigen mündlichen Vereinbarung abweicht** (quasi als „Verschreiben" nach § 119 Abs. 1 Var. 2), denn es ist gerade sein Zweck, einen Streit über den Inhalt der mündlichen Vereinbarung zu vermeiden. Vorliegend hat U sich allenfalls in diesem Sinne geirrt und ist daher nicht zur Anfechtung berechtigt.

B hat gegen U einen Anspruch auf Veredelung von 2.900 t Stahl aus einem Werkvertrag i.V.m. § 631 Abs. 1 Var. 1.

---

239 Vgl. zum Folgenden MünchKomm/Armbrüster § 119 Rn. 66 ff.

238

Vertragsschluss

Angebot und Annahme

- Angebot/Antrag: einseitige Willenserklärung, auf Vertragsschluss gerichtet; inhaltlich so bestimmt/bestimmbar, dass Annahme durch „Ja" erfolgen kann
  - Tod/Geschäftsunfähigkeit unbeachtlich, §§ 130 Abs. 2, 153
  - „freibleibend": im Zweifel nur invitatio ad offerendum, im Einzelfall verbindliches Angebot mit Widerrufsvorbehalt (§ 145 Hs. 2)
- Annahme: uneingeschränkte Zustimmung zum Angebot
  - verspätete Annahme = neues Angebot (§ 150 Abs. 1); Frist kann vom Erklärenden (§ 148) oder gesetzlich (§ 147) festgelegt sein; Verspätung unbeachtlich bei für Anbietenden erkennbarer rechtzeitiger Absendung ohne Anzeige (§ 149)
  - Annahme mit Änderungen = Ablehnung und neues Angebot (§ 150 Abs. 2)
  - Zugang (nicht auch die Abgabe!) der Annahme kann entbehrlich sein (§ 151)

Willensübereinstimmung

- Totaldissens bzgl. essentialia negotii: kein Vertrag
- §§ 154, 155 bzgl. accidentalia negotii bei offenem oder verstecktem Dissens: Vertrag im Zweifel nicht geschlossen

Sonstiges Verhalten

- Fortsetzung eines Vertrags
- Realofferte und sozialtypisches Verhalten (Massengeschäfte, Daseinsvorsorge)
- Schweigen hat grundsätzlich keinen Erklärungswert; Ausnahmen:
  - Vereinbarung (beredtes Schweigen)
  - gesetzliche Anordnung
  - Pflicht zur Gegenerklärung aus § 242
  - kaufmännisches Bestätigungsschreiben

4. Abschnitt: Bedingung und Befristung, §§ 158 ff.

Willenserklärungen wirken sofort und dauerhaft, es sei denn, der Erklärende **schiebt** die Wirksamkeit **auf** (§§ 158 Abs. 1, 163) oder gestaltet sie **entfallbar** (§§ 158 Abs. 2, 163). 239

A. Bedingung

I. Begriffe und Arten

Mit einer **Bedingung** i.S.d. § 158 wird die Wirksamkeit eines Rechtsgeschäfts an ein **zukünftiges ungewisses Ereignis** geknüpft.[240] 240

Die **Wirksamkeit** des Rechtsgeschäfts 241

- tritt bei **aufschiebenden Bedingungen** erst mit dem Ereignis ein (§ 158 Abs. 1),
- entfällt bei **auflösenden Bedingungen** (§ 158 Abs. 2) mit dem Ereignis und
- besteht bei **Kombination beider Fälle** ab dem Eintritt der aufschiebenden bis zum Eintritt der auflösenden Bedingung.

Aufbauhinweis: *Der Eintritt aufschiebender Bedingungen führt regelmäßig zum Entstehen eines vertraglichen Anspruchs oder zum Erwerb eines Rechts, der Eintritt auflösender Bedingungen regelmäßig zum Erlöschen des Anspruchs bzw. zum Rückfall des Rechts.*

Ob eine aufschiebende oder eine auflösende Bedingung gewollt ist, muss erforderlichenfalls im Wege der **Auslegung** nach §§ 133, 157 ermittelt werden. 242

Beispiel: K will von V ein Fertighaus kaufen, sofern er von E ein passendes Grundstück erwerben kann. K und V schließen sofort einen Kaufvertrag, der vom Grundstückserwerb „abhängig" sein soll. – Denkbare Auslegungsinhalte sind zum einen eine aufschiebende Bedingung (Vertrag erst gültig ab Grundstückserwerb) und zum anderen eine auflösende Bedingung (Vertrag ab sofort gültig, aber unwirksam, wenn die Verhandlungen mit E endgültig scheitern). Zu entscheiden ist nach der Interessenlage. Der Käufer will ein hochpreisiges Grundstück erst erwerben, wenn er sicher ist, dass er es auch nutzen kann. Er hat keinen Grund, sich vorher zu binden. Gegenläufige Anhaltspunkte, etwa eine sehr hohe Nachfrage oder ein Drängen des V sind nicht ersichtlich. Daher liegt eine aufschiebende Bedingung vor.

Hierzu gibt es teilweise spezielle **Auslegungsregeln** (vgl. allgemein Rn. 274).

Beispiele: § 449 Abs. 1, § 454 Abs. 1 S. 2, §§ 2074 f.

Nach der **Art des künftigen ungewissen Ereignisses** ist zu **unterscheiden**: 243

- Ist der Eintritt **vom Willen der Parteien unabhängig**, so handelt es sich um eine **kasuelle** (zufällige) **Bedingung**. Sie ist der klassische Fall einer (zulässigen) Bedingung.

  Beispiel: Kaufvertrag über einen Schirm unter der Bedingung, dass es heute regnet.

  Beispiel:[241] Anwaltsvertrag unter der Bedingung, dass der Rechtsschutzversicherer bezahlt.

- Ist der Eintritt **vom Verhalten einer Partei abhängig** (**Potestativbedingung**), gilt:
  - Dies ist unstreitig zulässig, wenn es sich um ein **objektives Ereignis** handelt, das **eine Partei gewollt durch Handeln eintreten lassen kann**.

    Beispiele im Gesetz: Kaufpreiszahlung (vgl. § 449 Abs. 1); Wiederheirat des Erben (vgl. § 2075)

---

240 Vgl. zu den folgenden Begrifflichkeiten Palandt/Weidlich Einf v § 158 Rn. 1 ff.

241 Nach BGH RÜ 2019, 477.

- **Wollensbedingungen** sind Potestativbedingungen, die ausschließlich vom **(inneren) Wollen** einer Partei abhängig sind. Ob sie existieren bzw. erforderlich sind, ist umstritten. **Teilweise**[242] wird dies abgelehnt, denn es liege ohnehin **keine Willenserklärung bzw. Einigung** vor, solange dies nicht gewollt sei. Eine Lösung sei nicht über §§ 158 ff., sondern über eine verlängerte Annahmefrist (§ 148), einen Vorvertrag (§ 311 Abs. 1) oder einen Rücktrittsvorbehalt (vgl. § 346 Abs. 1) zu suchen. **Andere**[243] bejahen eine bedingbare Willenserklärung. Auch derjenige, der seinen **Willen über das „Ob" des Vertrags noch bilden** und erklären muss, solle sich **bereits hinsichtlich des Inhalt des Vertrags binden** können.

  Zulässig ist es jedenfalls, einen **Kaufvertrag** aufschiebend bedingt von der **Billigung des Käufers** abhängig zu machen, vgl. § 454 Abs. 1 S. 2, (**Kauf auf Probe**).

244 Mitunter wird die (Un-)Wirksamkeit eines Rechtsgeschäfts an die **(Un-)Wirksamkeit eines anderen Rechtsgeschäfts** oder an andere **rechtliche Aspekte** geknüpft. Es liegt dann bereits **keine Bedingung i.S.d. § 158** vor.

- Soweit die Verknüpfung direkt mit dem rechtlichen Aspekt geschieht (**Rechts„bedingung"**),[244] liegt **keine Tatsache** vor.
- Soweit die Verknüpfung mit einem künftigen Urteil geschieht, ist dessen Verkündung streng genommen eine Tatsache. Das Urteil ergeht aber nicht über Tatsachen, sondern über die **Rechtslage**. Diese mag den Beteiligten subjektiv unbekannt sein, **objektiv betrachtet steht sie aber bereits fest**. Das Ergebnis des Urteils ist daher auch vor seiner Verkündung **nicht ungewiss** (**Gegenwarts„bedingung"**).[245]

  Hinweis: *Da die Rechtslage bereits feststeht und das Gericht sie den Parteien nur noch verdeutlichen muss, steht einleitend im **Rubrum** eines Urteils, dass das Gericht **„für Recht erkannt"** habe. Angesichts der Bindung des Gerichts an das Gesetz nach **Art. 20 Abs. 3 GG** wäre es auch nicht zulässig, dass das Gericht das Recht selbst setzt. Diese Unterscheidung wird oft als Rechtstheorie belächelt, bei der Definition des Begriffs der Bedingung spielt sie aber – wie Sie sehen – eine auch praktisch entscheidende Rolle.*

Die **Abgrenzung** der beiden Begrifflichkeiten im Einzellfall bringt keinen Erkenntnisgewinn und hängt letztlich von der **konkreten Formulierung** ab. Wer seine Willenserklärung „vom Bestehen von Ansprüchen der Gegenseite" abhängig machen will (Rechts„bedingung"), kann ebenso gut eine Abhängigkeit vom „Urteil über das Bestehen von Ansprüchen der Gegenseite" als Gegenwarts„bedingung" festlegen.

S. **Beispiele** zu Rechts„bedingungen" bzw. Gegenwarts„bedingungen" in Rn. 249.

II. Bedingungsfeindlichkeit

245 **Grundsätzlich** erlaubt § 158, **jedes Rechtsgeschäft** zu bedingen.

Hinweis: *Abgesehen von der Wollensbedingung sind also alle unter Rn. 240 ff. aufgeführten Möglichkeiten zulässig. Die dort dargestellte **Differenzierung** ist also **grundsätzlich irrelevant**. Bei den einseitigen Rechtsgeschäften hat sie aber entscheidende Bedeutung, dazu Rn. 247 ff.*

---

242 Staudinger/Bork Vorbem. zu §§ 158 ff. Rn. 19; MünchKomm/H.P. Westermann § 158 Rn. 21; Palandt/Ellenberger Einf v § 158 Rn. 10.

243 BGH NJW-RR 1996, 1167; BGH NJW 1996, 3338; Soergel/Wolf Vor § 158 Rn. 28.

244 Begriff nach Palandt/Ellenberger Einf v § 158 Rn. 5.

245 Begriff nach BGH NJW 2019, 1950.

1. Gesetzliche Anordnung

Bestimmte Rechtsgeschäfte sind aber kraft Gesetzes **bedingungsfeindlich**. Rechts„bedingungen" bzw. Gegenwarts„bedingungen", die keine Fälle des § 158 BGB sind, sind aber auch bei ihnen erlaubt. 246

Beispiele: Eheschließung (§ 1311 S. 2); Anerkennung der Vaterschaft (§ 1594 Abs. 3); Auflassung eines Grundstücks (§ 925 Abs. 2)

2. Einseitiges Rechtsgeschäft, insbesondere Gestaltungserklärung

Einseitige Rechtsgeschäfte sind **generell bedingungsfeindlich**. Das betrifft insbesondere **Gestaltungserklärungen**, weil bei diesen für den Empfänger **sofort Rechtssicherheit** herrschen soll. Dieser allgemeine Rechtsgedanke ist für die Aufrechnungserklärung in § 388 S. 2 sogar ausdrücklich normiert. 247

Zwei Gestaltungen sind aber **ausnahmsweise auch hier zulässig**. Bei ihnen droht dem Empfänger nämlich **keine Rechtsunsicherheit**, sodass er keines Schutzes bedarf:

- **Potestativbedingungen**, die **alleine vom Willen des Empfängers abhängig** sind. 248

  Beispiel:[246] Arbeitgeber G kündigt Arbeitnehmer N, wenn N nicht bereit ist, den Arbeitsvertrag (zum Nachteil des N) abzuändern (sog. Änderungskündigung).

- **Rechts„bedingungen"** und **Gegenwarts„bedingungen"**, weil diese eben keine ungewissen künftigen Tatsachen betreffen und daher keine Fälle des § 158 sind. 249

  Beispiel: V kündigt den Mietvertrag mit M außerordentlich zu sofort und hilfsweise – falls die außerordentliche Kündigung (laut Ausspruch eines Gerichts) insbesondere mangels Kündigungsgrundes (§§ 543, 569) unwirksam sein sollte – ordentlich fristgemäß zum nächstmöglichen Zeitpunkt.

  Beispiel:[247] Ausgehend von einem vereinbarten Kaufpreis von 200 € verlangt K von V Lieferung der Kaufsache. Für den Fall, dass die Auslegung der Einigung (bzw. ein Urteil hierüber) einen Kaufpreis von 400 € ergibt, erklärt K die Anfechtung.

  Beispiel:[248] K klagt gegen B auf Zahlung. B verteidigt sich primär mit dem Einwand, K habe überhaupt keine Forderung. Hilfsweise – falls K (laut Ausspruch eines Gerichts) eine Forderung haben sollte – führt B eine eigene Forderung gegen K an und rechnet mit dieser auf.

  ***Hinweis:** Die **Aufrechnung** sollte **im Prozess erst als letztes Verteidigungsmittel** gewählt werden und daher – wenn irgendein anderes Verteidigungsmittel besteht – hilfsweise erklärt werden. Denn soweit das Gericht über sie entscheidet, erwächst diese Entscheidung gemäß **§ 322 Abs. 2 ZPO** in **materieller Rechtskraft**, sodass die **Aufrechnung und die Gegenforderung „verbraucht"** sind. Ein solcher „Verbrauch" ist für andere Verteidigungsmittel nicht vorgesehen. Im 2. Examen ist dies ein Standardthema, fürs 1. Examen sollten sie dies zumindest einmal gehört haben.*

III. Rechtsfolgen

1. Eintritt der Bedingung

Mit Eintritt der Bedingung wird das aufschiebend bedingte Rechtsgeschäft **endgültig wirksam** und das auflösend bedingte Rechtsgeschäft wird **endgültig unwirksam**. 250

246 Ausführlich zur arbeitsrechtlichen Änderungskündigung AS-Skript Arbeitsrecht (2019), Rn. 508 ff.
247 Nach BGH NJW 2017, 1660 und BGH NJW 2019, 1950.
248 Vgl. Palandt/Grüneberg § 388 Rn. 3.

Der Eintritt der Bedingung **wirkt nicht ipso iure zurück** (§ 158 „mit dem Eintritt"). Die Parteien können aber eine schuldrechtliche Rückwirkung **vereinbaren**, vgl. § 159 Hs. 1.

2. Schutz vor Eingriffen in den Geschehensablauf

251 Grundgedanke (jedenfalls) der (kasuellen) Bedingung ist, dass die Wirksamkeit bzw. Unwirksamkeit des Rechtsgeschäfts von einem ungewissen, von den Parteien nicht beeinflussbaren Ereignis abhängen soll. **Nimmt** gleichwohl **eine Partei Einfluss auf den Geschehensablauf**, so wird die andere Partei nach Maßgabe der §§ 160–162 geschützt.

a) Schadensersatz, § 160

252 Wenn das **Recht**, das sich durch den Bedingungseintritt verändern würde, zuvor von dem schuldhaft **vereitelt oder beeinträchtigt** wird, zu dessen Nachteil die Veränderung gereichen würde, dann schuldet dieser dem, der aus der Veränderung einen Vorteil hätte, gemäß § 160 Abs. 1 bzw. Abs. 2 Schadensersatz (positives Interesse).

Die Regelung ist **für Verfügungsgeschäfte konstitutiv** und **für Verpflichtungsgeschäfte** angesichts Ansprüchen aus §§ 280 ff. **oft deklaratorisch.**[249]

Beispiel: V verkauft am regnerischen Montag an K ein Sonnenbrillenunikat unter der aufschiebenden Bedingung, dass spätestens am Mittwoch die Sonne scheint. Dienstag zerstört V die Brille fahrlässig. – V schuldet K nach Maßgabe der §§ 280, 283 Schadensersatz, weil V den Anspruch des K aus § 433 Abs. 1 S. 1 nicht mehr erfüllen kann. § 160 Abs. 1 stellt das letztlich klar.

Abwandlung: V übereignet an K die Brille unter der aufschiebenden Bedingung der vollständigen Kaufpreiszahlung, behält die Brille aber bei sich (§§ 929 S. 1, 930, 158 Abs. 1) und zerstört diese. K zahlt wenig später. Der zugrundeliegende Kaufvertrag ist nichtig. –
1. Mangels Kaufvertrags hat K keinen Anspruch aus den **§§ 280 ff.**
2. K hat aber gegen V einen Anspruch aus **§ 161 Abs. 1**, weil V das avisierte Recht des K während der Schwebezeit – konkret das Eigentum an der Brille vor der Zahlung des K – beeinträchtigt hat.

253 Während der Schwebezeit besteht ein **gesetzliches Schuldverhältnis**, sodass auf den Anspruch aus § 160 die §§ 276 ff. anzuwenden sind.

Würde der Angestellte A des V die Brille fahrlässig zerstören, so würde dies dem V gemäß § 278 S. 1 Var. 2 zugerechnet, und zwar nicht nur im obigen **Beispiel**, sondern auch in der **Abwandlung**.

b) Zwischenverfügungen, § 161

254 ***Hinweis:*** *Anhand der Beispiele zu § 161 wird sogleich mehr als deutlich werden, dass* ***auch BGB AT vernetzt gelernt*** *werden muss, wenn dies* ***auf Examensniveau*** *geschehen soll. Hinsichtlich Semesterabschlussklausuren (für welche wir unsere Reihe B-Basiswissen empfehlen, s. Rn. 15) ist dieser Tiefgang hingegen nicht erforderlich.*

Erfolgt eine Verfügung unter einer Bedingung, so sind gemäß § 161 Abs. 1 S. 1 u. Abs. 2 alle weiteren **Zwischenverfügungen, die die Wirkung der bedingten Verfügung im Fall des Bedingungseintritts beeinträchtigen**, unwirksam.

Beispiel: V übereignet sein Fahrrad an seinen Sohn S. Allerdings wird vereinbart, dass S sein Eigentum wieder verlieren soll, wenn er auf Weltreise geht. S übereignet das Fahrrad an seinen Freund F, der die Vereinbarung zwischen V und S kennt, und geht auf Weltreise. –

---

249 Vgl. zum Folgenden MünchKomm/Westermann, § 160 Rn. 3 u. 5; Palandt/Ellenberger § 160 Rn. 1.

V hat an S auflösend bedingt (§ 158 Abs. 2) und S hat an F unbedingt übereignet. Mit Beginn der Reise ist aber die Übereignung von S an F gemäß § 161 Abs. 2 i.V.m. Abs. 1 S. 1 unwirksam geworden. Die Ausnahme der §§ 161 Abs. 3, 932 ff. greift nicht, da F die Bedingung kannte. Zugleich wird gemäß § 158 Abs. 2 die Übereignung von V an S unwirksam. V ist also wieder Eigentümer des Fahrrades.

Anders als bei § 883 Abs. 2[250] tritt diese **Unwirksamkeit** nach h.M. nicht nur relativ gegenüber dem von der Bedingung Bevorteilten ein, sondern **absolut gegenüber jedermann**. Der Bevorteilte **kann die Zwischenverfügung** allerdings **analog § 185 Abs. 2 S. 1 Var. 1 genehmigen**, wenn er sie gelten lassen will.[251]

Im vorherigen **Beispiel** könnte V die Übereignung von S an F genehmigen. Dann wäre F Eigentümer.

Die **Genehmigung der Verfügung eines Nichtberechtigten** vernichtet hingegen gemäß § 184 Abs. 2 die Zwischenverfügung nicht (dazu Rn. 465 f. mit Falllösung).

Wenn die Beeinträchtigung **nur einen Teil der bedingten Verfügung** betrifft, dann ist die Zwischenverfügung nur in diesem Umfang unwirksam (§ 161 Abs. 1 S. 1 „insoweit"). **255**

Beispiel: E ist Eigentümer eines Grundstücks und bestellt dem H eine aufschiebend bedingte Hypothek (§§ 1113 ff., 158 Abs. 1). Sodann übereignet E das Grundstück an X, der die Vereinbarung zwischen E und H kennt. Die Bedingung tritt später ein. –
1. Zunächst ist X nach §§ 873, 925 Eigentümer eines unbelasteten Grundstücks geworden. **Vor Bedingungseintritt** bestand keine Hypothek, daher ist nicht einmal erforderlich, dass die Voraussetzungen des sog. lastenfreien Erwerbs (§ 892 Abs. 1 S. 1; Pendant bei beweglichen Sachen: § 936) vorliegen.
2. X ist trotz **Bedingungseintritts** Eigentümer des Grundstücks geblieben, denn sein Eigentumserwerb beeinträchtigt die Hypothek nicht. Hypothekeninhaber und Grundstückseigentümer sind regelmäßig personenverschieden (Ausnahmen: § 1177) und der Eigentümerwechsel hat auf den Bestand der Hypothek (vorbehaltlich § 892 Abs. 1 S. 1 bei fehlender Eintragung der Hypothek im Grundbuch) keine Auswirkung. Jedoch ist das Eigentum des X ab Bedingungseintritt mit der Hypothek des H belastet.

Allerdings finden gemäß § 161 Abs. 3 die **Regeln des Erwerbs vom Nichtberechtigten** entsprechende Anwendung. Die **Zwischenverfügung** ist also **wirksam, es sei denn** der von ihr Bevorteilte kannte die bedingte Verfügung (§ 892 Abs. 1 S. 1 bei Verfügungen über **Grundstücke**) bzw. er kannte sie aufgrund grober Fahrlässigkeit nicht (§§ 932 ff. bei Verfügungen über **bewegliche Sachen**, Legaldefinition der Gutgläubigkeit nach § 932 Abs. 2). **256**

Für Verfügungen über **Forderungen und sonstige Rechte** besteht eine solche Regelung in § 405 nur, wenn sie in einer Urkunde verbrieft sind.

Beispiel:[252] V übereignet einen Fernseher an K unter der aufschiebenden Bedingung vollständiger Kaufpreiszahlung (Eigentumsvorbehalt, vgl. § 449 Abs. 1) und übergibt den Fernseher an K. Sodann erklärt V dem X, der K habe sich den Fernseher nur geliehen. V übereignet X den Fernseher mittels Abtretung des Herausgabeanspruchs des V gegen K aus der vermeintlichen Leihe. K zahlt an V. –
1. Vor Bedingungseintritt (Zahlung K an V) ist X Eigentümer des Fernsehers: X hat das Eigentum von V gemäß §§ 929 S. 1, 931 erworben.
a) Zwar konnte V mangels Leihe keinen **Anspruch** aus § 604 an X **abtreten** und ein von der ausgelegten Abtretungserklärung erfasster künftiger Anspruch aus §§ 346 Abs. 1, 323, 449 Abs. 2 würde erst mit seiner Entstehung (etwa durch Rücktritt des V vom Kaufvertrag) entstehen. Der Anspruch des V aus § 985 schließlich ist nach h.M. nicht abtretbar, weil er untrennbar mit dem Eigentum verknüpft ist, und zudem steht ihm das Recht zum Besitz des K aus dem Kaufvertrag und (str.) aus dem Anwartschaftsrecht entgegen. § 986 Abs. 2 zeigt aber, dass ein Besitzrecht der Übereignung nach § 931 nicht entgegensteht

---

250 Ausführlich zur Wirkung der Vormerkung AS-Skript Sachenrecht 2 (2019), Rn. 152 ff.

251 Palandt/Ellenberger § 161 Rn. 1; MünchKomm/Westermann § 161 Rn. 7 ff.

252 Die ausführliche gutachtliche Darstellung dieses Falls zum Schutz des Anwartschaftsrechts nach § 161 finden Sie in AS-Skript Sachenrecht 1 (2018), Rn. 405 f.

und aus § 903 ergibt sich, dass auch dem Eigentümer ohne Herausgabeanspruch eine Übereignung möglich sein muss. Daher **genügt ausnahmsweise die bloße Einigung über den Eigentumsübergang**.
b) V war auch zur Übereignung berechtigt, denn mangels Bedingungseintritts war er (noch) Eigentümer und die bedingte Übereignung an K beschränkt auch nicht die Verfügungsbefugnis des V.
2. Ab Bedingungseintritt (Zahlung K an V) gilt:
a) Grundsätzlich ist die Übereignung von V an X gemäß **§ 161 Abs. 1 S. 1** unwirksam, das Eigentum fällt daher an V zurück. Gleichzeitig erstarkt das Anwartschaftsrecht, welches K aufgrund der bedingten Übereignung hat, durch die Zahlung zum Vollrecht. K ist also Eigentümer.
b) Es sind aber **§ 161 Abs. 3 i.V.m. § 934 Var. 1 analog bzw. i.V.m. § 936 Abs. 1 S. 1** (str., aber gleiches Ergebnis) zu beachten. Es ist nicht ersichtlich, dass X das Anwartschaftsrecht des K kannte oder grob fahrlässig verkannt hat. Insofern würde nach diesen Normen das Anwartschaftsrecht des K erlöschen und X hätte (lastenfreies) Eigentum erworben.
c) Nach **§ 936 Abs. 3 (analog)** steht dem aber entgegen, dass K den Fernseher besaß, als X ihn erwerben sollte. Es bleibt daher bei der unter a) beschriebenen Folge: K ist Eigentümer.

c) Sonstige treuwidrige Eingriffe, § 162

257 Verhindert derjenige, dem der Eintritt einer Bedingung Nachteile bringt, ihren Eintritt, so gilt die Bedingung trotzdem **als eingetreten**, § 162 Abs. 1. Führt derjenige, dem der Eintritt einer Bedingung Vorteile bringt, ihren Eintritt herbei, so gilt die Bedingung **nicht als eingetreten**, § 162 Abs. 2.

§ 162 ist eine **Ausprägung von § 242**. Daher ist stets erforderlich, dass die Verhinderung bzw. Herbeiführung **wider Treu und Glauben** geschieht.

Gegenbeispiel: Der Vorbehaltskäufer (s. § 449 Abs. 1), der den Kaufpreis an der Verkäufer zahlt, führt zwar den Bedingungseintritt herbei und hat hierdurch den Vorteil des Eigentumserwerbs. Das ist aber nicht treuwidrig. Im Gegenteil hat er gemäß § 433 Abs. 2 Var. 1 sogar die Pflicht, den Kaufpreis zu zahlen.

B. Befristung

258 Befristet ist ein Rechtsgeschäft, wenn seine Rechtswirkungen von einem **Ereignis, dessen Eintritt nach Vorstellung der Parteien gewiss ist**, aufschiebend oder auflösend abhängig gemacht werden, § 163. Es ist unerheblich, ob schon heute gewiss ist, **wann** dieses Ereignis eintritt (bestimmter Kalendertag), oder ob sich dies erst später herausstellt (Tod eines Menschen). Die Übergänge zur Bedingung sind fließend.

Eine **Abgrenzung** ist **kaum nötig**, denn gemäß § 163 finden die **§§ 158, 160, 161** ohnehin auch auf Befristungen Anwendung. **§ 159** wird nicht genannt, aber im Rahmen der Privatautonomie können die Parteien eine Regelung treffen, die seinem Inhalt (ganz oder teilweise) entspricht. Zudem gilt **§ 162** analog für Fristen mit ungewissem Zeitpunkt (Tod). Fristen mit gewissem Zeitpunkt (Kalendertag) können ohnehin nicht herbeigeführt oder verhindert werden.[253]

259 Wichtiger ist die **Abgrenzung der aufschiebenden Befristung von der Betagung** einer Forderung. Im erstgenannten Fall entsteht die Forderung erst später, im zweitgenannten Fall besteht sie von Anfang an, wird aber erst **später fällig** i.S.d. § 271 Abs. 1 Var. 1. In Zweifelsfällen ist dies durch **Auslegung** zu ermitteln.[254]

Diese Unterscheidung hat insbesondere Relevanz im Rahmen des **§ 813 Abs. 2**. Nach dieser Norm kann das, was auf eine zwar bestehende, aber betagte Forderung geleistet wird, nicht zurückgefordert wer-

253 Palandt/Ellenberger § 163 Rn. 1 u. 3.
254 Staudinger/Bork § 163 Rn. 2.

den. Wird dagegen eine Leistung auf eine aufschiebend befristete Forderung vor Fristende erbracht, so kann diese nach h.M. gemäß § 812 zurückverlangt werden.[255]

5. Abschnitt: Einseitige Rechtsgeschäfte und geschäftsähnliche Handlungen

A. Einseitige Rechtsgeschäfte

Der Erklärende kann gegenüber anderen Person ausnahmsweise **durch einseitige Erklärung Rechtsfolgen auslösen**, wenn dies vereinbart wurde oder gesetzlich bestimmt ist. 260

Beispiele: Anfechtungserklärung (§ 143); Bevollmächtigung (§ 167); Zustimmung in Form einer Einwilligung oder einer Genehmigung (§§ 182 ff.), letztere u.a. relevant im Rahmen der §§ 108, 177, 415; Rücktrittserklärung bei gesetzlichem oder vereinbartem Rücktrittsrecht (§§ 349, 346 Abs. 1) bzw. bei Dauerschuldverhältnissen außerordentliche (§§ 314, 543, 626 f.) und ordentliche (§§ 568 ff., 621 f.) Kündigung; Widerruf i.S.v. §§ 130 Abs. 1 S. 2, 355 ff., 530 ff., 2253 ff. sowie Widerruf einer dinglichen Einigung vor dem Publizitätsakt (vgl. Rn. 138); Aufrechnungserklärung (§ 387); Auslobung (§ 657, vgl. Rn. 48); Dereliktion, d.h. Aufgabe des Eigentums (§§ 875, 959); Testamentserrichtung (§§ 2064 ff.) und Erbausschlagung (§§ 1942 ff.)

Auch für einseitige Rechtsgeschäfte gelten – natürlich – die Vorschriften über Rechtsgeschäfte. Es gilt also **grundsätzlich** das in den **Abschnitten 1. u. 2.** Gesagte. Insbesondere muss auch eine einseitige Erklärung den **Mindesttatbestand einer Willenserklärung** erfüllen, **abgegeben** werden und **zugehen**. 261

Die Problematik der **Zugangsverhinderung** lässt sich gut insbesondere anhand einer unliebsamen **Kündigung** abprüfen. Auch diesbezüglich ergeben sich keine Besonderheiten zu den Rn. 146 ff.

Einseitige Rechtsgeschäfte haben in der Regel **rechtsgestaltende Wirkung**. Ihr Adressat hat daher ein schützenswertes Interesse daran, sofort zu wissen, woran er ist. Rechtsgestaltende Geschäfte müssen somit **im Zeitpunkt ihres Zugangs wirksam** werden, es **darf kein Schwebezustand entstehen**. Deswegen gilt: 262

- Bedarf die einseitige Willenserklärung eines **nicht voll Geschäftsfähigen** nach Maßgabe des § 107 der Einwilligung und fehlt diese, so ist sie gemäß **§ 111 S. 1** unwirksam. Dasselbe gilt gemäß **§ 111 S. 2** grundsätzlich, wenn die Einwilligung zwar besteht, aber der Erklärende sie nicht als schriftliches Original vorlegt und der Adressat aus diesem Grund die Erklärung unverzüglich (§ 121 Abs. 1 S. 1) zurückweist – **§ 111 S. 3** enthält dazu eine Ausnahme.[256] 263

  Ein **Vertrag** ist hingegen nach Maßgabe des **§ 108** zunächst **nur schwebend unwirksam**. Er kann genehmigt werden, § 108 Abs. 1.

- Ganz ähnlich ist der Regelungsmechanismus für den **Erklärungs- und den Empfangsvertreter ohne Vertretungsmacht**. Eine einseitige Erklärung, die er abgibt bzw. die ihm zugeht, ist gemäß **§ 180 S. 1 bzw. S. 3** grundsätzlich unwirksam – **§ 180 S. 2** enthält dazu eine Ausnahme. Dasselbe gilt gemäß **§ 174 S. 1** grundsätzlich, wenn die Vollmacht zwar vorliegt, aber nicht als schriftliches Original nachgewiesen 264

255 Palandt/Ellenberger § 163 Rn. 2.

256 Näher dazu AS-Skript BGB AT 2 (2019), Rn. 69 ff.

wird und der Adressat aus diesem Grund die Erklärung unverzüglich zurückweist – **§ 174 S. 2** enthält dazu eine Ausnahme (näher dazu Rn. 440 ff.).

Ein **Vertrag** ist hingegen nach Maßgabe des **§ 177** zunächst **nur schwebend unwirksam**. Er kann genehmigt werden, § 177 Abs. 1.

265 ■ Einseitige Rechtsgeschäfte sind **grundsätzlich bedingungsfeindlich**. Dieser allgemeine Rechtsgrundsatz ist für die Aufrechnung in § 388 S. 2 ausdrücklich geregelt. Wie ausgeführt (s. Rn. 247 ff.) sind aber **Potestativbedingungen** sowie **Rechts„bedingungen"** bzw. **Gegenwarts„bedingungen"** zulässig.

B. Geschäftsähnliche Handlungen

266 Tritt im Anschluss an eine Erklärung eine **Rechtsfolge** ein, aber ausschließlich **kraft Gesetzes** und **unabhängig davon, ob der Erklärende sie gewollt hat**, so handelt es sich um eine geschäftsähnliche Handlung. Auf sie finden die Regeln über einseitige Rechtsgeschäfte entsprechende Anwendung.

Beispiele:[257] Fristsetzung (z.B. §§ 281 Abs. 1, 323 Abs. 1); Schadensersatzverlangen nach § 281 Abs. 4; Mahnung i.S.d. § 286;[258] Gewinnmitteilung nach § 661a (str., jedenfalls dann, wenn ihre Rechtsfolge gerade nicht gewollt, sondern unerwünscht ist)[259]

6. Abschnitt: Auslegung, §§ 133, 157

267 ***Klausurhinweis:*** *Beachten Sie bei jeder Ausführung zur Auslegung in den AS-Skripten oder an anderer Stelle, dass immer nur **Regelfälle und Tendenzen** wiedergegeben werden. Das gilt insbesondere für Fallbeispiele aus der Rspr. **Jeder Fall ist anders und bereits leichte Veränderungen des Sachverhalts können die Bewertung ändern.** In der Klausur dürfen Sie daher nicht ein auswendig gelerntes Ergebnis abspulen, sondern Sie müssen den konkreten Fall anhand der konkreten Angaben im Aufgabentext bewerten.*

Die Auslegung erfolgt nach Maßgabe der §§ 133, 157. Obgleich sich dem Wortlaut nach § 133 auf die einzelne Willenserklärung und § 157 auf den Vertrag bezieht, wird beiden Normen ein **einheitlicher Maßstab** für die **Auslegung sowohl aller empfangsbedürftiger Willenserklärungen als auch von Verträgen** entnommen. Über den Wortlaut der Normen hinaus wird der Maßstab auch angewendet, um zu ermitteln, **ob überhaupt** der objektive Tatbestand einer **Willenserklärung vorliegt** (s. Rn. 39).

Klausurhinweis: *Im Rahmen der **Prüfung eines vertraglichen Anspruchs** des A gegen B müssen Sie daher theoretisch **bis zu fünf Auslegungen** vornehmen: Überhaupt Willenserklärung des A?; Überhaupt Willenserklärung des B?; Inhalt des Angebots mindestens in Form der essentialia negotii?; Inhalt der Annahme als unbedingte Zustimmung zum Angebot?; Sonstiger, je nach Einzelfall für die Fallfrage relevanter Inhalt des Vertrags?*

268 Maßgeblicher **Zeitpunkt** ist die **Abgabe der nicht empfangsbedürftigen Willenserklärung** bzw. der **Zugang der empfangsbedürftigen Willenserklärung.**[260]

---

257 Vgl. Palandt/Ellenberger, Überbl v § 104, Rn. 6.

258 BGH NJW 2006, 687, 688.

259 BGH RÜ 2006, 59.

260 Palandt/Ellenberger § 133 Rn. 6b.

Beispiel: K hat im Jahr 1999 per Brief erklärt, dass er V 100 „Piepen" für sein Fahrrad geben wolle. Der Brief wird erst im Jahr 2020 zugestellt. –
Bei Abgabe der Erklärung meinte K mit „Piepen" Deutsche Mark, jedoch ist für die Auslegung eines Angebots als empfangsbedürftige Willenserklärung der Zeitpunkt seines Zugangs maßgeblich. Wenn V nicht erkennen konnte, dass die Erklärung aus dem Jahr 1999 stammt, so ergibt ihre Auslegung, dass sie auf Euro lautet. Konnte V ihr Alter hingegen erkennen (Datierung des Schreibens; Poststempel und Wert der Briefmarken; Zustand des Papieres), so ist dieser Umstand bei der Auslegung zu berücksichtigen und die Erklärung lautet auf Deutsche Mark.

Es wird vertreten, dass besonders eindeutige Erklärungen nicht **auslegungsbedürftig** 269
und besonders sinnlose, unklare oder widersinnige Erklärungen nicht **auslegungsfähig** seien. Diese Ansicht findet aber keine Stütze im Gesetz. Im Gegenteil bestimmt § 133, dass gerade bei vermeintlich eindeutigen Erklärungen zu hinterfragen ist, ob der Erklärende nicht doch (wegen § 157: erkennbar) etwas anderes gemeint hat. Ob eine Erklärung auslegungsfähig bzw. -bedürftig ist, kann quasi nur beurteilt werden, indem man sie auslegt. Nach h.M. sind daher **sämtliche Erklärungen, soweit sie auch nur einen Funken an Sinn enthalten können, auszulegen.**[261]

Klausurhinweis: *Natürlich muss und darf aber nicht jede Auslegung über Seiten hinweg erfolgen. Wie stets gilt, dass der* ***Umfang Ihrer Ausführungen*** *sich daran orientieren muss,* ***wie problematisch die Auslegung*** *ist. In eindeutigen Fällen ist es verfehlt, in eine ausführliche Auslegung einzusteigen. Wenn der Sachverhalt hierfür keine konkreten Angaben enthält, ist dies auch nicht möglich. Sie müssen nur im Hinterkopf behalten, dass bei konkretem Anlass auch eine vermeintlich eindeutige Erklärung auszulegen ist.*

A. Normative Auslegung vom Empfängerhorizont

Der **objektive Tatbestand** einer Willenserklärung ist normativ auszulegen, wenn sie 270
erstens **empfangsbedürftig** ist und wenn zweitens der Empfänger – was der Regelfall ist, Ausnahmen s.u. unter B. – **schutzwürdig** ist.

Die Erklärung ist dann aus Sicht eines **objektiven Dritten** zu bewerten. Der **Maßstab** 271
der Objektivität richtet sich nach **Treu und Glauben und der Verkehrssitte**, also den jeweiligen verkehrskreisüblichen Gepflogenheiten. **§ 157 ist also das Leitbild** der normativen Auslegung.[262]

Zur Verkehrssitte gehören, wie ausgeführt, auch die **AGB** einer **gemeinsam genutzten Plattform.**[263]

Allerdings muss der objektive Dritte dabei **in die Position des konkreten Empfängers** hineinprojiziert werden. Beachtlich sind daher nur **Umstände**, die der Empfänger **kannte** oder die zumindest für ihn **erkennbar waren.** Maßgeblich sind folglich der **Gedankenhorizont** und die **Verständnismöglichkeiten** des Empfängers.

Ist ein **Empfangsvertreter** (§ 164 Abs. 3) eingeschaltet, so ist dieser selbst der Empfän- 272
ger. Die Auslegung muss daher **aus seiner Sicht** erfolgen. Es ist auf seine Kenntnis und auf seinen Gedankenhorizont abzustellen.[264]

---

261 Vgl. BGH NJW-RR 1996, 1458, sowie Palandt/Ellenberger § 133 Rn. 6 f. u. MünchKomm/Busche § 133 Rn. 52 f. n.w.N. zu allen Ansichten.

262 Vgl. hierzu und zum Folgenden Palandt/Ellenberger § 133 Rn. 7 u. 9.

263 S. Rn. 182; BGH NJW 2017, 1660 (eBay); BGH RÜ 2018, 208 (Paypal).

264 BGH NJW 2000, 2272.

Benutzt hingegen der Empfänger ein **automatisiertes Buchungs- und Bestellsystem**, so sind sowohl die an das System gerichteten als auch die von ihm verschickten Erklärungen nicht danach auszulegen, wie das System sie deutet bzw. erstellt, sondern **wie ein menschlicher Adressat sie gedeutet hätte**.

Beispiel:[265] V betreibt ein Internetportal für Flugbuchungen. In der Bestellmaske heißt es: „Änderung der Passagiere nach Buchung nicht mehr möglich. Eingetragener Name muss mit Namen auf dem Ausweis übereinstimmen." K will zwei Flüge für sich und einen seiner Angestellten, den er erst später auswählen will, buchen. K trägt seinen eigenen Namen und „noch unbekannt" ein. Der Server der V sendet die Bestätigung, dass der Flug für K und „Mr. Noch Unbekannt" gebucht sei. Kurz darauf belastet V per Lastschrift das Konto des K. K fliegt alleine und verlangt von V sodann Rückzahlung des halben Preises. – Es besteht kein Vertrag bezüglich eines zweiten Passagiers. K kann daher zwar nicht nach § 326 Abs. 4, aber nach § 812 Abs. 1 S. 1 Var. 1 die Rückzahlung verlangen:
I. Auf die Invitatio des V hat K den Abschluss eines Vertrags über zwei Flüge **angeboten**. Das Angebot war hinreichend bestimmt, K wollte nach Maßgabe des § 315 die zweite Person später festlegen.
II. Eine **Annahme** durch V liegt nicht in der **Buchungsbestätigung**. Zwar deutet die maschinelle Erklärung auf die Reservierung zweier Plätze hin. Maßgeblich ist aber der Wille des Menschen, der die Maschine einsetzt, also des V. Dieser will mit einer Bestätigungsmail üblicherweise keine Willenserklärung abgeben, sondern nur seiner Pflicht aus § 312 i Abs. 1 S. 1 Nr. 3 nachkommen (vgl. Rn. 49). Zudem hat V in der Bestellmaske klar zu erkennen gegeben, dass alle Passagiere bei der Buchung feststehen müssen. All dies war für einen objektiven Empfänger in der Position des K auch erkennbar.
III. Auch der **Bankeinzug** ist keine **Annahme**. Ebenso wie die Buchungsbestätigung ist er das Ergebnis eines automatischen Vorgangs. Er lässt daher nicht auf einen Rechtsbindungswillen des V schließen.

273 **Anhaltspunkte** für die normative Auslegung sind **neben der Verkehrssitte**

- der **Wortlaut** der Erklärung – auch, wenn dieser nach § 133 nicht das Ende der Auslegung markiert, so ist er gleichwohl in der Regel ein guter Startpunkt,
- die **Begleitumstände**, und zwar auch vor (z.B. Werbeprospekte, Verhandlungen) und nach dem maßgeblichen Zeitpunkt des Zugangs (z.B. Ausführung des Vertrags) – dies ist kein Widerspruch, es ist zu unterscheiden zwischen der Festlegung des maßgeblichen Zeitpunkts und dem Schluss auf die Sachlage in diesem Zeitpunkt

  Ähnlich ist es im **Strafrecht** hinsichtlich des **Vorsatzes:** Dieser muss bei Begehung der Tat (§ 8 StGB) bestehen. Die vorherige (dolus antecedens) oder spätere (dolus subsequens) Vorstellung des Täters ist materiell-rechtlich irrelevant (**Koinzidenzprinzip**).[266] Sie kann aber bei der (prozessualen) Ermittlung des Vorsatzes im maßgeblichen Zeitpunkt eine Rolle spielen.

- sowie der **Zweck** des Rechtsgeschäfts und die **Interessenlage** der Parteien.

Irrelevant ist hingegen, wie der Empfänger die Erklärung **tatsächlich verstanden** hat, anderenfalls würde der Empfänger zu stark bevorteilt. Letztlich dürfen also grundsätzlich beide Parteien darauf vertrauen, dass die Erklärung mit ihrem objektiven Inhalt gilt.

Versteht der Empfänger die Erklärung falsch, so kann er seine hierauf folgenden, eigenen Erklärungen nach Maßgabe des § 119 **anfechten**. Dann schuldet er aber **Schadensersatz** nach Maßgabe des § 122.

274 Verbleiben nach der Auslegung Zweifel, so können diese mithilfe von **Zweifelsregelungen** beseitigt werden. Vorrang hat aber stets die individuelle Auslegung, denn nur bei deren Misserfolg bestehen „Zweifel" als Tatbestandsmerkmal der Auslegungsregel.

Beispiele: § 127 Abs. 1, § 154, § 262 § 449 Abs. 1, §§ 2066–2076[267]

---

265 Nach BGH RÜ 2013, 69.

266 Vgl. hierzu AS-Skript Strafrecht AT 1 (2020) Rn. 149 ff.

267 Ausführlich zur Auslegung im Erbrecht AS-Skript Erbrecht (2018), Rn. 234 ff.

Klausurhinweis: *Ihre Ausführungen zur Auslegung dürfen kein Besinnungsaufsatz werden. Sie müssen ihnen* ***Struktur*** *verleihen. Stellen Sie zunächst klar, ob Sie* ***normativ oder natürlich*** *(dazu Rn. 280 ff.) auslegen. Benennen Sie die* ***konkret denkbaren Auslegungsvarianten*** *und inwiefern diese zu unterschiedlichen* ***Ergebnissen*** *führen.* ***Begründen*** *Sie, welcher Auslegungsvariante Sie folgen. Verbleibende* ***Zweifel schließen*** *Sie mit den Auslegungsregeln.*

Fall 13: Geschenkt oder „geliehen"?

Den Halbschwestern F und M gehört ein Grundstück zu gleichen Anteilen. Sie haben es von ihrem Vater V geerbt, der stets keine Zweifel daran ließ, dass er M – ein Wunschkind – wesentlich mehr mochte als F, mit deren Mutter er nur eine kurze Affäre hatte. Aufgrund dieser Vorgeschichte sind F und M verfeindet. B, der mit F befreundet ist und die Vorgeschichte mit V kennt, verkauft das Grundstück im Auftrag der F und der M wirksam an X für 220.000 €. Als B der F die ihr laut Vereinbarung zustehenden 100.000 € (20.000 € Provision für B, je 100.000 € für F und M) bar aushändigt, gibt die F dem B das Geld sofort zurück. B solle das Geld behalten, zumal sie – die F – ohnehin nicht mit einem Verkauf gerechnet habe und weder mit dem unliebsamen Grundstück noch mit dem Erlös etwas zu tun haben wolle. Zudem solle lieber B als M das Geld haben. Später, als die freundschaftlichen Beziehungen abgekühlt sind, verlangt F von B Zahlung von 100.000 €. F erklärt, sie habe es sich überlegt, sie wollte dem B das Geld nur „leihen". Ansprüche F gegen B?

I. F könnte gegen B einen Zahlungsanspruch aus einer **vertraglichen Vereinbarung i.V.m. § 488 Abs. 1 S. 2 oder § 695 S. 1** haben. **275**

Klausurhinweis: *Wie in Rn. 9 ausgeführt, ergibt sich ein* ***vertraglicher Anspruch*** *nicht (nur) aus dem Gesetz, sondern (auch/primär)* ***aus dem Vertrag selbst****, wobei das Gesetz bei typisierten Verträgen den Inhalt des Anspruchs konkretisiert. Da der Inhalt der beiden Normen ähnlich (aber nicht identisch, s.u.) ist und keine der beiden Vertragsarten vorliegt (sondern eine Schenkung), ist es kürzer und problemorientierter,* ***beide Normen gemeinsam*** *zu nennen. Möglich ist aber auch, die Normen* ***getrennt zu prüfen*** *und bei der zweiten Prüfung dann kurz auf die vorherigen Ausführungen zu verweisen.*

F könnte ein **Angebot** zum Abschluss eines Darlehens- oder Verwahrungsvertrags abgegeben haben. Die Erklärung ist **nach Maßgabe der §§ 133, 157 auszulegen**.

1. F gab ihre empfangsbedürftige Erklärung gegenüber dem B als Empfänger ab und es ist nicht ersichtlich, dass B ausnahmsweise nicht schutzwürdig ist, daher ist die Erklärung **normativ** auszulegen. Maßgeblich ist der **Horizont eines objektiven Empfängers in der Position des Empfängers B unter Berücksichtigung der Verkehrssitte** im **Zeitpunkt des Zugangs** der Erklärung. **276**

2. **Denkbare Ergebnisse** der Auslegung sind in der Tat ein **Darlehensvertrag** (§§ 488 ff.) oder ein **Verwahrungsvertrag** (§§ 688 ff.). Der erstgenannte würde B zur Rückzahlung eines Betrags i.H.v. 100.000 € mittels irgendwelcher Geldscheine (ohne Zinsen, da nicht vereinbart) verpflichten, während beim zweitgenannten B dieselben Geldscheine herausgeben müsste, die F ihm zuvor gegeben hatte. **277**

Beim **Darlehen** (Bargeld oder Buchgeld, mit oder ohne Zinsen, § 488) und beim **Sachdarlehen** (andere vertretbare Sachen, §§ 607, 91) muss die gleiche Sache zurückgegeben werden, bei der **Leihe** (§ 598) dieselbe Sache. Auch bei der **Miete** (§ 535) muss dieselbe Sache zurückgegeben werden, aber anders als die Leihe ist sie entgeltlich. Von den vorgenannnten Verträgen unterscheidet sich die **Verwahrung** (§ 688) dadurch, dass der Eigentümer die Sache nicht im Interesse der anderen Partei, sondern im eigenen Interesse aus der Hand gibt. Bei der Verwahrung ist (wie bei Leihe und Miete, anders als bei [Sach-]Darlehen) dieselbe Sache herauszugeben.

Es könnte aber auch ein **Schenkungsvertrag** (§§ 516 ff.) vorliegen. Dann wäre B nicht zur Rückzahlung an F verpflichtet.

Klausurhinweis: *Nun folgt die* ***Benennung und Bewertung der konkreten Umstände des Einzelfalls****. Sie können hier relativ leicht Punkte sammeln, indem Sie – wie bei jeder Subsumtion – den Sachverhalt möglichst detailreich wiedergeben. Sie dürfen dies keinesfalls als lästige Pflicht, als „zu einfach" oder gar „unter dem Niveau eines guten Juristen" ansehen. Im Gegenteil:* ***Wer sich hier zu kurz fasst****, gipfelnd in der nichtssagenden Floskel „Das ist hier der Fall.", der* ***wird massiv abgewertet****.*

278 3. F sagte zu B, er solle das Geld „behalten", was nach dem üblichen Wortsinn „dauerhaft behalten" bedeutet, also für eine Schenkung spricht. Gegen eine solche spricht zwar tendenziell, dass B bereits eine üppige Provision erhalten hatte. F hatte daher insofern keinen Anlass, dem B eine Geldsumme zur Verfügung zu stellen, die den Rahmen eines unter Freunden üblichen Geschenks deutlich übersteigt. Jedoch gab F gegenüber B auch zu erkennen, dass sie das Geld wegen der Erinnerungen an V nicht haben will und dass M es wegen ihrer bisherigen Bevorzugung nicht haben soll, sodass letztlich nur die Möglichkeit bestand, es dauerhaft an B (oder einen hier nicht ersichtlichen Dritten) zu geben. Aus Sicht eines objektiven Empfängers ergibt sich mithin **vorliegend aus den konkreten Umständen**, dass F das Geld dem B dauerhaft zur freien Verfügung überlassen wollte.

Unbeachtlich ist hingegen, ob die Entscheidung der F **wirtschaftlich vernünftig** war. Die **Privatautonomie** erlaubt es, auch wirtschaftlich unvernünftige Entscheidungen zu treffen. Sonst könnte eine Leihe oder eine Schenkung nie vereinbart werden. Unbeachtlich ist ferner, dass F nunmehr angibt, eine „Leihe" (korrekt: ein Darlehen i.S.d. § 488) zu wollen. **Maßgeblich** ist nur, welchen objektiv erkennbaren Willen F im **Zeitpunkt des Zugangs** ihrer Erklärung an den Tag gelegt hat.

Mithin hat F kein Angebot über einen Darlehens- oder Verwahrungsvertrag abgegeben, sodass F keinen Anspruch aus § 488 Abs. 1 S. 2 bzw. aus § 695 S. 1 hat.

279 II. F könnte einen Anspruch aus **§ 812 Abs. 1 S. 1 Var. 1 bzw. S. 2 Var. 1** haben.

B hat zwar **Eigentum und Besitz** an dem Bargeld durch **Leistung** der F erlangt. **Rechtsgrund** hierfür könnte aber ein Schenkungsvertrag sein. F hat dem B den Abschluss eines solchen Vertrags – wie ausgeführt – angeboten und B hat dieses Angebot konkludent durch die Entgegennahme des Bargeldes angenommen.

1. Diese Einigung wurde zwar nicht notariell beurkundet, sodass sie gemäß §§ 125 S. 1, 518 Abs. 1 S. 1, 128 grundsätzlich **formnichtig** ist und dann von Anfang an kein Rechtsgrund vorgelegen hätte (**§ 812 Abs. 1 S. 1 Var. 1**). Durch den **Vollzug**

mittels Übergabe und Übereignung des Bargelds wurde dieser Mangel aber **geheilt**, sodass die Einigung gemäß § 518 Abs. 2 wirksam ist.

2. Die bloße Abkühlung der freundschaftlichen Beziehungen erfüllt nicht den Tatbestand des **groben Undanks** i.S.d. § 530 Abs. 1, sodass die konkludente Widerrufserklärung der F (§ 531 Abs. 1) nicht zum späteren Wegfall des Rechtsgrunds (**§ 812 Abs. 1 S. 2 Var. 1** i.V.m. § 531 Abs. 2) geführt hat.

F hat gegen B auch aus § 812 Abs. 1 S. 1 Var. 1 bzw. S. 2 Var. 1 keinen Anspruch.

B. Natürliche Auslegung nach dem wirklichen Willen

Der subjektive Tatbestand einer jeden Willenserklärung richtet sich – wie ausgeführt – nach dem wirklichen Willen des Erklärenden. Aber auch der **objektive Tatbestand** einer Willenserklärung ist nach dem wirklichen Willen zu bestimmen, wenn es **keinen** (dazu I.) **oder zumindest keinen schutzwürdigen Empfänger** (dazu II. bis IV.) gibt. **§ 133 ist also das Leitbild** der natürlichen Auslegung.[268] 280

I. Nicht empfangsbedürftige Willenserklärung

Nicht empfangsbedürftige Willenserklärungen haben **keine Empfänger**. 281

Beispiel: Im Testament des E heißt es, er vermache seine „Bibliothek" dem X. E hatte sich angewöhnt, von seiner „Bibliothek" zu sprechen, wenn er seinen Weinkeller meinte. Dies wussten außer E aber nur seine Kinder A und B, dem X war dies hingegen nicht bekannt. E stirbt. –
Es ist unerheblich, wie X oder ein objektiver Dritter das Testament des E versteht. Maßgeblich ist gemäß § 133 alleine der wirkliche Wille des E. E hat dem X daher seinen Weinkeller (allerdings wegen §§ 94, 93 nur die Weinflaschen und nicht fest verbaute Regale) i.S.d. § 2147 vermacht.

II. Empfänger bemerkt Abweichung

Wenn der **Empfänger bemerkt**, dass das wirklich Gewollte vom objektiv Erklärten abweicht, ist er nicht schutzwürdig. 282

Beispiel: V will seine Blu-ray-Sammlung ausdünnen und den als erstes verfilmten Teil der Star-Wars-Saga verkaufen. Diese besteht aus neun Episoden, Episode 4 wurde 1977 als erstes verfilmt. V ist kein großer Cineast und sagt zu K, er wolle „Episode 1" verkaufen (welche erst 1999 verfilmt wurde). K, der alle Filme in zehn Sprachen auswendig mitsprechen kann, erkennt, dass V Episode 4 meint. –
Grundsätzlich ist eine empfangsbedürftige Willenserklärung aus Sicht des objektiven Empfängers auszulegen, sodass V ein Angebot bezüglich Episode 1 abgegeben hätte. K hat aber als Empfänger den wirklichen Willen des V erkannt. Daher liegt ein Angebot des V bezüglich Episode 4 vor.

III. Übereinstimmende Falschbezeichnung (falsa demonstratio)

Keinen schutzwürdigen Empfänger gibt es, wenn der **Empfänger das objektiv Erklärte ebenso falsch versteht, wie es der Erklärende gemeint hat**. Primäres Ziel der auf Privatautonomie ausgelegten Zivilrechtsordnung ist es, **dem Willen der Privatrechtssubjekte Rechnung zu tragen**. Würde man in dieser Situation am objektiv Erklärten 283

---

268 Vgl. hierzu und zum Folgenden Palandt/Ellenberger § 133 Rn. 7, 8 u. 13.

festhalten, so bekäme keine Partei ihren Willen. Lässt man hingegen das gelten, was beide Parteien unter dem Erklärten übereinstimmend (!) verstehen, so wird dem Willen beider Parteien Rechnung getragen, ohne dass die Interessen Dritter beeinträchtigt werden. Die übereinstimmende (!) Falschbezeichnung schadet daher nicht (**falsa demonstratio non nocet**).

(Fehlende) Übereinstimmung der objektiven und subjektiven Erklärungstatbestände

Objektive Tatbestände identisch?

V sagt „Birnen“
K sagt „Äpfel“
→ **Nein:** Totaldissens oder §§ 154 f.

V sagt „Birnen“
K sagt „Birnen“
→

Ja: Konsens! Subjektive Tatbestände identisch?

V denkt / K denkt	„Birnen“	„Äpfel“
„Birnen“	Vertrag über Birnen (+)	Vertrag über Birnen (+), aber §§ 142 Abs. 1, 119 Abs. 1 Var. 2 für K
„Äpfel“	Vertrag über Birnen (+), aber §§ 142 Abs. 1, 119 Abs. 1 Var. 2 für V	Vertrag über Äpfel (+), falsa demonstratio non nocet

Beispiel:[269] V bietet K den Kauf einer Dampferladung „Haakjöringsköd“ (norwegisch für Haifischfleisch) an. V geht dabei davon aus, das Wort bedeute Walfischfleisch. K, der ebenfalls meint, das Wort bedeute Walfischfleisch, erklärt, er wolle das „Haakjöringsköd“ kaufen. –
Zwischen K und V ist ein Kaufvertrag über Walfischfleisch zustande gekommen.

284 Auch bei **schriftlichen** oder **notariell beurkundeten** Erklärungen gilt die falsa-demonstratio-Regel. Für die Eintragung in **öffentlichen Registern** gilt sie **hingegen nicht**. Die Register entfalten gegenüber jedermann Wirkung (vgl. § 891 BGB u. § 15 HGB). Zum Schutz des Rechtsverkehrs muss das objektiv Eingetragene gelten.

Beispiel:[270] V verkauft dem K nach Besichtigung ein Grundstück. In der notariellen Urkunde wird als Gegenstand des Kaufvertrags und der dinglichen Übereignungserklärung (sog. Auflassung, vgl. §§ 873, 925) die Parzelle 18 aufgeführt. Das besichtigte Areal besteht aber in Wahrheit aus den Parzellen 18 und 19. K wird als Eigentümer (nur) der Parzelle 18 im Grundbuch eingetragen. –
Zwischen K und V ist ein Kaufvertrag über die Grundstücke Parzelle 18 und Parzelle 19 zustande gekommen. Auch die Auflassungserklärung bezieht sich auf diese beiden Parzellen. Gleichwohl ist K nur Eigentümer der Parzelle 18 geworden, weil die Eintragung im Grundbuch gemäß § 873 Abs. 1 Voraussetzung des Eigentumserwerbs ist und K nur für Parzelle 18 als Eigentümer eingetragen wurde.

269 Nach RG RGZ 99, 147.

270 Nach BGH RÜ 2008, 205, Rn. 12; näher zum Verpflichtungsgeschäft aus diesem Beispiel AS-Skript BGB AT 2 (2019), Rn. 208 ff.; näher zum Verfügungsgeschäft AS-Skript Sachenrecht 2 (2019), Rn. 36 ff.

IV. Vorformulierung durch den Empfänger

Der **Empfänger** ist nicht schutzwürdig, wenn er die **Erklärung der Gegenseite vorformuliert** hat, selbst wenn sein aktueller Empfängerhorizont einen anderen Inhalt nahelegt. Das betrifft insbesondere die Fälle der **invitatio ad offerendum**. Wer Kataloge versendet, Speisekarten auslegt oder Preisschilder anbringt, muss also den Inhalt einer auf ihnen basierenden Erklärung der Gegenseite gegen sich gelten lassen. 285

- Das gilt nach **einer Ansicht**[271] sogar, wenn ein **Dritter** die Vorformulierung verändert, bevor die Erklärung erfolgt, also z.B. im Supermarkt Preisschilder vertauscht oder im Biergarten die Preise auf der Kreidetafel verändert. Konsequenz ist, dass ein Vertrag nach den darauf basierenden Vorstellungen des Kunden zustandekommt. 286
- Die **Gegenansicht**[272] hält den Vorformulierenden für schutzwürdig, wenn ein **Dritter** die Veränderungen vornimmt. Es kommt im Ergebnis kein Vertrag zustande. Soweit aber die **Erfüllungsgehilfen** (§ 278 S. 1 Var. 2) des Vorformulierenden die Veränderung vornehmen, kann dieser nach §§ 280 Abs. 1, 241 Abs. 2, 311 Abs. 2 haften.

Eine Entscheidung dieser Frage richtet sich letztlich danach, wo man im Einzelfall die **Grenze der dem Vorformulierenden zurechenbaren Sphäre** zieht:

Fall 14: Billiges Bügeleisen nach Werbeprospekt

Elektrohändler H hat seine Werbeprospekte mit gegenüber der Vorwoche erhöhten Preisen drucken lassen. Scherzbold S wirft in den Briefkasten des A, welcher normalerweise die Prospekte nicht erhält, einen alten Prospekt, auf welchen kein Datum gedruckt ist. A bestellt per Telefon ein Bügeleisen, welches nach altem Prospekt 65 € und nach neuem Prospekt 80 € kosten soll. Über den Preis wird dabei nicht gesprochen. Welchen Preis muss A zahlen, wenn H versendet?

H hat gegen A aus **§ 433 Abs. 2 Var. 1** i.V.m. mit einem Kaufvertrag einen Zahlungsanspruch, soweit H und A sich mittels Angebot und Annahme über einen solchen Vertrag und insbesondere über einen Kaufpreis in konkreter Höhe geeinigt haben. 287

I. H versendet die Prospekte ohne **Rechtsbindungswillen** und nur, um potenzielle Käufer zur Angebotsabgabe aufzufordern. Als **bloße invitatio ad offerendum** enthält der Prospekt daher kein Angebot bzw. keinen Antrag i.S.d. § 145.

II. Als A den H anrief, hatte er zwar den Rechtsbindungswillen, einen Vertrag abzuschließen. Ein **Angebot** liegt aber nur vor, wenn es so **bestimmt** ist, dass es einen zumindest auf die wesentlichen Bestandteile eines Vertrags gerichteten **Geschäftswillen** enthält. Der Erklärung des A sind als essentialia negotii eines Kaufvertrags er und H als Parteien sowie das Bügeleisen als Kaufsache zu entnehmen. Ferner ergab sich aus den Umständen, dass A das Bügeleisen von H als Händler nicht geschenkt bekommen, sondern dafür dem Grunde nach einen Kaufpreis entrichten wollte. 288

271 Medicus/Petersen AT Rn. 324 ff.

272 Wolf/Neuner § 35 Rn. 19 ff.

Auch die **Höhe des Kaufpreises** muss (aber) bestimmt sein. In Betracht kommen 65 € oder 80 €, die Erklärung ist insofern nach Maßgabe der §§ 133, 157 **auszulegen**.

1. Es handelt sich um eine empfangsbedürftige Erklärung, sodass zum Schutz des Empfängers H grundsätzlich der **objektive Empfängerhorizont** maßgeblich ist. Aus Sicht eines objektiven Empfängers bestellt ein Kunde zum aktuellen Preis. Auf einen anderen Willen ist nur zu schließen, wenn der Kunde diesen ausdrücklich äußert, was A nicht getan hat. Demnach würde das Angebot des A auf 80 € lauten.

2. Der Empfänger ist nicht schützenswert, wenn er **erkennt, dass der wirkliche Wille vom objektiv Erklärten abweicht**. Der Wille des A (65 €) weicht zwar von seiner objektiven Erklärung (80 €) ab. H hat dies aber nicht erkannt, sodass H insofern schützenswert ist. Das Angebot des A würde auch hiernach auf 80 € lauten.

289 3. Jedoch könnte H nicht schützenswert sein, weil A seine Erklärung aufgrund des (wenn auch veralteten) **Werbeprospekts, den H formuliert hatte**, abgab.

a) **Dagegen** spricht allerdings, dass nicht H, sondern S dem A den veralteten Prospekt zukommen lassen hat. S steht zwar nicht im Lager des A, aber auch nicht im Lager des H. Das Verhalten des **S als Dritter** kann die grundsätzliche, unter 1. benannte Wertung weder zulasten des A noch zulasten des H verändern.

Dem folgend würde das **Angebot des A auf 80 €** lauten. Umgekehrt wäre die konkludente Annahme des H durch das Versenden aus Sicht eines objektiven Empfängers mit dem Horizont des A auszulegen. Das Verhalten des S würde auch an diesem Auslegungsmaßstab nichts ändern, denn S ist Dritter. A kannte nur den alten Prospekt, sodass die **Annahme des H demnach auf 65 €** lauten würde. Zwischen A und H bestünde ein **Totaldissens** und daher kein Kaufvertrag. H könnte nicht von A Zahlung gemäß § 433 Abs. 2 Var. 1 verlangen.

Dem folgend wäre noch ein Anspruch aus **§§ 280 Abs. 1, 241 Abs. 2, 311 Abs. 2** anzusprechen. Dieser ist aber abzulehnen, denn weder hat H selbst noch sein gesetzlicher Vertreter oder Erfüllungsgehilfe (§ 278 S. 1) eine vorvertragliche Pflicht verletzt. Anders wäre es, wenn z.B. ein Angestellter des H die Prospekte vertauscht hätte. Letztlich kann H von A daher nur gemäß **§ 812 Abs. 1 S. 1 Var. 1** Rückgabe und Rückübereignung des Bügeleisens verlangen.

b) **Jedoch** bliebe dabei unberücksichtigt, dass gleichwohl H den alten Prospekt gedruckt und daher die **grundlegende Ursache** für die jetzige Situation gesetzt hatte. Zudem nutzt H die Prospekte, um seine Geschäftsabläufe zu vereinfachen und Kunden auf sich aufmerksam zu machen. Der Prospekt stammt aus der **Sphäre** des H. Wenn H von dessen Vorteilen profitiert, dann muss er auch die Nachteile tragen. Zu diesen gehört auch das Risiko, dass ein Dritter wie S in das Geschehen eingreift. Zudem hätte H das Missverständnis leicht **verhindern** können, indem er auf den Prospekt den Zeitraum der Gültigkeit druckt, während A in die internen Abläufe und Pläne des H keinen Einblick hatte. Daher ist H nicht schutzwürdig, sodass der wirkliche Wille des A maßgeblich ist. Daher hat A ein Angebot zu einem Kaufpreis von 65 € abgegeben.

H hat dieses Angebot konkludent durch Versendung des Bügeleisens **angenommen**. Anders als H ist A als Empfänger schutzwürdig, sodass die Annahme des H nach dem Kenntnishorizont eines **objektiven Empfängers** in der Rolle des A **auszulegen** ist. Dieser würde die Erklärung angesichts des dem A vorliegenden Prospekts so verstehen, dass sie auf einen Preis von 65 € gerichtet ist. Der **Zugang** dieser Annahmeerklärung war gemäß § 151 S. 1 **entbehrlich**. Somit besteht zwischen H und A ein wirksamer Kaufvertrag zu 65 €.

Im **Ergebnis** hat H mithin gegen A einen Anspruch aus § 433 Abs. 2 Var. 1 auf Zahlung von 65 €.

H unterlag bei Erklärungsabgabe einem Inhaltsirrtum nach § 119 Abs. 1 Var. 1, denn er wusste nicht, dass seine Annahme aus objektiver Sicht auf nur 65 € lautete. Daher kann H seine Annahme mit entsprechender Erklärung (§ 143) gemäß § 142 Abs. 1 **anfechten**. Dann kann H von A gemäß §§ 812 Abs. 1 S. 1 Var. 1 bzw. S. 2 Var. 1 (vgl. Rn. 13) Rückgabe und Rückübereignung des Bügeleisens verlangen, schuldet aber nach Maßgabe des § 122 Schadensersatz.

Davon **zu unterscheiden** ist der Fall, dass der Verkäufer sich **bereits bei der Erstellung der invitatio irrt** und dieser Irrtum **bei seiner Annahmeerklärung fortwirkt**. Dazu hätte H hier z.B. in einen Prospekt „65 €" anstatt wie geplant „80 €" schreiben und auch noch bei der Annahme glauben müssen, er habe „80 €" geschrieben. Auch dann könnte H nach § 119 Abs. 1 Var. 2 anfechten.[273]

Aktualisiert der Vorformulierende die Vorformulierung hingegen so, dass dem anderen Teil dies **erkennbar** war und verhält sich der Vorformulierende im Übrigen nicht arglistig, so kommt ein Vertrag mit dem Inhalt der neuen Formulierung zustande.[274] 290

Beispiel: Im Fall 14 druckt H auf seine Prospekte jeweils den Zeitraum ihrer Gültigkeit. A erhält die Prospekte wöchentlich und greift bei seiner Bestellung versehentlich zum alten Prospekt. –
H ist schutzwürdig, sodass das Angebot des A objektiv auszulegen ist und daher auf 80 € lautet. Die Annahme des H ist aus Sicht eines objektiven Empfängers in der Person des A, dem sämtliche Prospekte mit Datumsangabe vorliegen, so auszulegen, dass sie ebenfalls auf 80 € lautet.

C. Ergänzende Vertragsauslegung

Auch ein Vertrag, der nicht wegen Totaldissenses oder nach Maßgabe §§ 154 f. nichtig ist (dazu Rn. 193 ff.), enthält **Regelungslücken**. Auch wenn die Parteien sich noch so sehr bemühen, sie können nie alle künftig auftretenden Rechtsfragen vorhersehen.[275] 291

Für typische Rechtsfragen hat der Gesetzgeber nach einer generalisierten Interessenabwägung **dispositives Recht** geschaffen. Dieses schließt die vertraglichen Regelungslücken, unabhängig davon, ob die Parteien beim Vertragsschluss die Existenz der entsprechenden Norm im Hinterkopf hatten.

Beispiel: Ohne abweichende Vereinbarung und ohne entgegenstehende Umstände ist eine Forderung sofort fällig und erfüllbar, § 271 Abs. 1.

In atypischen, nicht im Gesetz geregelten **Situationen** ist es hingegen die Aufgabe des Rechtsanwenders (also Ihre Aufgabe in der Klausur), die Lücke mittels einer **eigenen, konkreten Interessenabwägung** zu schließen. Für diese ist der **hypothetische Parteiwille** maßgeblich, also das, was die Parteien redlicherweise nach Treu und Glauben (§ 242) vereinbart hätten, wenn sie den Regelungsbedarf im Vorfeld erkannt hätten. 292

273 Näher AS-Skript BGB AT 2 (2019), Rn. 264 ff.

274 Vgl. OLG Bremen, Urt. v. 22.04.1999 – 2 U 140/98, BeckRS 1999, 07783.

275 Vgl. zum Folgenden Palandt/Ellenberger § 157 Rn. 2 ff.

Wegen der **Privatautonomie** der Vertragsparteien ist hingegen **irrelevant, welche Regelung der Rechtsanwender für optimal hält**.

Aufbauhinweis: *Sie prüfen also nacheinander, ob der konkret relevante Punkt im **zwingenden Recht** (von diesem können die Parteien ohnehin nicht abweichen), im **ausgelegten Vertrag** oder im **dispositiven Recht** geregelt ist. Eine danach **verbleibende Lücke im Vertrag und im Gesetz** schließen Sie mithilfe des hypothetischen Parteiwillens.*

Fall 15: Zweitkäufer ohne Gewährleistungsansprüche

D veräußert formgerecht dem V ein gewerblich genutztes Grundstück. V verkauft das Grundstück formgerecht an K. Im Individualkaufvertrag zwischen V und K ist ein Gewährleistungsausschluss vereinbart. Nach Bezahlung von K an V und Übereignung von V an K stellt sich heraus, dass D dem V arglistig verschwiegen hatte, dass das Grundstück mit Ölrückständen verunreinigt ist. Ansprüche des K gegen V?

293 I. V und K haben wirksam einen Gewährleistungsausschluss vereinbart, daher hat K gegen V nicht die in **§§ 437 Nr. 1–3, 434** aufgeführten **Gewährleistungsansprüche**.

Ein vertraglicher **Gewährleistungsausschluss** kann **aus drei Gründen unwirksam** sein: Arglist oder Garantie, § 444 (hier nicht ersichtlich); nach Maßgabe des § 476 (hier keine bewegliche Kaufsache, vgl. § 474 Abs. 1 S. 1); nach Maßgabe der §§ 309 Nr. 7 u. 8, 307 (hier kein AGB-Kaufvertrag)[276]

II. K könnte gegen V aus dem nach §§ 133, 157, 242 **ergänzend ausgelegten Kaufvertrag** einen **Anspruch auf Abtretung** der Gewährleistungsansprüche haben, die V aufgrund der Ölrückstände gegen D hat.

Ein solcher Anspruch folgt weder aus dem zwingenden Recht noch wurde er von V und K im Vertrag vereinbart noch lässt er sich aus dem dispositiven Recht herleiten. Er besteht trotz dieser **Lücken im Gesetz und im Vertrag**, wenn sich aus dem **hypothetischen Parteiwillen** ergibt, dass V und K ihn nach Treu und Glauben vereinbart hätten, wenn sie die Gefahr von Ölrückständen bei Vertragsschluss bedacht hätten.

294 1. Es ist anerkannt, dass ein solcher hypothetischer Parteiwille **in der Konstellation der Drittschadensliquidation regelmäßig** vorliegt.[277] Dazu müssen V zwar dem Grunde nach **Ansprüche** gegen D zustehen, es darf dem V aber **kein Schaden** entstanden sein. V hat jedoch einen Schaden erlitten, denn das Grundstück ist nicht mangelfrei. Der Kaufpreis, den V von K erhalten hat, kompensiert den Mangel zwar wirtschaftlich, aber bei wertender Betrachtung soll D hieraus keine Vorteile ziehen, sodass V einen **normativen Schaden** erlitten hat.[278] Die Voraussetzungen der Drittschadensliquidation liegen mithin nicht vor.

295 2. Gegen einen hypothetischen Parteiwillen auf Begründung eines Anspruchs des K gegen V auf Abtretung der Gewährleistungsansprüche des V gegen D könnte sprechen, dass V und K das **Risiko des Bestehens von Mängeln offenbar gese-**

276 Ausführlich zu den Gewährleistungsausschlüssen AS-Skript Schuldrecht BT 1 (2019), Rn. 138 ff. u. 223 ff.

277 Ausführlich zur Drittschadensliquidation AS-Skript Schuldrecht AT 2 (2018), Rn. 340 ff.

278 Vgl. OLG Hamm NJW 1974, 2091; näher zum normativen Schaden AS-Skript Schuldrecht BT 4 (2019), Rn. 447 ff.

hen haben. Sie haben aber für diesen Fall gerade keinen solchen Anspruch des K gegen V, sondern im Gegenteil einen **Gewährleistungsausschluss vereinbart**.

Jedoch bezieht sich ein solcher Ausschluss, soweit er einen Anspruch auf Abtretung überhaupt erfasst, in der Regel nur auf das **überschaubare Risiko allgemein üblicher Mängel**. Das **hierüber hinausgehende Risiko** einer Bodenverunreinigung, welche der Vorverkäufer (wie hier D) zudem **arglistig verschweigt**, bedenken die Parteien (hier V und K) hingegen regelmäßig – und so war es auch vorliegend – nicht.[279] Wenn die Parteien aber einen solchen Fall nicht bedenken, dann lässt sich aus dem für andere Fälle geltenden Gewährleistungsausschluss nicht herleiten, dass dieser Ausschluss auch für den nicht bedachten Fall gelten soll.

Im Gegenteil spricht für einen entsprechenden hypothetischen Parteiwillen, dass ein solcher Anspruch auf Abtretung das **Schutzniveau für K deutlich erhöht**. **Für V** hingegen hätte ein solcher Anspruch **keinen Nachteil** dargestellt, da V ohnehin von K den Kaufpreis verlangen kann und daher kein redliches Interesse mehr daran hat, seine Gewährleistungsrechte gegen D durchzusetzen. **Hätten K und V also die Gefahr von Ölrückständen bemerkt**, so hätte K zur eigenen Absicherung auf die Aufnahme einer Abtretungsklausel gedrängt und für V hätte kein redlicher Grund bestanden, eine solche abzulehnen.

Der hypothetische Parteiwille von V und K ist demnach auf Begründung eines Anspruchs des K gegen V auf Abtretung der Gewährleistungsansprüche, die V gegen D hat, gerichtet. Somit hat K gegen V aus dem ergänzend ausgelegten Kaufvertrag einen solchen Abtretungsanspruch.

Weiteres **Beispiel:**[280] A und B schließen einen Vertrag. Sie gehen davon aus, dass eine hierdurch ausgelöste Pflicht zur Umsatzsteuerabführung den A trifft. Daher setzen sie einen niedrigen Lohnanspruch des B gegen A an. Der BFH entscheidet überraschend, dass B die Umsatzsteuer abführen muss. – Aufgrund ergänzender Vertragsauslegung kann B von A die Zahlung weiteren Lohns in Höhe der Steuerschuld verlangen. Nur dann stehen A und B wirtschaftlich so, wie sie es geplant hatten.

279 BGH RÜ 2004, 284; a.A. Klimke/Lehmann-Richter NJW 2004, 3672.

280 Nach BGH NJW 2019, 1145.

3. Teil: Vertretung, §§ 164 ff.

296 Die mit der Willenserklärung erstrebte Rechtsfolge tritt grundsätzlich in der Person des Erklärenden ein. Nach dem **Repräsentationsprinzip** der §§ 164 ff. wirken aber Erklärungen des Vertreters (**Erklärungsvertretung** oder **Aktivvertretung**, § 164 Abs. 1) bzw. Zugänge beim Vertreter (**Empfangsvertretung** oder **Passivvertretung**, § 164 Abs. 3) nicht für und gegen ihn, sondern für und gegen den Vertretenen alias **Geschäftsherrn**.

Aufbauschema § 164 Abs. 1 u. 3
■ **Zulässigkeit** der Stellvertretung
■ **eigene Willenserklärung** des Vertreters **im Namen des Vertretenen** Bei **Passivvertretung** spiegelbildlich eigene **Empfangszuständigkeit** des Vertreters (s. Rn. 134)
■ mit **Vertretungsmacht**

297 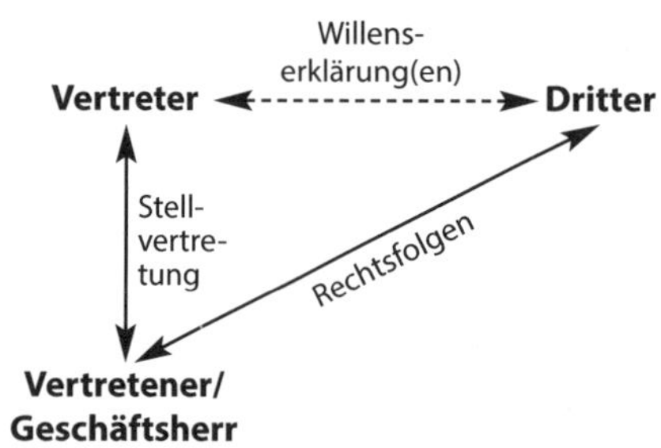

Neben dem Vertreter und dem Vertretenen tritt oft ein **Dritter** auf. Allgemein wird er als **Geschäftspartner** oder **Geschäftsgegner** des Vertretenen bezeichnet. Bei der Empfangsvertretung ist er der Erklärende und bei der Erklärungsvertretung bezüglich empfangsbedürftiger Willenserklärungen ist er der Adressat. Bei Verträgen ist er zugleich der Vertragspartner des Vertretenen.

1. Abschnitt: Zulässigkeit

298 Die Vertretung ist **bei allen nicht höchstpersönlichen Rechtsgeschäften** zulässig.

A. Rechtsgeschäft

299 Die §§ 164 ff. gelten nur für **Willenserklärungen** (vgl. Wortlaut § 164 Abs. 1 S. 1 und Rn. 18 f.) und für **rechtsgeschäftsähnliche Handlungen** (vgl. Rn. 266).

300 Insbesondere gibt es **keine Stellvertretung**:

- bei der Ausführung von **Realakten**,

  Beispiel: Der Eigentumserwerb gemäß §§ 946 ff. tritt unabhängig davon ein, wer die Verbindung vorgenommen hat und welchen Willen der Handelnde hatte.

- bei dem **Erwerb** oder der **Übertragung des Besitzes** – stattdessen können Hilfspersonen nach anderen Regeln eingesetzt werden –

  Die **dingliche Einigung** nach § 929 S. 1 besteht aus zwei Willenserklärungen, sodass eine Vertretung möglich ist. Die zudem erforderliche **Übergabe** per Besitzübertragung als Realakt kann durch **Besitzdiener** (§ 855), **Besitzmittler** (§ 868) oder **Geheißpersonen** (nicht normiert)[281] geschehen.

- und bei **rechtswidrigen Handlungen** – dort erfolgt eine Zurechnung Dritter nach Maßgabe der §§ 278 S. 1, 831, 31, 89.

281 Näher zu den Hilfspersonen bei der Übergabe AS-Skript Sachenrecht 1 (2018), Rn. 123 ff.

B. Höchstpersönlichkeit

Tritt jemand bei einem höchstpersönlichen Rechtsgeschäft als Vertreter auf, so ist die von ihm abgegebene Willenserklärung **ohne Genehmigungsmöglichkeit nichtig**. 301

Personen können vereinbaren, dass Rechtsgeschäfte zwischen ihnen höchstpersönlich getätigt werden müssen (**gewillkürte Höchstpersönlichkeit**).[282] Ferner ist vor allem im Familien- und Erbrecht die Höchtspersönlichkeit **gesetzlich** angeordnet.

Beispiele: Eheschließung, § 1311; Anfechtung der Vaterschaft, § 1600 a Abs. 1; Errichtung einer Verfügung von Todes wegen, § 2064; Widerruf und Rücknahme eines Testaments, §§ 2254, 2064, 2256 Abs. 2 S. 2; Erbverzicht, §§ 2347 Abs. 2, 2351

2. Abschnitt: Eigene Willenserklärung im fremden Namen

Erklärungsvertreter ist nur, wer eine **eigene Willenserklärung** abgibt. Überbringt der Handelnde hingegen eine Erklärung des Geschäftsherrn, so ist er Bote (dazu A.). 302

Spiegelbildlich muss bei der **Passivvertretung** der Handelnde **empfangszuständig** sein (s. Rn. 134).

Der Vertreter muss zudem **im fremden Namen** handeln. Er muss zum Ausdruck bringen, dass die Rechtsfolge seiner Willenserklärung nicht ihn, sondern den Geschäftsherrn treffen soll. Versäumt er dies, so wirkt die Erklärung für und gegen ihn (§ 164 Abs. 2; dazu B.).

A. Eigene Willenserklärung: Vertreter oder Bote?

Der Vertreter gibt eine eigene Willenserklärung ab, wohingegen der Bote lediglich eine fremde Willenserklärung überbringt. Eine eigene Willenserklärung des Vertreters liegt vor, wenn er einen **eigenen Entscheidungsspielraum** bezüglich des **„Ob"** des Rechtsgeschäfts, bezüglich der Auswahl des **Geschäftspartners** und/oder bezüglich des **Inhalts** des Rechtsgeschäfts hat. 303

Ist unklar, ob jemand als Vertreter oder Bote tätig geworden ist, ist sein Handeln **normativ auszulegen**. Zum Schutz des Rechtsverkehrs ist also auf das **äußere Auftreten** des Handelnden aus Sicht eines **objektiven Empfängers** abzustellen.[283] 304

- **Bote** ist danach derjenige, von dem der Geschäftspartner den Eindruck haben muss, er nehme (als „menschliche Brieftaube" bzw. als „menschlicher Briefkasten") nur eine **Übermittlungsfunktion** wahr.
- Sieht es hingegen so aus, dass der Handelnde eine **eigene, selbstständig formulierte Willenserklärung** abgibt, so liegt Vertretung selbst dann vor, wenn dem Vertreter diese Willenserklärung im Innenverhältnis zum Geschäftsherrn in allen Einzelheiten vorgegeben war (**Vertreter mit gebundener Marschroute**).

Im Zweifel ist von einer **Vertretung** auszugehen, insbesondere wenn ein Bote nicht wirksam auftreten könnte.

Beispiel: V schließt mit K formgerecht einen Kaufvertrag über ein Grundstück. In derselben Urkunde bevollmächtigt V den Bürovorsteher B des Notars, die Auflassungserklärung für ihn abzugeben. Nach Kaufpreiszahlung teilt V dem Notar und B mit, dass die Auflassung erfolgen könne. B erklärt daraufhin im Namen des V vor dem Notar die Auflassung gegenüber K. K wird als Eigentümer eingetragen. –

282 Palandt/Ellenberger Einf v § 164 Rn. 4.

283 Staudinger/Schilken Vorbem. zu §§ 164 ff. Rn. 74.

1. K ist gemäß §§ 873, 925 Eigentümer des Grundstücks geworden. Neben der Eintragung ist auch eine formgültige Auflassung erfolgt. § 925 Abs. 1 S. 1 verlangt keine höchstpersönlichen Erklärungen, aber **gleichzeitige Anwesenheit** der Personen, die die Erklärungen abgeben, also der Parteien oder ihrer **Vertreter**. B war als Vertreter des V anwesend. Obwohl dem B bezüglich des Inhalts der Auflassung und auch darüber, ob er die Auflassung erklären wollte, keine eigene Entscheidungsfreiheit zustand, hat er **nach außen eine eigene Erklärung** (namens des V) abgegeben.
2. Hätte B hingegen eine **fremde Willenserklärung** – die des V – abgegeben, also als **Bote** gehandelt, so wäre die Erklärung formnichtig gemäß § 125 S. 1, da der Erklärende (nämlich V) nicht anwesend war.

I. Relevanz der Abgrenzung

305 **Grundsätzlich** werden auf den Boten die §§ 164 ff. analog angewendet, sodass die Abgrenzung zwischen Bote und Vertreter **oft keine Rolle** spielt.[284]

306 Die Abgrenzung zwischen **Aktivvertreter und -bote** ist aber wie folgt **von Bedeutung**:

- Vertreter kann gemäß **§§ 165, 106, 2** auch ein **beschränkt Geschäftsfähiger**, nicht jedoch ein Geschäftsunfähiger (§ 104) sein. Bote kann dagegen selbst der Geschäftsunfähige sein, wenn er zur tatsächlichen Überbringung der Erklärung in der Lage ist.

  Merksatz: „Ist das Kindlein noch so klein, kann es doch schon Bote sein."

- Ist ein Rechtsgeschäft **formbedürftig**, muss bei der Aktivvertretung die Willenserklärung des Vertreters, bei der Aktivbotenschaft die Willenserklärung des Geschäftsherrn der Form genügen. Mangels „gleichzeitiger Anwesenheit" i.S.d. ist eine Auflassung durch einen Boten nicht möglich, s. Rn. 304.

- Kommt es auf **Willensmängel** oder die **Kenntnis** oder das **Kennenmüssen** (§ 122 Abs. 2) von Umständen an, ist gemäß **§ 166 Abs. 1** grundsätzlich auf den Vertreter abzustellen. Bei der Botenschaft ist die Person des Geschäftsherrn entscheidend.

307 Wie in Rn. 136 ausgeführt, hat die Abgrenzung im Fall der **Passivvertretung bzw. -botenschaft** auf den **Zugang an sich** keine Auswirkung. Sie beeinflusst aber den **Zeitpunkt** des Zugangs und den für die Auslegung maßgeblichen **Empfängerhorizont**.

Klausurhinweis: *Ein häufiger Fehler ist es, ausführlich die Unterscheidung zu erörtern, obwohl sie auf das Ergebnis keinen Einfluss hat. Wenn etwa ein voll Geschäftsfähiger eine Erklärung für seinen Auftraggeber lange Zeit vor Fristablauf erhält, dann geht sie dem Auftraggeber rechtzeitig und wirksam zu, egal ob Botenschaft oder Vertretung vorliegt.*

II. Auftreten des Vertreters als Bote und des Boten als Vertreter

308 Tritt der Bote weisungswidrig als Vertreter oder der Vertreter weisungswidrig als Bote auf, ist die Wirksamkeit des Rechtsgeschäfts davon abhängig, ob das getätigte Rechtsgeschäft **innerhalb oder außerhalb der Boten- bzw. Vertretungsmacht stattfindet**.

Hinweis: *Zum Verständnis sei bereits hier erwähnt, dass zwei (regelmäßig, aber nicht immer deckungsgleiche) Grenzen für den Handelnden bestehen (näher Rn. 345). Welche Rechtsfolgen er im* ***Außenverhältnis*** *des Geschäftsherrn zum Geschäftsgegner herbeiführen* ***kann****, bestimmt die Boten- bzw. Vertretungsmacht. Ob er diese Rechtsfolgen im* ***Innenverhältnis***

284 Palandt/Ellenberger Einf v § 164 Rn. 11 f.

*zwischen ihm und dem Geschäftsherrn herbeiführen **darf**, bestimmt der Arbeitsvertrag, Auftrag o.ä. Für die folgende Differenzierung ist also das Außenverhältnis maßgeblich.*

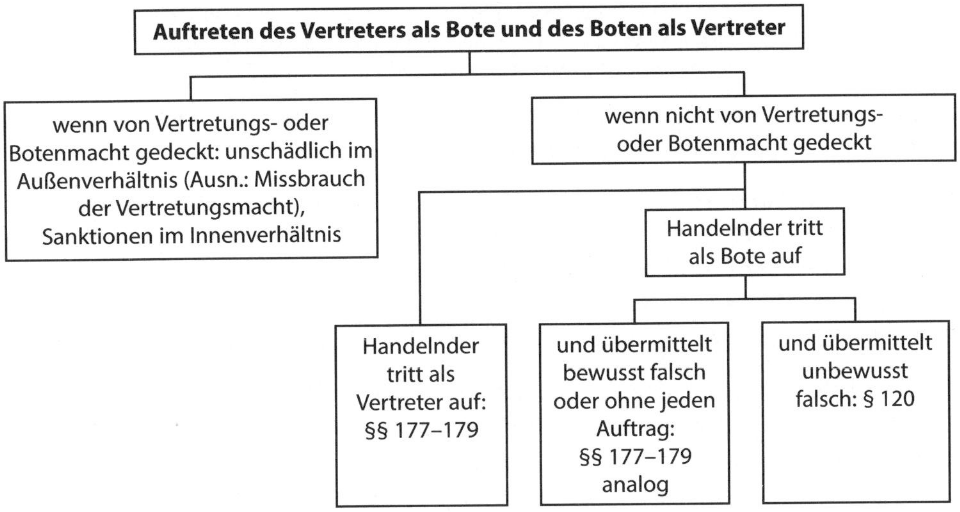

1. Rechtsgeschäft innerhalb der Boten- bzw. Vertretungsmacht

Wenn der Handelnde nach der Weisung des Geschäftsherrn **als Vertreter tätig werden** 309
soll, er nach außen aber – bewusst oder unbewusst – **als Bote aufgetreten** ist, **wirkt die Willenserklärung für und gegen den Geschäftsherrn**, soweit der Handelnde seine inhaltlichen Weisungen befolgt. Obwohl weder der Geschäftsherr (er hat die Willenserklärung nicht formuliert) noch der Handelnde (er hat eine in Wahrheit nicht existente Willenserklärung überbracht) eine Willenserklärung abgegeben haben, wird eine Bindung des Geschäftsherrn bejaht. Ihm kommt es nicht darauf an, wie das Rechtsgeschäft zustande kommt, sondern dass es zustande kommt. Zudem enthält die Vertretungsmacht a maiore ad minus eine Botenmacht.[285]

Auch hier greifen aber die Grundsätze des **Missbrauchs der Vertretungsmacht** (näher Rn. 404 ff.), wenn der Handelnde zwar nach außen auftreten konnte, dies aber im Innenverhältnis nicht durfte.

Wenn der Handelnde **als Bote auftreten soll**, er aber nach außen – bewusst oder unbe- 310
wusst – **als Vertreter aufgetreten** ist, **wirkt die Willenserklärung ebenfalls für und gegen den Geschäftsherrn**, soweit der Handelnde seine inhaltlichen Weisungen befolgt. Auch hier steht für den Geschäftsherrn nicht der Ablauf des Geschäftsabschlusses, sondern sein Ergebnis im Vordergrund.[286]

2. Rechtsgeschäft außerhalb der Boten- bzw. Vertretungsmacht

Tritt der als Bote Eingesetzte – bewusst oder unbewusst – **als Vertreter auf** und 311
weicht er von der Erklärung des Geschäftsherrn ab, so handelt er (zwar mit Botenmacht, aber) **ohne Vertretungsmacht**. Es greifen die **§§ 177–179** (näher zu diesen Rn. 433).[287]

285 MünchKomm/Schubert § 164 Rn. 77.
286 MünchKomm/Schubert § 164 Rn. 76.
287 MünchKomm/Schubert § 164 Rn. 78.

Beispiel: K verhandelt mit V über den Ankauf eines Gemäldes. Später beauftragt K den Angestellten B, dem V mitzuteilen, dass er, K, das Bild für 17.000 € kaufe. B verhandelt mit V über die Kaufbedingungen. Er schließt nach längerem Hin und Her im Namen des K einen Kaufvertrag über 30.000 € ab. – B handelte als Vertreter ohne Vertretungsmacht, daher besteht zwischen K und V ein schwebend unwirksamer Kaufvertrag zu 30.000 €. Genehmigt K den Vertragsschluss (§§ 177 Abs. 1, 182, 184), dann wird K Vertragspartei. Anderenfalls haftet B dem V nach Maßgabe des § 179.

312 **Tritt jemand als Bote auf** und bewegt er sich dabei außerhalb des ihm im Außenverhältnis Möglichen, so ist **zu differenzieren**:

- **Weicht der Vertreter**, der als Bote auftritt, **unbewusst von seiner Vertretungsmacht ab**, ist nach h.M.[288] das objektive Auftreten entscheidend. Es sind daher **nicht §§ 177–179, sondern § 120** einschlägig. Die Willenserklärung wird dem Geschäftsherrn also sofort zugerechnet. Er kann die Erklärung gemäß §§ 142 Abs. 1, 120 anfechten, mit entsprechender Schadensersatzpflicht nach § 122.

- **Weicht der Vertreter**, der als Bote auftritt, hingegen **bewusst von seiner Vertretungsmacht ab** oder wurde er sogar **überhaupt nicht beauftragt** (**Pseudobote**), so ist dies von § 120 nicht erfasst. Ohne Beauftragung wird der Handelnde vom Geschäftsherrn nämlich nicht „zur Übermittlung verwendet". Bei bewusster Abweichung „übermittelt" der Handelnde zudem nicht eine fremde Erklärung „unrichtig", sondern er verfälscht sie vorsätzlich. Auch §§ 177–179 greifen nicht, weil sie nach ihrem Wortlaut ein Auftreten als Vertreter erfordern. Wegen der vergleichbaren Interessenlage werden aber **§§ 177–179** nach h.M.[289] **analog** angewendet.

  Beispiel: H ist in begrenztem Umfang bevollmächtigt, für V Fahrzeuge zu verkaufen. H verhandelt namens V mit K über den Verkauf eines Pkw. Es kommt zu keiner Einigung. Einige Tage später ruft H bei K an und erklärt, sein Chef – V – lasse ausrichten, dass er an ihn, den K, das Fahrzeug zu den von K vorgeschlagenen Bedingungen verkaufe. Tatsächlich hat aber V den H weder konkret um die Übermittlung dieser Erklärung gebeten, noch ist sie allgemein von der Vollmacht des H gedeckt. – H ist zwar als Bote aufgetreten, aber bewusst von seiner Vertretungsmacht abgewichen, sodass § 120 nicht greift. Der Kaufvertrag ist aber mangels Vertretungsmacht ohnehin schwebend unwirksam, sodass auch **kein Bedürfnis** für V besteht, ihn **nach §§ 142 Abs. 1, 120 vernichten zu können**. V kann vielmehr genehmigen (analog §§ 177 Abs. 1, 182, 184) und dadurch Vertragspartei werden. Anderenfalls haftet H dem K nach Maßgabe des § 179 analog.

B. Offenkundiges Handeln im fremden Namen

313 Der Vertreter muss seinen Fremdwirkungswillen grundsätzlich **nach außen erkennbar äußern**. Es gilt das **Offenkundigkeitsprinzip**.

314 Eine **nicht offengelegte** sog. **mittelbare „Stellvertretung"** (z.B. durch einen **Strohmann**) ist also gerade **kein Fall der §§ 164 ff.** Sie entfaltet auf Verpflichtungsebene keine unmittelbaren Wirkungen zwischen dem „Vertretenen" und dem Geschäftsgegner. Der „Vertreter" muss die Folgen seines Geschäfts an den „Vertretenen" weiterleiten.

Siehe Rn. 73 zur **Abgrenzung zu § 117 Abs. 1**. Ein weiteres **Beispiel** finden Sie in Rn. 469.

---

288 MünchKomm/Schubert § 164 Rn. 79 m.w.N. zu allen Ansichten.

289 MünchKomm/Schubert § 164 Rn. 79 f. m.w.N.

I. Voraussetzungen

Der Vertreter braucht nicht ausdrücklich im fremden Namen zu handeln. Es genügt, wenn **nach den gesamten Umständen konkludent** zum Ausdruck gebracht wird, dass die erstrebten Rechtsfolgen einen anderen treffen sollen (§ 164 Abs. 1 S. 2). 315

1. Ermittlung des konkreten Geschäftsherrn durch Auslegung

Der **Name des Vertretenen** braucht nicht genannt zu werden. Es genügt seine **Bestimmbarkeit durch Auslegung.** § 164 Abs. 1 S. 2 gilt nicht nur für die Frage, ob jemand in fremdem Namen gehandelt hat, sondern auch für die Bestimmung dieser Person.[290] 316

Klausurhinweis: *Nur durch die konkrete Benennung des Vertretenen können Sie die Kontrollfrage* ***„Wer will von wem?"*** *beantworten.*

Hierbei gelten zunächst die **allgemeinen Auslegungsgrundsätze** (s. Rn. 267 ff.).

Beispiel:[291] H ist angestellter Hausverwalter einer dem E gehörenden Wohnungsanlage mit 500 Einheiten. Nach dem mit E geschlossenen Vertrag ist H bevollmächtigt, alle Rechtsgeschäfte vorzunehmen, die das Verwaltungsobjekt betreffen. H beauftragt den Unternehmer U mit Sanierungsarbeiten. –
I. Ein Anspruch des **U gegen H aus § 631** setzt voraus, dass H in eigenem Namen gehandelt hat. H ist aber konkludent im Namen des E aufgetreten. Wie für U erkennbar, hatte H kein eigenes Interesse an der Sanierung. Diese kommt nicht ihm, sondern E zugute. H hat nicht in eigenem Namen gehandelt.
II. Ein Anspruch des **U gegen H aus § 179** besteht nicht, da H mit Vertretungsmacht gehandelt hat.
III. U hat **gegen E**, der von H gemäß § 164 Abs. 1 u. 3 vertreten wurde, einen Anspruch aus **§ 631**.

Daneben bestehen die folgenden zwei **speziellen Auslegungsregeln**:

a) Unternehmensbezogene Geschäfte

Unternehmensbezogene Geschäfte werden **im Zweifel im Namen des Inhabers des Unternehmens** geschlossen.[292] 317

Fall 16: Irrtum über den Betriebsinhaber

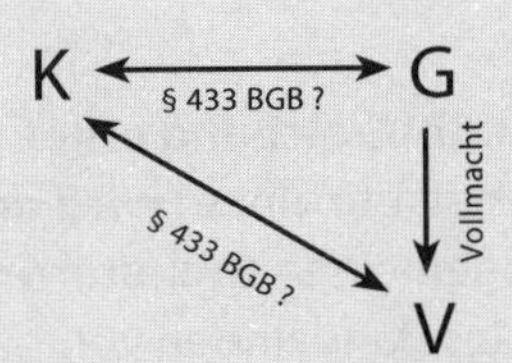

G handelt mit Fliesen. Ihr Ehemann V, der für den Fuhrpark zuständig ist, bestellt bei K einen Lkw, der in den Betrieb geliefert werden soll. Bei Vertragsschluss in den Räumen des K trug V ein Hemd mit dem Logo der Firma. G verweigert die Kaufpreiszahlung, weil K den Vertrag mit V und nicht mit ihr habe schließen wollen. Zu Recht?

K kann von G gemäß **§ 433 Abs. 2 Var. 1** Bezahlung verlangen, wenn er mit ihr einen Kaufvertrag abgeschlossen hat. Da G keine eigene Willenserklärung abgegeben hat, kann der Vertrag nur in der Weise zustande gekommen sein, dass V gemäß **§ 164 Abs. 1 u. Abs. 3** als Vertreter der G mit K den Vertragsschluss vereinbart hat. 318

I. V hat eine **eigene Willenserklärung** abgegeben (§ 164 Abs. 1) und ihm ist eine Willenserklärung des K zugegangen (§ 164 Abs. 3).

290 Palandt/Ellenberger § 164 Rn. 1.
291 Nach BGH NJW-RR 2004, 1017.
292 BGH RÜ 2018, 409 (ergänzend dargestellt in RÜ2 2018, 152); BGH RÜ 2012, 693 Rn. 10; BGH RÜ 2000, 315.

Hinweis: *Wer das Angebot und wer die Annahme erklärt hat, können und dürfen Sie hier nicht detailliert prüfen. Weder bietet der Sachverhalt hierfür ausreichend Anhaltspunkte, noch kommt es hierauf mangels Problemen entscheidend an, vgl. Rn. 211.*

319 II. V ist zwar nicht ausdrücklich **im Namen der G** aufgetreten, dies kann sich aber angesichts § 164 Abs. 1 S. 2 auch **aus den Umständen** ergeben und daher **konkludent** geschehen. Bei **unternehmensbezogenen Geschäften** geht der Wille der Beteiligten im Zweifel dahin, dass der Inhaber des Unternehmens Vertragspartei werden soll. Der Unternehmensbezug muss aber **hinreichend deutlich** werden, ansonsten ist angesichts § 164 Abs. 2 von einem Eigengeschäft auszugehen. Maßgeblich ist insofern die Sicht eines **objektiven Empfängers**. Unerheblich ist hingegen, wen der Empfänger konkret für den Unternehmensinhaber hält.

Der bestellte Lkw ist für den Betrieb des Fliesenhandels bestimmt. Ein Fliesenhandel benötigt einen Lkw zu Transportzwecken, während nicht ersichtlich ist, dass V zu privaten Zwecken Verwendung für einen Lkw hatte. Ferner trug V ein Hemd mit dem Logo des Fliesenhandels der G und vereinbarte mit K die Lieferung in den Betrieb der G. Aus den Umständen wurde daher deutlich, dass es sich um ein Geschäft mit Bezug zum Unternehmen der G handelte.

V gab daher seine Erklärung im Namen der G ab. Spiegelbildlich ist dem Verhalten des V die entsprechende Empfangszuständigkeit hinsichtlich der Erklärung des K zu entnehmen.

III. V hatte auch entsprechende **Vertretungsmacht** für G in Form einer Vollmacht.

Der Vertragsschluss des V mit K wirkt gemäß § 164 Abs. 1 u. 3 für und gegen G. K hat gegen G daher gemäß § 433 Abs. 2 Var. 1 einen Anspruch auf Kaufpreiszahlung.

---

b) Auslegungsregel des § 164 Abs. 2

320 Tritt der **Wille, im fremden Namen zu handeln**, hingegen **nicht hinreichend erkennbar** hervor und greift auch keine Ausnahme vom Offenkundigkeitsprinzip, so **wird der Erklärende selbst verpflichtet**. Es liegt dann (bereits nach allgemeinen Grundsätzen, § 164 Abs. 2 ist insofern **nur klarstellend**) ein **Eigengeschäft** des Handelnden vor.

321 Zudem kommt gemäß § 164 Abs. 2 „der Mangel des Willens, im eigenen Namen zu handeln, nicht in Betracht." Dies hat **(konstitutive) Auswirkungen** auf die **Anfechtbarkeit** der Erklärung des Vertreters:

- Wenn der Erklärende **im fremden Namen handeln will, aber objektiv im eigenen Namen handelt**, dann kann er (unstreitig, weil Wortlaut der Norm) nicht anfechten.
- Umstritten ist, ob umgekehrt eine Anfechtung möglich ist, wenn der Erklärende **objektiv im fremden Namen handelt, aber im eigenen Namen handeln will**.

Fall 17: Günstiger BMW

G bittet den Automechaniker V, für ihn bei dem Gebrauchtwagenhändler A einen bereits besichtigten BMW zu erwerben, falls dieser keine technischen Mängel aufweise. G ruft bei A ohne Wissen des V an und sagt ihm, dass V in den nächsten Tagen vorbeikommen werde. V stellt fest, dass der Wagen im Topzustand ist und dass A einen fairen Preis verlangt. V will ihn daher für sich selbst erwerben und sagt zu A, er kaufe den Wagen und werde ihn in den nächsten Tagen abholen und bezahlen.
Besteht ein Kaufvertrag und wenn ja, zwischen wem?

Es ist **zwischen G und A** ein Kaufvertrag zustande gekommen, wenn **V als Vertreter des G** sich mit A über die wesentlichen Kaufvertragsbestandteile geeinigt hat. 322

I. Dann müsste V gemäß § 164 Abs. 1 u. Abs. 3 seine Erklärung **im Namen des G abgegeben** und eine **Erklärung des A mit Empfangszuständigkeit und -willen für G entgegengenommen** haben.

1. G hatte A mitgeteilt, dass V den Kaufvertrag für ihn – G – schließen werde. Der **äußere Erklärungstatbestand** des Verhaltens des V ließ daher aus Sicht eines objektiven Empfängers in der Position des A nur den Schluss zu, V wolle nicht für sich, sondern für den G den Wagen erwerben. V hat daher seine eigene Willenserklärung im Namen des G abgegeben und die Erklärung des A für G angenommen.

2. Dass V nicht den **inneren Willen** hatte, den Vertrag für G zu schließen, ist unerheblich. Maßgeblich ist alleine der normative, objektive Empfängerhorizont.

II. Mit der Beauftragung des V hat G dem V zugleich **Vertretungsmacht** in Form einer **Innenvollmacht** (§ 167 Abs. 1 Var. 1) erteilt.

Mit dem Anruf bei A hat G diesem die Bevollmächtigung des V sodann **kundgegeben** (vgl. § 171 Abs. 1 Var.1). Die zeitlich spätere Kundgabe hat nur deklaratorische Wirkung. Wenn allerdings die nach außen kundgetane Vollmacht erlischt (§ 168) und G den A hierüber nicht informiert, dann entfaltet die Kundgabe gemäß § 171 Abs. 2 konstitutive Wirkung (näher Rn. 375).

Damit ist ein Kaufvertrag zwischen A und G, vertreten durch V, zustande gekommen.

III. Womöglich hat V gemäß § 142 Abs. 1 seine Erklärung und dadurch den Kaufvertrag ex tunc durch **Anfechtung** beseitigt. Wie unter I. ausgeführt, fallen objektive Sachlage und subjektive Vorstellung des V auseinander. V irrte also über die Bedeutung seiner Erklärung, sodass ihm grundsätzlich aus **§ 119 Abs. 1 Var. 1** ein **Anfechtungsgrund** zur Seite steht. Dem könnte aber **§ 164 Abs. 2 entgegenstehen**. 323

1. **Für ein Anfechtungsrecht** spricht, dass § 164 Abs. 2 den Fall regelt, dass jemand in fremdem Namen handeln will, aber objektiv im eigenen Namen handelt. § 164 Abs. 2 ist als **Ausnahmevorschrift** eng auszulegen. Aus ihm ist der **Umkehrschluss** zu ziehen, dass in der vorliegenden umgekehrten Situation – V wollte im eigenen Namen handeln, handelte aber objektiv im Namen des G – § 119 Abs. 1 Var. 1 uneingeschränkt greift und daher eine Anfechtung möglich ist.[293] 324

293 Vgl. Staudinger/Schilken § 164 Rn. 21; MünchKomm/Schubert § 164 Rn. 177 f., jeweils m.w.N., auch zur Person des Anfechtungsberechtigten.

Folgt man dieser Ansicht, so stellt sich sodann die Frage, **wer die Anfechtung der Kaufvertragserklärung des V erklären darf**. Man könnte dieses Recht dem irrenden Vertreter (hier: V) oder dem Vertretenen (hier: G) zusprechen. Vermittelnd könnte man denjenigen anfechten lassen, der die Auswirkungen der Vertretung tragen muss. Handelt der Vertreter also ohne Vertretungsmacht, so soll er anfechten können, um nicht nach § 179 haften zu müssen. Handelt der Vertreter mit Vertretungsmacht, so soll der gebundene Vertretene prinzipiell anfechten können, wobei allerdings regelmäßig der Irrtum nicht kausal für die Erklärung sein wird (s. § 119 Abs. 1 a.E.). Ausführlich zur Anfechtung des Hauptgeschäfts und der Vollmacht Rn. 366 ff.

325 2. Überzeugender sind aber die Argumente **gegen ein Anfechtungsrecht**.[294] § 164 Abs. 2 bringt den **allgemeinen Rechtsgedanken** zum Ausdruck, dass eine Diskrepanz des inneren und äußeren Erklärungstatbestands hinsichtlich der Fremdheit einer Erklärung nie zur Anfechtung berechtigen soll, gleich in welche Richtung diese Diskrepanz geht.

Hinweis: *Hier zeigt sich, dass* ***„Umkehrschluss"*** *und* ***„allgemeiner Rechtsgedanke"*** *bloße* ***gegenläufige Argumentationsfiguren ohne jegliche sachliche Überzeugungskraft*** *sind. Sie müssen sie unbedingt durch* ***Sachargumente*** *ergänzen.*

Der **Vertretene bedarf nicht des Schutzes** der Anfechtung, denn entweder ist er mangels Vertretungsmacht nicht gebunden, oder er hat die Vertretungsmacht selbst erteilt und soll dann auch gebunden sein. Ebenso ist der **Vertreter nicht schutzbedürftig**, denn **bei Bestehen der Vertretungsmacht** treffen ihn die Folgen des Geschäfts nicht – so könnte V vorliegend dem G das gute Geschäft mit der Anfechtung vermiesen, obwohl V aus dem Geschäft keine Nachteile hat. **Ohne Vertretungsmacht** haftet der Vertreter im von § 164 Abs. 2 benannten Fall aus der im eigenen Namen abgeschlossenen Vereinbarung auf Erfüllung. Dann ist es nicht unbillig, ihn im umgekehrten, hier in Rede stehenden Fall nach § 179 Abs. 1 ebenfalls auf Erfüllung bzw. den Erfüllungsschaden haften zu lassen.

V ist demnach nicht zur Anfechtung berechtigt (und auch G nicht). Zwischen G und A besteht ein Kaufvertrag.

---

2. Handeln für einen später zu benennenden Dritten

326 Der Vertreter kann sogar für einen erst später noch zu benennenden Dritten handeln. Es muss nur **offenkundig** werden, **dass und durch wen bzw. aufgrund welcher sonstigen Umstände** die nachträgliche Bestimmung getroffen werden soll. Obliegt sie dem Vertreter und unterlässt er sie, gilt § 179 entsprechend.[295]

327 Natürlich muss auch hier eine **Vertretungsmacht** vorliegen. Regelmäßig fehlt sie aber, wenn der Vertretene bei Vertragsschluss noch nicht bekannt ist. Wird sie **später nachträglich erteilt**, so wirkt sie **nur ex nunc** für die Zukunft. Es handelt sich dann nicht um eine ex tunc rückwirkende Genehmigung nach §§ 177 Abs. 1, 182, 184 Abs. 1.[296]

294 BGH NJW-RR 1992, 1010, 1011; Palandt/Ellenberger § 164 Rn. 16.
295 BGH NJW 1989, 164, 166; Medicus/Petersen AT Rn. 916.
296 MünchKomm/Schubert § 164 Rn. 112.

Beispiel: Bauträger X kauft von A im Mai formgerecht ein Grundstück für einen noch zu benennenden Käufer. Im August findet X den Interessenten B, der in den Kauf „einsteigen will". X teilt dem A mit, dass B der Käufer sei. –
Das Offenkundigkeitsprinzip ist gewahrt, denn X hat deutlich gemacht, dass nicht er Vertragspartner sein soll und dass er den Vertragspartner später benennen werde. Allerdings ist der Vertrag erst mit Vollmachtserteilung im August zustande gekommen.

Hinweis: *Manche bezeichnen diese Konstellation auch als* ***offenes Geschäft für den, den es angeht.***[297] *Im engeren Sinne ist mit dieser Bezeichnung allerdings nur das verdeckte Geschäft für den, den es angeht (dazu Rn. 329 ff.) gemeint.*

II. Ausnahmen

Die §§ 164 ff. sind **ausnahmsweise** ohne Offenkundigkeit anwendbar. Das **Offenkundigkeitsprinzip schützt den Geschäftsgegner**, daher muss es nicht gewahrt werden, wenn dieser **kein Interesse** daran hat, die **Identität des Vertretenen** zu erfahren. 328

Im weiteren Sinne zählt auch § 1357 (**Schlüsselgewalt**) zu diesen Ausnahmen.[298]

1. (Verdecktes) Geschäft für den, den es angeht

Fall 18: Kauf für einen anderen

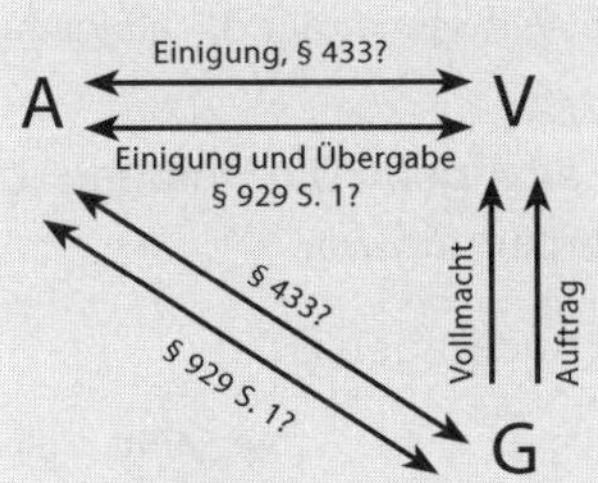

G beauftragt seinen Sportfreund V, für ihn beim Fahrradhändler A ein Rennrad zu erwerben. G gibt V 1.800 € in bar, damit er das Rad sogleich bezahlen kann. V kauft das Rad, zahlt und nimmt es mit.
Wer ist Eigentümer des Rennrades?
Zwischen wem ist der Kaufvertrag zustande gekommen?

A. G könnte gemäß **§ 929 S. 1** das **Eigentum** von A erworben haben. 329

I. A und V haben sich über den Eigentumsübergang **geeinigt**. Diese Einigung wirkt gemäß **§ 164 Abs. 1 u. 3** für und gegen G, wenn **G durch V vertreten** worden ist.

1. V hat aus Sicht eines objektiven Dritten in der Position des A eine **eigene Willenserklärung** abgegeben.

2. V handelte allerdings weder ausdrücklich noch konkludent **im Namen des G**. 330
Für A war **nicht offenkundig**, dass die Übereignung an einen anderen als den tatsächlich Handelnden V erfolgen sollte. Das schadet aber nicht, wenn die Übereignung ein (verdecktes) **Geschäft für den, den es angeht**[299] darstellt.

a) Es muss dem Geschäftsgegner **gleichgültig sein, wer sein Vertragspartner** wird. Das ist grundsätzlich bei Übereignungen anlässlich **Bargeschäften des täglichen Lebens** mit einem anonymen Erwerber (wie vorliegend)

297 MünchKomm/Schubert § 164 Rn. 125 f.
298 Näher zu § 1357 AS-Skript Familienrecht (2019), Rn. 18 ff.
299 Ausführlich zum Geschäft für den, den es angeht MünchKomm/Schubert § 164 Rn. 127 ff. m.w.N.

der Fall, denn den Übereignenden (hier: A) interessiert es nicht, wer Eigentümer der Sache wird, solange er nur sofort den Kaufpreis erhält.

Der Begriff **Bargeschäft** stammt aus einer Zeit, als es vor allem darum ging, vom Kauf auf Rechnung und per Scheck abzugrenzen. Diese Funktion hat er nach wie vor. Daher sind „Bargeschäfte" in diesem Sinne **auch** solche, bei denen der Käufer **bargeldlos per „Karte" oder Handy** bezahlt, gleich ob der Verkäufer sogleich eine Zahlungsgarantie erhält oder nicht.[300] Maßgeblich ist nur, ob der Veräußerer davon ausgeht, dass bei gewöhnlichem Lauf der Dinge das Geschäft sofort abgeschlossen ist und dass er daher die Identität des Erwerbers zwecks Durchsetzung späterer Zahlungsansprüche nicht benötigt.

b) Der **Vertreter** muss aus der Sicht eines **objektiven Beobachters** den **Willen** haben, das **Geschäft für den Vertretenen** abzuschließen. Da dies aber dem anderen Teil gerade nicht offenkundig wird, entfaltet das Verhältnis zwischen dem Vertreter und dem Vertretenen maßgebliche Indizwirkung.

G hatte V beauftragt, das Rennrad für ihn zu kaufen. V nutzte für den Kauf nicht sein eigenes Geld, sondern **das Geld des G**. Mangels entgegenstehender Anhaltspunkte ist daher davon auszugehen, dass V redlicherweise das Eigentum nicht für sich, sondern für G erwerben wollte.

Bei gegenteiligen Anhaltspunkten kann ein **Eigentumserwerb des „Vertreters" für sich selbst** vorliegen, selbst wenn er im Innenverhältnis gegenüber dem „Vertretenen" dazu verpflichtet ist, für diesen zu erwerben und daher **unredlich** handelt.[301] Wie bei der **mittelbaren „Stellvertretung"** (vgl. Rn. 314) wird der „Vertretene" nur dann Eigentümer, wenn der „Vertreter" an ihn weiterübereignet.

Es handelt sich somit um ein Geschäft für den, den es angeht. Die Einigung soll für und gegen G wirken, auch wenn dies nicht offenkundig war.

331 3. Da V **Vollmacht** für G hatte, wirkt die Einigung für und gegen G.

Hätte G den V angewiesen, mit A ein Eigengeschäft zu tätigen, damit G unerkannt bleibt, dann hätte V **weder offenkundig noch mit Vertretungsmacht** gehandelt. Ein solches **Strohmanngeschäft** ist ein klassischer Fall der **mittelbaren „Stellvertretung"** (Rn. 314).

332 II. A muss **dem avisierten Erwerber** des Eigentums, also nicht dem V, sondern dem G, das Rennrad **übergeben** haben. A hat **jeglichen Besitz** an dem Rad **verloren**. Den unmittelbaren Besitz an dem Rad hat gemäß § 854 Abs. 1 zwar V erworben, aber da V für G besitzt und G gegen V aus § 667 einen Herausgabeanspruch hat, ist G **mittelbarer Besitzer** des Rades (§ 868) **geworden**, was genügt. Dies geschah ferner **auf Veranlassung** des A. Mithin hat A das Rad an G übergeben.

Hinweis: *Für die **dingliche Einigung** gelten (wie für jede Einigung) die §§ 164 ff. Für die **Übergabe**[302] durch Besitzerwerb, der dem Grunde nach ein Realakt ist, gelten hingegen die §§ 854 ff. Sie müssen unbedingt differenzieren, das wird oft falsch gemacht.*

III. A war als verfügungsbefugter Eigentümer auch zur Übereignung **berechtigt**.

G hat daher das Eigentum von A gemäß § 929 S. 1 erworben.

300 Vgl. zu den Kartentypen AS-Skript Strafrecht BT 1 (2020), Rn. 450 u. 660 ff.

301 Vgl. BGH RÜ 2016, 86 (gewerbliche Sammlung von Altpapier durch Subunternehmer).

302 Näher zu den Voraussetzungen der Übergabe AS-Skript Sachenrecht 1 (2018), Rn. 123 ff.

B. Die Grundsätze des Geschäfts für den, den es angeht finden in gleichem Maße Anwendung auf das Verpflichtungsgeschäft. Entsprechend obiger Ausführungen hat V den G daher gemäß § 164 Abs. 1 u. Abs. 3 auch beim Abschluss des **Kaufvertrags** vertreten, der Kaufvertrag besteht daher ebenfalls zwischen G und A. **333**

---

2. Handeln unter fremdem Namen

Im fremden Namen handelt, wer (konkludent) zu erkennen gibt, dass er und die Person, deren Namen er nennt, zwei verschiedene Personen sind. Wer hingegen **so tut, als sei er selbst die Person, deren Namen er nennt**, der handelt **unter** fremdem Namen. Zu unterscheiden sind zwei Konstellationen:[303] **334**

- Bei der bloßen **Namenstäuschung** hat der Name des Geschäftsherrn für den Geschäftsgegner keine Bedeutung, er ist **„Schall und Rauch"**. Der Erklärende wird aus seiner Erklärung berechtigt und verpflichtet. Das Rechtsgeschäft wäre mit dem Erklärenden auch zustande gekommen, wenn er seinen richtigen Namen genannt hätte.

  Beispiel: Rockstar James Hettfield (H) will unerkannt reisen. H checkt im Hotel als „John Smith" ein. – Der Beherbergungsvertrag kommt zwischen dem Hotelier und H zustande.

- Ist für den Geschäftsgegner hingegen die **Identität des Geschäftsherrn wichtig** und hätte er insbesondere nicht kontrahiert, wenn der Erklärende seinen wahren Namen genannt hätte, dann liegt eine **Identitätstäuschung** vor. Sie wird **wie das Handeln im fremden Namen** behandelt. Bei Vertretungsmacht wird also der wahre Namensträger berechtigt und verpflichtet, ansonsten greifen die §§ 177–179.[304]

Fall 19: Ungewollte Uhr

V stellt bei eBay eine Armbanduhr zum „Sofort-Kaufen" zu einem Preis von 5.890 € ein. Wenig später erhält V von eBay die Nachricht, dass K die Uhr gekauft habe. V verlangt von K Zahlung des Kaufpreises. K wendet ein, er habe seinen Account seit Monaten nicht benutzt. Es stellt sich heraus, dass S, ein Kollege des K, dessen Rechner und Zugangsdaten unerlaubt benutzt hat. Welche Ansprüche hat V gegen K und S?

I. **V** hat **gegen K** einen Anspruch auf Abnahme der Uhr und Zahlung des Kaufpreises aus **§ 433 Abs. 2**, wenn K und V sich über einen Kaufvertrag **geeinigt** haben. Der Vertragsschluss per „Sofort-Kaufen" ist ein Fall des normalen Vertragsschlusses über das Internet. Er erfordert daher **Angebot und Annahme**, § 156 gilt nicht. **335**

Auch der Vertragsschluss bei einer **Onlineauktion** ist kein Fall des § 156, s. Rn. 181 f.

V wollte die Uhr an denjenigen verkaufen, der als erster auf „Sofort-Kaufen" klickt. V hat daher – zwar **ad incertas personas**, aber gleichwohl **mit Rechtsbindungswillen** – ein verbindliches **Angebot** abgeben. K selbst hat nicht die **Annahme** erklärt, die **Erklärung des S** könnte aber gemäß § 164 Abs. 1 **für und gegen K** wirken.

---

303 Vgl. Palandt/Ellenberger § 164 Rn. 10 ff.

304 Vgl. BGH RÜ 2011, 409, auch zum folgenden Fall.

1. S hat eine **eigene Willenserklärung** abgegeben.

336 2. Hierbei handelte S aber **nicht offenkundig im Namen** des K. Vielmehr handelte S **nach außen nicht erkennbar unter dem Namen** des K. Dabei war der Name des Käufers für V nicht nur „Schall und Rauch". Vielmehr war es dem V (wie jedem, der Waren versendet) **wichtig**, dass er die **Identität** seines wahren Vertragspartners kennt, um Schäden und Unannehmlichkeiten zu vermeiden. Insbesondere wollte V die Uhr **an seinen wahren Vertragspartner versenden** und, soweit dieser nicht im Voraus bezahlt, diesem den **Kaufpreis in Rechnung stellen**.

Wird umgekehrt der **Account eines Verkäufers missbraucht**, so lässt sich spiegelbildlich argumentieren, dass der Käufer Wert auf die Identität des Verkäufers legt, weil die Bewertung durch andere Käufer auf die Seriosität des Verkäufers schließen lässt und weil der Käufer wissen will, von wem er erforderlichenfalls einen im Voraus bezahlten Kaufpreis zurückfordern kann.

S **täuschte** den V also nicht lediglich über seinen Namen, sondern **über seine Identität**. Dieser Fall ist im Gesetz nicht geregelt, es besteht eine **planwidrige Regelungslücke**. Die **Interessenlage** entspricht dabei derjenigen des offenkundigen Handelns im fremden Namen. Denn wenn S mit Vertretungsmacht handelte, dann ist es gerecht, das Geschäft für und gegen K wirken zu lassen, so wie V es sich auch vorgestellt hatte. Anderenfalls soll K nach § 177 die Wahl haben, ob er gebunden sein will oder ob S dem V nach Maßgabe des § 179 haften soll.

337 3. Die Erklärung wirkt also **analog § 164 Abs. 1** für und gegen K, wenn S **Vertretungsmacht** hatte. Eine gesetzliche Vertretungsmacht oder eine Vollmacht hatte S für K nicht. Es könnte aber eine **Rechtsscheinsvollmacht** bestehen.

Näher zu den folgenden Fällen der **Rechtsscheinsvollmacht** in Rn. 374 ff.

Ein **Fall der §§ 170–173** liegt nicht vor. Eine **Duldungsvollmacht** und eine **Anscheinsvollmacht** erfordern, dass der **Rechtsschein einer Bevollmächtigung** des S durch K besteht und dass K diesen nicht beseitigt hat, obwohl er den Rechtsschein kannte oder hätte kennen müssen (§ 122 Abs. 2). Zumindest bei der erstmaligen bzw. einmaligen Nutzung eines fremden Accounts entsteht aber nicht der eindeutige Rechtsschein, dass der Accountinhaber den Nutzer hierzu bevollmächtigt hat. Trotz Passwortsicherung besteht die nicht gänzlich fernliegende Möglichkeit, dass ein Dritter sich unberechtigterweise Zugang zu dem Account verschafft hat. Wenn dies erstmalig bzw. einmalig geschieht, dann ist auch nicht zu erwarten, dass der Accountinhaber dies sofort bemerkt, was aber Voraussetzung dafür ist, dass er den Missbrauch des Accounts beenden kann.[305] Mangels Rechtsscheins liegt also auch keine Duldungs- oder Anscheinsvollmacht vor.

Diese Sichtweise der Gerichte **lähmt den Onlinehandel**. Müsste zudem dann nicht auch der **Adressat eines Briefes** stets damit rechnen, dass die Unterschrift gefälscht ist? Die Lösung folgt gleichwohl hier und unter III. der Argumentation der Gerichte.

Ohne Vertretungsmacht wird die Erklärung des S dem K nicht analog § 164 Abs. 1 zugerechnet. Mangels Kaufvertrags hat V gegen K keinen Anspruch aus § 433 Abs. 2.

338 II. V könnte gegen K einen Anspruch aus **§ 280 Abs. 1, 311 Abs. 2, 241 Abs. 2** haben.

305 Vgl. OLG Hamm NJW 2007, 611; OLG Köln NJW 2006, 1676; ferner BGH NJW 2016, 2024 (Missbrauch des Online-Bankings).

Das erforderliche vorvertragliche Schuldverhältnis könnte sich gemäß § 311 Abs. 2 Nr. 1 u. 2 aus der **Verhandlung und Anbahnung eines Vertrags** ergeben. K selbst hatte zu V keinerlei Kontakt, die Kontaktaufnahme durch S könnte dem K aber zurechenbar sein. Die Anbahnung und Verhandlung eines Vertrags ist ein **Realakt**, sodass insofern die §§ 164 ff. nicht direkt greifen und es auf eine Vertretungsmacht nicht ankommt. Der Handelnde muss aber **Verhandlungsbefugnis** haben,[306] auch bei einer Vertragsanbahnung unter fremdem Namen. Entsprechend der Ausführungen zur Vertretungsmacht hatte S aber auch keine Verhandlungsbefugnis für K.

Zwischen V und K besteht kein vorvertragliches Schuldverhältnis. Daher hat V gegen K keinen Anspruch aus § 280 Abs. 1, 311 Abs. 2, 241 Abs. 2.

III. V könnte gegen K einen Anspruch aus **§ 122** haben. Dem Wortlaut nach setzt das voraus, dass eine Willenserklärung gemäß § 118 nichtig oder gemäß §§ 119, 120 angefochten worden ist. Der vorliegende Fall fällt nicht hierunter und er ist auch nirgendwo anders geregelt, es besteht also eine **planwidrige Regelungslücke**. § 122 ist daher **analog** heranzuziehen, soweit die **Interessenlage vergleichbar** ist. **339**

Man könnte § 122 als Ausdruck des **allgemeinen Rechtsgedankens** sehen, dass jemand, der im **schutzwürdigen Vertrauen auf den Bestand eines scheinbar bestehenden Rechtsgeschäfts** einen Schaden erleidet, vom Verursacher dieses Rechtsscheins Kompensation dieses Schadens verlangen kann.[307] Andererseits ließe sich § 122 als **nicht analogiefähiger Ausnahmetatbestand** einordnen.

Auch diejenigen, die in der vorliegenden Konstellation die analoge Anwendung ablehnen, erkennen aber an, dass § 122 in anderen Fällen analog gilt (**Willenserklärung ohne Erklärungsbewusstsein**, vgl. Rn. 104, und **abhandengekommene Willenserklärung**, vgl. Rn. 121).

Entsprechend der obigen Ablehnung einer Duldungs- bzw. Anscheinsvollmacht musste V aber erkennen, dass möglicherweise K seinen Account nicht selbst nutzt. Selbst wenn man also die Interessenlage generell für vergleichbar hält, so scheitert vorliegend der Anspruch zumindest an § 122 Abs. 2 analog.

IV. V kann von S gemäß **§ 179 Abs. 1 Erfüllung oder Schadensersatz** verlangen. **340**

Die §§ 164 ff. sind ebenfalls analog anzuwenden, wenn jemand **unter fremdem Namen eine Willenserklärung entgegennimmt** (§ 164 Abs. 3 analog). Fehlt dieser Person die Empfangszuständigkeit, so kann der wahre Namensinhaber wählen, ob er gemäß §§ 177 Abs. 1, 182, 184 Abs. 1 durch Genehmigung die Zugangswirkung herbeiführt.[308] **341**

3. Abschnitt: Vertretungsmacht

Die Vertretungsmacht kann sich ergeben aus **Rechtsgeschäft** (Vollmacht, A.), kraft **Glaubens an eine Vollmacht** (B.) oder aus **Gesetz** (C.). Sie kann **beschränkt** sein (D.). **342**

306 BGH NJW 1985, 1778.

307 So allgemein Staudinger/Singer § 122 Rn. 4; MünchKomm/Armbrüster § 122 Rn. 4; verneinend hingegen Palandt/Ellenberger § 122 Rn. 2.

308 Staudinger/Schilken Vorbem. zu §§ 164 ff. Rn. 91 a.E.

A. Vollmacht

343 Die Vollmacht muss im Zeitpunkt der Erklärung des Vertreters bzw. gegenüber dem Vertreter **erteilt** worden sein (I.) und sie darf nicht zuvor **erloschen** sein (II.).

I. Erteilung der Vollmacht

344 Die Vollmacht ist eine **durch Rechtsgeschäft** erteilte Vertretungsmacht, vgl. § 166 Abs. 2 S. 1. Die Erteilung ist gemäß § 167 Abs. 1 eine **einseitige, empfangsbedürftige Willenserklärung**, die daher mit ihrem Zugang wirksam wird.

1. Grundgeschäft als zugrundeliegendes Rechtsverhältnis

345 Es ist zu **trennen** und hinsichtlich der Wirksamkeit zu **abstrahieren**:

- Die **Vollmacht** legt fest, welche Geschäfte der Vertreter für den Geschäftsherrn gegenüber dem Geschäftsgegner, also im **Außenverhältnis**, abschließen **kann**.
- Der Vollmacht liegt in aller Regel ein **Grundgeschäft** zugrunde, aus welchem sich ergibt, welche Geschäfte der Vertreter im **Innenverhältnis** gegenüber dem Vertretenen abschließen **darf**. Es kommt hierfür **jede Art von Verpflichtungsgeschäft** in Betracht, oft ist es ein Arbeits-, Dienst- oder Geschäftsbesorgungsvertrag und ansonsten ein konkludenter Auftrag. Möglich ist nach h.M. aber **auch** eine **isolierte Vollmacht**, bei der kein bzw. kein wirksames (s. Rn. 347 f.) Grundgeschäft besteht.[309]

346 Der Umfang der Vollmacht und des Grundgeschäfts sind im Idealfall **deckungsgleich**, sie können sich aber auch **unterscheiden**. Denkbar sind vier Konstellationen:

Hauptgeschäft des Vertreters mit der Gegenseite liegt ...		**„Können" im Außenverhältnis**	
		... innerhalb der Vollmacht	**... außerhalb der Vollmacht**
„Dürfen" im Innenverhältnis	**... innerhalb des Grundgeschäfts**	Hauptgeschäft wirksam (Rn. 408 ff.); Grundgeschäft eingehalten	„Vertreter" haftet der Gegenseite nach § 179, wenn „Vertretener" nicht genehmigt (§§ 177, 182, 184) (Rn. 433 ff.)
	... außerhalb des Grundgeschäfts	Hauptgeschäft grundsätzlich wirksam, Ausnahme: „Missbrauch der Vertretungsmacht" (Rn. 404 ff.); Wenn Hauptgeschäft wirksam, dann §§ 280 ff. im Innenverhältnis	„Vertreter" haftet der Gegenseite nach § 179, wenn „Vertretener" nicht genehmigt (§§ 177, 182, 184) (Rn. 433 ff.); theoretisch §§ 280 ff. im Innenverhältnis, der „Vertretene" hat aber i.d.R. keinen Schaden

Hinweis: *Die Erteilung einer **Innenvollmacht** (§ 167 Abs. 1 Var. 1) **fällt oft mit dem Abschluss des Grundgeschäfts zusammen**. Gleichwohl müssen Sie auch hier abstrahieren und trennen, ebenso wie Sie es bei Gleichzeitigkeit von Verpflichtung und Verfügung tun.*

309 BGH NJW 1990, 1721; wohl auch Staudinger/Schilken § 167 Rn. 2 m.w.N.; kritisch: Medicus/Petersen AT Rn. 949.

a) Unabhängigkeit der Entstehung vom Grundgeschäft

Grundsätzlich entsteht die Vollmacht **auch, wenn das Grundverhältnis nichtig** ist, solange nur die Voraussetzungen für das wirksame Entstehen der Vollmacht erfüllt sind. 347

Hingegen ist die **Vollmacht unwirksam**, wenn (auch) sie an einem **Nichtigkeitsgrund** krankt. Dies kann derselbe Nichtigkeitsgrund wie beim Grundverhältnis (**Fehleridentität**,[310] vgl. Rn. 30 ff.) oder ein anderer sein.

Ob **ausnahmsweise** das **nichtige Grundgeschäft** die im Übrigen **wirksame Vollmacht an ihrer Entstehung hindert**, ist umstritten: 348

- Manche[311] meinen, dass die Vollmacht in aller Regel nur dann entstehe, wenn das Grundverhältnis wirksam ist. Was nach **§ 168 S. 1** für das Erlöschen gelte, gelte als **allgemeiner Rechtsgedanke** auch für die Entstehung. Die h.M.[312] zieht hingegen aus § 168 S. 1 einen **Umkehrschluss** und verneint eine regelmäßige Abhängigkeit.
- Nach der h.M.[313] können allerdings **im Einzelfall** Vollmacht und Grundgeschäft zu einem **einheitlichen Rechtsgeschäft** verbunden sein und daher gemäß **§ 139** ihr rechtliches Schicksal teilen. Das mag eine Aufweichung des Abstraktionsprinzips sein,[314] diese ist aber vom Gesetzgeber in § 139 so angelegt (vgl. Rn. 29).

Beispiel: A beauftragt den 17-jährigen M mit der Veräußerung des Autos des A. –
I. Der **Auftrag** ist ohne Einwilligung des gesetzlichen Vertreters des M gemäß §§ 107, 108 schwebend unwirksam, weil M insofern nicht lediglich einen rechtlichen Vorteil erhält (vgl. §§ 662, 667).
II. Die **Vollmacht** ist alleine wegen der Nichtigkeit des Auftrags nach h.M. nicht automatisch nichtig (Umkehrschluss aus § 168 S. 1). Nach h.M. kann sie zwar im Einzelfall gemäß § 139 nichtig sein. Für ein einheitliches Geschäft von Auftrag und Vollmacht liefert aber der (denkbar knapp gefasste) Sachverhalt keine Anhaltspunkte. Schließlich ist sie auch nicht nach §§ 107, 108 unwirksam, denn sie begründet für M nur ein Recht und keinerlei Pflichten, sodass sie lediglich rechtlich vorteilhaft ist.

b) Weisungen im Innenverhältnis

Wenn der Vertretene dem Vertreter eine **Weisung hinsichtlich seines Auftretens** gegenüber der Gegenseite erteilt, dann kann dies bedeuten, 349

- dass **nur das Grundgeschäft** begrenzt wird, während die Vollmacht in weiterem Umfang entsteht bzw. fortbesteht, sodass also das **rechtliche Können weiter geht als das rechtliche Dürfen**, oder
- dass **auch die Vollmacht begrenzt** wird, sodass das **rechtliche Können und das rechtliche Dürfen sich decken**.

Welchen dieser Inhalte die Weisung hat, ist gemäß §§ 133, 157 durch **normative Auslegung** aus Sicht eines objektiven Dritten in der Position des Empfängers der Weisung zu ermitteln. Dabei entfalten die **Regelungen des Grundgeschäfts** – trotz der gebotenen Abstraktion – **Indizwirkung auch für die Auslegung der Vollmacht**.[315]

---

310 BGH, NJW 1990, 1721; Staudinger/Schilken § 167 Rn. 2; Soergel/Leptien § 167 Rn. 1; MünchKomm/Schramm § 168 Rn. 2; kritisch: Medicus/Petersen AT Rn. 949.

311 Medicus/Petersen AT Rn. 949.

312 Palandt/Ellenberger § 167 Rn. 4.

313 Palandt/Ellenberger § 167 Rn. 4; BGH NJW 2001, 3774.

314 Staudinger/Schilken Vorbem. zu §§ 164 ff. Rn. 33 m.w.N.

315 Wolf/Neuner § 50 Rn. 31.

Beispiel: G beauftragt V, den Pkw des V zu einem möglichst hohen Preis zu verkaufen. 3.000 € sollten es schon sein. V verkauft namens des G an K für 2.800 €. –
1. Die Auslegung der Weisung ergibt, dass sie jedenfalls nicht die **Vollmacht** betrifft. G hat nur eine Wunschvorstellung angegeben, was impliziert, dass er auch mit einem (nicht erheblich) geringeren Preis einverstanden war. Zwischen K und G, vertreten durch V, besteht mithin ein Kaufvertrag zu 2.800 €.
2. Jedoch schuldet V dem G gemäß § 280 Abs. 1 Schadensersatz, wenn man den Wunschpreis als verbindliche Weisung im **Innenverhältnis** ansieht. V hat diese Weisung in nicht von § 665 erlaubter Weise überschritten. Für diese Pflichtverletzung kann V sich auch nicht nach § 280 Abs. 1 S. 2 exkulpieren.

Gegenbeispiel: G beauftragt V, den Pkw für mindestens 3.000 € zu verkaufen. V verkauft für 2.800 €. – Die Auslegung ergibt, dass die Weisung auch die Vollmacht betrifft. G hat ohne Ausnahme den Mindestpreis festgelegt und damit gezeigt, dass er unterhalb von 3.000 € keinen Kaufvertrag wünscht.
1. V hat also außerhalb der Vollmacht gehandelt. G ist **nur gebunden, wenn er genehmigt** (§§ 177, 182, 184), wobei G dann V nach Maßgabe der §§ 280 ff. wegen Verletzung einer Pflicht aus dem Innenverhältnis in Anspruch nehmen kann.
2. Anderenfalls haftet V dem Käufer nach **§ 179**.

350 ***Hinweis:*** *Im* ***Handelsrecht*** *ist das* ***Außenverhältnis*** *hingegen* ***kaum beschränkbar*** *(§§ 50 Abs. 1, 54 Abs. 2 u. Abs. 3, 126 Abs. 2 HGB, § 37 Abs. 2 GmbHG). Dies bildet den Standardeinstieg in die Problematik des* ***Missbrauchs der Vertretungsmacht*** *(dazu Rn. 404 ff.).*

2. Art und Weise

351 Der Geschäftsherr und zu Vertretende kann die Vollmacht **konstitutiv** erteilen:[316]

- gegenüber dem Vertreter als **Innenvollmacht** (§ 167 Abs. 1 Var. 1),
- gegenüber dem Geschäftspartner als **Außenvollmacht** (§ 167 Abs. 1 Var. 2) und
- nach h.M. **nicht empfangsbedürftig öffentlich** (z.B. durch eine Zeitungsanzeige).

Hinweis: *Für die Entstehung der Vollmacht an sich spielt es keine Rolle, auf welchem der drei Wege sie erteilt wird. Ihre* ***Auslegung*** *und ihr* ***Erlöschen*** *bzw. das Erlöschen ihres Rechtsscheins* ***hängen*** *aber* ***von der Art ihrer Erteilung ab****, vgl. §§ 168 S. 3, 167 Abs. 1 und § 170.*

352 Die Mitteilung an einen Dritten, dass zuvor konstitutiv eine Innenvollmacht erteilt wurde (**nach außen kundgetane Innenvollmacht**), ist hingegen rein **deklaratorisch**.

Hinweis: *Auswirkungen kann diese Mitteilung im Rahmen des* ***§ 171*** *entfalten, s. Rn. 375 ff.*

3. Umfang

353 Der Geschäftsherr kann bei der Erteilung den Umfang der Vollmacht **grundsätzlich nach seinem Belieben festlegen**. Die Vollmacht kann erfassen:

- ein einzelnes Rechtsgeschäft (**Einzel- bzw. Spezialvollmacht**),
- die zu einem Bereich gehörenden Rechtsgeschäfte (**Gattungs- bzw. Artvollmacht**)
- oder alle Rechtsgeschäfte des Geschäftsherrn schlechthin (**Generalvollmacht**).

Klausurhinweis: *Üblicherweise müssen Sie nur prüfen, ob ein konkretes Geschäft von der Vollmacht erfasst ist. Es spielt dann keine Rolle, ob „noch" eine Einzelvollmacht oder „schon" eine Gattungsvollmacht vorliegt. Verwenden Sie auf die Abgrenzung also nicht unnötig Zeit.*

---

316 Palandt/Ellenberger § 167 Rn. 1.

Der Umfang der Vollmacht ist durch **Auslegung** nach den §§ 133, 157 zu ermitteln. Wie stets bei empfangsbedürftigen Willenserklärungen ist maßgeblich, wie ein **objektiver Dritter in der Position des Erklärungsempfängers**, d.h. der Vertragspartner (Außenvollmacht) bzw. der Vertreter (Innenvollmacht), die Bevollmächtigung verstehen durfte. **354**

Beispiele: Der Architekt, der ein Bauvorhaben für den Bauherren durchführen soll, ist zu den hierfür erforderlichen Rechtsgeschäften bevollmächtigt;[317] Eine Vollmacht umfasst im Zweifel nicht den Abschluss eines Geschäfts, nachdem der Vertreter vom Geschäftsgegner bestochen wurde;[318] Wer bevollmächtigt wird, ein Grundstück zu verkaufen, kann in der Regel nicht nur entsprechende Kaufverträge, sondern auch zwecks Einschaltung eines Maklers einen Maklervertrag abschließen.[319]

Handelsrechtliche Vollmachten haben hingegen einen ganz oder teilweise **gesetzlich zwingend festgelegten** Umfang, vgl. §§ 49, 54, 56 HGB.[320] **355**

Der **gute Glaube** an eine tatsächlich nicht bestehende Vollmacht wird **grundsätzlich nicht geschützt**. Der Geschäftsgegner trägt also grundsätzlich das Risiko ihres Fehlens. **356**

Ausnahmen: § 54 Abs. 3 HGB, §§ 170–173 sowie Rechtsscheinsvollmachten (s. Rn. 374 ff.)

4. Form

Grundsätzlich ist die Vollmacht – wie jedes Rechtsgeschäft, arg. e con. § 125 – **formlos** wirksam. Das gilt gemäß § 167 Abs. 2 selbst bei formbedürftigen Hauptgeschäften. **357**

Hinweis: *Die* ***Erklärung, die der Vertreter namens des Geschäftsherrn abgibt,*** *muss aber natürlich das* ***Formerfordernis des Hauptgeschäfts wahren****!*

In folgenden Fällen bedarf aber die **Vollmacht ausnahmsweise** einer **Form:**

- Die Parteien vereinbaren **rechtsgeschäftlich** ein Formerfordernis (vgl. § 125 S. 2). **358**
- Das **Gesetz** schreibt eine Form vor. Dabei ist zu unterscheiden: **359**
  - Die Einhaltung der Form ist **materiell-rechtliche Wirksamkeitsvoraussetzung**, sodass bei Missachtung die Vollmacht gemäß § 125 S. 1 **unwirksam** ist.

    Beispiele: § 492 Abs. 4 S. 1; § 1484 Abs. 2; § 1945 Abs. 3; § 2 Abs. 2 GmbhG; § 47 Abs. 3 GmbHG
  - Die Vollmacht ist zwar **formlos wirksam**, allerdings wird sie **verfahrensrechtlich** von einer staatlichen Stelle **nur bei Wahrung der Form anerkannt**.

    Beispiele: § 80 ZPO; § 29 GBO; § 12 Abs. 2 HGB
- **Formerfordernisse für das Hauptgeschäft**, die eine **Warn- und Schutzfunktion** haben, schlagen durch.[321] Anerkannt sind als examensrelevante Fallgestaltungen: **360**
  - Für Hauptgeschäfte, die unter **§ 311 b Abs. 1 S. 1** fallen, muss eine Vollmacht notariell beurkundet sein, wenn sie **unwiderruflich** oder wenn der Geschäftsherr aus anderem Grund bereits vor Abschluss des Hauptgeschäfts **faktisch gebunden** ist.

---

317 BGH NJW 1960, 859.

318 BGH NJW 1999, 2266.

319 BGH NJW 1988, 3012.

320 Näher zu diesen Vollmachten AS-Skript Handelsrecht (2019), Rn. 118 ff.

321 Vgl. zum Folgenden insgesamt Palandt/Ellenberger § 164 Rn. 2 m.w.N.; vgl. zum Zweck der Formerfordernisse AS-Skript BGB AT 2 (2019), Rn. 152.

Beispiel:[322] E ist Eigentümer eines Grundstücks. Er bevollmächtigt V unter Befreiung von der Beschränkung des § 181, einen Kaufvertrag namens des E mit sich selbst – V – zu schließen. –
V kann jederzeit und ohne weitere Mitwirkung den E kaufvertraglich binden, also muss die Vollmacht notariell beurkundet werden.

- Bei **formbedürftigen Bürgschaftserklärungen** (s. § 766 S. 1, beachte aber § 350 HGB) bedarf die Vollmacht der Form des § 766 (s. dazu bereits Rn. 109).

Die **h.M. lehnt weitere Ausnahmen** im Bereich der examensrelevanten Regelungen **ab**, obgleich auch z.B. §§ 518, 780, 781 den Zweck haben, zu warnen und zu schützen. Dafür spricht, dass mit jeder weiteren Ausnahme die Entscheidung des Gesetzgebers, grundsätzlich die formgemäße Warnung des Vertreters bei Abschluss des Hauptgeschäfts genügen zu lassen, ausgehöhlt würde. Gleichwohl wird **teilweise** vertreten, dass die Vollmacht schlechthin immer formbedürftig sei, wenn das Formerfordernis für das Hauptgeschäft einen Warn- und Schutzzweck habe,[323] oder wenn der Vertreter mit gebundener Marschroute ohne eigenen Entscheidungsspielraum (also ohne Anlass zum kritischen „Mitdenken" und zum Beachten von formgemäßen Warnungen) handele.[324]

II. Erlöschen der Vollmacht

361 Die Vollmacht erlischt **insbesondere**, wenn

- das **Grundgeschäft erlischt** (§ 168 S. 1, dazu 1.),
- die Vollmacht einseitig **widerrufen** wird (§§ 168 S. 2 u. S. 3, 167 Abs. 1, dazu 2.) oder
- wenn die Vollmacht **angefochten** wird (§ 142 Abs. 1, dazu 3.).

Ferner kommen als Erlöschensgründe in Betracht:

- Erlöschen nach dem **Inhalt der Vollmacht**,

  Beispiele: auflösende Bedingung/Befristung der Vollmacht (§§ 158 Abs. 2, 163); „Verbrauch" der Spezialvollmacht durch Abschluss des Geschäfts; Unmöglichkeit des Abschlusses des Geschäfts

- nach h.M. **einseitiger Verzicht** des Bevollmächtigten,[325]
- nachträgliche **Geschäftsunfähigkeit** des Bevollmächtigten (arg. e § 165) und
- **Insolvenzverfahren** über das Vermögen des Geschäftsherrn, § 117 InsO.

1. Abhängigkeit vom Grundgeschäft, § 168 S. 1

362 Mit der **Beendigung des Grundgeschäfts erlischt die Vollmacht**, § 168 S. 1. Wenn das rechtliche Dürfen gänzlich beseitigt ist, dann soll auch das rechtliche Können keinen Bestand mehr haben.

363 **Typische Examensprobleme** hierzu liefern die §§ 169, 672-674, 729. Im Ergebnis teilen aber auch hier das Grundgeschäft und die Vollmacht dasselbe Schicksal:

- Mit dem **Tod des Auftraggebers alias Geschäftsherrn** bleiben im Zweifel gemäß **§ 672 S. 1** das Grundgeschäft und die Vollmacht als **transmortale Vollmacht** bestehen. Im Zweifel will der Vollmachtgeber, dass das Hauptgeschäft abgeschlossen

---

322 Nach BGH NJW 1996, 1467.

323 Staudinger/Schilken § 167 Rn. 20.

324 In diese Richtung wohl Medicus/Petersen AT Rn. 929.

325 Staudinger/Schilken § 168 Rn. 18.

wird, auch wenn er vor dem Abschluss stirbt. Nur in atypischen Fällen erlischt der Auftrag und daher gemäß § 168 S. 1 auch die Vollmacht.

Davon zu unterscheiden ist die **postmortale Vollmacht**, die ihre Wirkung nicht sofort, sondern aufschiebend befristet (§§ 158 Abs. 1, 163) erst ab dem Tod des Vollmachtgebers entfalten soll.[326]

- Gemäß **§ 673 S. 1** erlischt hingegen mit dem **Tod des Beauftragten alias Bevollmächtigten** im Zweifel der Auftrag und daher gemäß § 168 S. 1 auch die Vollmacht. Der Vollmachtgeber will im Zweifel nicht, dass die Erben des Bevollmächtigten für ihn auftreten können und dürfen.

Keine Zweifel bestehen aber regelmäßig, wenn die **Vollmacht ausschließlich im Interesse des Bevollmächtigten** erteilt wird. Dann bleiben beide Geschäfte bestehen.

Beispiel:[327] E ist Eigentümer eines Grundstücks. Er bevollmächtigt den X unter Befreiung von § 181 und unter Beachtung der daher erforderlichen Form des § 311 b Abs. 1 (vgl. Rn. 360), das Grundstück an sich selbst aufzulassen. X stirbt. –
Der Auftrag besteht ausnahmsweise fort. Daher erlischt auch die Vollmacht nicht. Die Erben des X dürfen und können die Auflassung zu ihren Gunsten erklären. Wäre X bei seinem Tod schon Eigentümer gewesen, wären die Erben nach § 1922 ebenfalls Eigentümer geworden.

- Gemäß **§§ 674, 729** wird in **sonstigen Fällen** das **Fortbestehen des Innenverhältnisses** regelmäßig zugunsten des Beauftragten bzw. des geschäftsführenden Gesellschafters **fingiert**, bis dieser vom Erlöschen Kenntnis erlangt oder es kennen muss (§ 122 Abs. 2). **§ 169** überträgt diese Regelung zugunsten des Geschäftsgegners auf das **Außenverhältnis**, solange dieser das Erlöschen nicht kennt oder kennen muss.

2. Widerruf der Vollmacht, § 168 S. 2 u. 3

Gemäß § 168 S. 2 Hs. 1 kann die Vollmacht auch **bei Fortbestehen des Grundgeschäfts** durch **Widerruf des Vollmachtgebers mit Wirkung für die Zukunft** erlöschen. 364

Beispiel: K ist zufrieden mit seinem Angestellten A. Den Arbeitsvertrag will K nicht kündigen. K setzt A aber fortan im begehrten Innendienst ein und entzieht A die nur im Außendienst benötigte Vollmacht.

Der Widerruf erfolgt durch **einseitige, empfangsbedürftige Willenserklärung**.

Für den Widerruf gelten natürlich die Regeln über Willenserklärungen, er ist z.B. **anfechtbar**.[328]

Gemäß § 168 S. 3 gilt § 167 Abs. 1 entsprechend. Danach kann die Vollmacht **sowohl gegenüber dem Bevollmächtigten als auch gegenüber dem Geschäftspartner** widerrufen werden. Das gilt nach h.M. unabhängig davon, wem gegenüber die Vollmacht erteilt worden ist.[329] Der Geschäftspartner wird durch die §§ 170 ff. geschützt.

Beispiel: G erteilt V eine Außenvollmacht (§ 167 Abs. 1 Var. 2), indem G dem P schreibt, V sei berechtigt, für G Waren einzukaufen. Bevor V tätig wird, kommt es zu Unstimmigkeiten. G sagt zu V, er dürfe ab sofort nicht mehr mit P kontrahieren. V kauft dennoch bei P im Namen des G ein. –
Die Außenvollmacht des V (§ 167 Abs. 1 Var. 2) ist durch Widerruf gegenüber V erloschen (§§ 168 S. 3, 167 Abs. 1 Var. 1). Gleichwohl hat V den G wirksam kraft Rechtsscheins vertreten. G hat P das Erlöschen nicht angezeigt (§ 170). P kannte es nicht und hätte es nicht kennen müssen (§§ 173, 122 Abs. 2).

326 Vgl. dazu MünchKomm/Schubert § 168 Rn. 47 ff.
327 Nach Staudinger/Schilken § 168 Rn. 19.
328 BGH RÜ 2017, 613.
329 Palandt/Ellenberger § 168 Rn. 5.

365 Gemäß § 168 S. 2 Hs. 2 kann sich aber **aus dem Grundgeschäft** die gänzliche oder teilweise („sofern") **Unwiderruflichkeit** der Vollmacht ergeben („ein anderes ergibt"). Ein einseitiger Verzicht auf das Widerrufsrecht genügt hingegen nicht („aus diesem").

Beispiel: Wer einen Auftrag unter Abbedingung des § 671 Abs. 1 unwiderruflich erteilt, der will in der Regel auch die korrespondierende Vollmacht unwiderruflich erteilen.

Doch kann die Widerruflichkeit der Vollmacht nach h.M. nur dann wirksam ausgeschlossen oder beschränkt werden, wenn **der Bevollmächtigte oder ein Dritter ein besonderes Interesse an der Bevollmächtigung** hat, das dem Interesse des Vollmachtgebers an der Widerruflichkeit zumindest gleichwertig ist. Bei einer ausschließlich oder überwiegend im Interesse des Vollmachtgebers erteilten Vollmacht ist eine Unwiderruflichkeitsklausel zum Schutz seiner eigenen Privatautonomie dagegen unwirksam.[330]

Beispiel: G hat V ein Grundstück verkauft. G erteilt V unwiderruflich unter Befreiung vom Verbot des § 181 die Vollmacht, das Grundstück an sich selbst aufzulassen. –
Als Käufer hat V ein Eigeninteresse an der Unwiderruflichkeit der Auflassungsvollmacht, während G aufgrund des Kaufvertrags i.V.m. § 433 Abs. 1 S. 1 Var. 2 ohnehin zur Auflassung verpflichtet ist und daher nicht schutzbedürftig ist. Die Klausel ist daher wirksam. Die Vollmacht ist unwiderruflich.

Auch eine hiernach **unwiderrufliche Vollmacht** kann aber stets **analog §§ 626, 723 aus wichtigem Grund** widerrufen werden.[331]

3. Anfechtung der Vollmacht

366 Wie jede Willenserklärung ist die Vollmachterteilung **prinzipiell** mit Wirkung des § 142 Abs. 1 **anfechtbar**, soweit die Anfechtungsvoraussetzungen[332] vorliegen.

Das Anfechtungsrecht steht **neben dem Widerrufsrecht** des § 168 S. 2. Daher kann auch eine widerrufliche Vollmacht angefochten werden. Das ist aber allenfalls ratsam, wenn es auf die ex-tunc-Wirkung der Anfechtung ankommt. Ansonsten ist der Widerruf das einfachere und sichere Mittel, denn er ist ohne Grund möglich und löst keine Schadensersatzpflicht (vgl. § 122) aus.

Zu unterscheiden sind zwei **Zeiträume:**[333]

- **Vor Abschluss des Hauptgeschäfts** besteht kein zu schützendes Vertrauen des Geschäftsgegners, daher gelten uneingeschränkt die normalen Regeln. Insbesondere ist gemäß § 143 Abs. 3 S. 1 die Innenvollmacht gegenüber dem Bevollmächtigten und die Außenvollmacht gegenüber dem Geschäftsgegner anzufechten.
- **Nach Abschluss des Hauptgeschäfts** vertraut der Geschäftsgegner auf dessen Bestand. Die Beseitigung der Vollmacht ex tunc gemäß § 142 Abs. 1 beseitigt auch das Hauptgeschäft und verletzt das Vertrauen. Die normalen Regeln werden modifiziert:

---

330 Palandt/Ellenberger § 168 Rn. 6; MünchKomm/Schubert § 168 Rn. 23.
331 Staudinger/Schilken § 168 Rn. 14.
332 Ausführlich zur Anfechtung AS-Skript BGB AT 2 (2019), Rn. 212 ff.
333 Vgl. zum Folgenden MünchKomm/Schubert § 167 Rn. 45 ff. m.w.N.

Fall 20: Rückwirkend ohne Vertretungsmacht

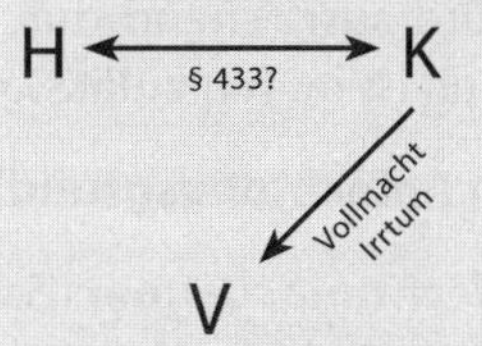

K bittet V per E-Mail, für ihn bei H einen antiken Schrank (objektiver Wert: 13.000 €) für bis zu 15.200 € zu kaufen. Dabei hat sich K vertippt, er wollte, dass V 12.500 € nicht überschreitet. V kauft den Schrank im Namen des K für 13.400 €. Als H bei Lieferung Zahlung verlangt, ficht K unverzüglich gegenüber V und H den Kaufvertrag und die Vollmacht an. H hätte den Schrank für 13.300 € an den inzwischen nicht mehr interessierten D verkaufen können. Zudem hatte H Kosten i.H.v. 100 € für den Transport und i.H.v. 50 € für die nicht wiederverwendbare Verpackung. Rechtslage?

A. Die Ansprüche des **H gegen K aus § 433 Abs. 2** bestehen nicht, wenn K durch ge- 367
mäß § 142 Abs. 1 rückwirkende **Anfechtung** entweder die **Kauferklärung** des V oder zumindest die **Vollmacht** des V beseitigt hat. In beiden Fällen würde das Handeln des V keine Wirkung mehr für und gegen K gemäß § 164 Abs. 1 entfalten. Als Anfechtungsgrund kommt in beiden Fällen nur das Vertippen des K als **Erklärungsirrtum i.S.d. § 119 Abs. 1 Var. 2** in Betracht.

Hinweis: *Auch bei der Anfechtung sind **Vollmacht und Hauptgeschäft zu trennen**. Das wird häufig übersehen, wenn es anders als hier nicht deutlich im Sachverhalt steht.*

I. Die **Kauferklärung** könnte anfechtbar sein. Das Vertippen ist aber ein **Willens-** 368
mangel, und bei diesen ist gemäß **§ 166 Abs. 1** (näher Rn. 410 ff.) grundsätzlich auf die Person des **Vertreters** abzustellen. V vertippte sich aber nicht, er wollte vielmehr zu 13.400 € kaufen und erklärte dies auch so dem H.

§ 166 Abs. 2 (näher Rn. 428 ff.) stellt zwar auf den **Vertretenen** ab, jedoch nur bezüglich zu kennenden Umständen und **nicht bezüglich** des hier in Rede stehenden **Willensmangels**. Auf Willensmängel ist die Norm nach h.M. – abgesehen vom Fall der hier nicht vorliegenden arglistigen Täuschung i.S.d. § 123 Abs. 1 Var. 1 – auch **nicht analog** anzuwenden. Das eröffnet auch keine Regelungslücke, denn der Vertretene wird durch die Anfechtbarkeit der Vollmacht geschützt.[334]

Hinweis: *Wer mit der h.M. die Anfechtung des Kaufvertrags ablehnt, weil die Vollmacht anfechtbar sei, der muss dies natürlich unter II. auch zulassen. Auch beim Anfechtungsgegner sowie bei § 122 und § 179 muss ein **rundes Gesamtbild** entstehen.*

II. K könnte die **Erteilung der Vollmacht** angefochten haben. 369

1. Die Anfechtung der Vollmachtserteilung wird **vereinzelt** für **unzulässig** gehalten.[335] Der Schutz des Vertretenen müsse hinter dem Schutz des Vertreters und des Geschäftsgegners, die den Willensmangel nicht erkennen konnten, zurücktreten. Konnten sie ihn erkennen, so lasse sich mit den Regeln über den Missbrauch der Vertretungsmacht (Rn. 404 ff.) ein gerechtes Ergebnis erzielen.

   Die **h.M.**[336] weist zu Recht darauf hin, dass auch bei einem Irrtum hinsichtlich der Vollmachtserteilung kein Grund besteht, von der Regel abzuweichen, dass

---

334 Wolf/Neuner § 50 Rn. 25.

335 Brox JA 1980, 449, 451 f.

336 Palandt/Ellenberger § 167 Rn. 3; Schwarze JZ 2004, 588, 595.

jedes Rechtsgeschäft (vorbehaltlich §§ 121, 124) unabhängig davon anfechtbar ist, ob der Rechtsverkehr den Anfechtungsgrund erkennen konnte. Das Vertrauen kenntnisloser Personen in die Vollmacht wird ausreichend durch § 122 geschützt. Die Anfechtung der Vollmachtserteilung ist mithin **zulässig**.

2. Das Verschreiben ist für K gemäß § 119 Abs. 1 Var. 2 ein **Anfechtungsgrund**.

370 3. Zweifelhaft ist, wer bei Anfechtung einer Vollmacht **Anfechtungsgegner** i.S.d. § 143 Abs. 1 ist. Teilweise wird nach der **Grundregel** des § 143 Abs. 3 S. 1 bei der Außenvollmacht der Geschäftsgegner und bei der Innenvollmacht – wie vorliegend – der Vertreter (hier V) als richtiger Anfechtungsgegner angesehen.[337] Nimmt man aber § 143 Abs. 3 S. 1 wörtlich („vorzunehmen war" und nicht „vorgenommen wurde"), so ließe sich dem Vertretenen wie bei der Erteilung nach § 167 Abs. 1 ein **Wahlrecht** einräumen,[338] sodass K gegenüber V oder H anfechten könnte. Da die Folgen des Hauptgeschäfts letztlich **gegenüber dem Geschäftsgegner** (hier: H) beseitigt werden sollen und daher primär ihn die Wirkungen der Anfechtung treffen, ließe sich schließlich vertreten, dass auch eine Innenvollmacht ihm gegenüber angefochten werden muss.[339]

K hat sowohl V als auch H gegenüber die Anfechtung erklärt, sodass er nach allen Ansichten den richtigen Anfechtungsgegner gewählt hat.

4. Mit seiner unverzüglichen **Erklärung** hat K die **Frist** des § 121 Abs. 1 gewahrt.

Die Vollmacht ist nach § 142 Abs. 1 von Anfang an entfallen. Die Willenserklärung des V wirkt nicht gemäß § 164 Abs. 1 für und gegen K. Zwischen H und K besteht kein Kaufvertrag, daher hat H gegen K keinen Anspruch aus § 433 Abs. 2.

371 B. H könnte gegen K einen **Schadensersatzanspruch aus § 122** haben.

I. Zweifelhaft ist, ob H (und nicht V) dieser Anspruch zusteht. Gemäß § 122 Abs. 1 ist nämlich der **Anfechtungsgegner Inhaber des Anspruchs**.

Sieht man daher den **Geschäftsgegner** (hier: H) als Anfechtungsgegner an, so ist er auch Inhaber des Anspruchs. Hält man hingegen den **Vertreter** (hier: V) für den Anfechtungsgegner, so ist er Inhaber des Anspruchs. Letzterer könnte dann insbesondere den Schaden vom Vertretenen (hier: K) ersetzt verlangen, den er dadurch erleidet, dass ihn der Geschäftsgegner aus § 179 in Anspruch nimmt.

Diese **Anspruchskette** (Geschäftsgegner [H] gegen Vertreter [V] gemäß § 179 und sodann Vertreter [V] gegen Vertretenen [K] aus § 122) wird überwiegend für **nicht interessengerecht** gehalten. Sie bürdet dem Geschäftsgegner [H] das Risiko der Insolvenz des Vertreters [V] auf, obwohl er sich den Vertreter nicht ausgesucht hat. Die h.M. räumt daher **dem Geschäftsgegner analog § 122 einen unmittelbaren Ersatzanspruch gegen den Vertretenen** ein, soweit der Vertreter der Anfechtungsgegner und daher nach dem Wortlaut des § 122 der Inhaber des

---

337 Palandt/Ellenberger § 143 Rn. 6; Staudinger/Schilken § 167 Rn. 79.

338 Jauernig/Mansel § 167 Rn. 11.

339 Staudinger/Roth § 143 Rn. 35; Medicus/Petersen BR Rn. 96.

Anspruchs ist.[340] Der Vertretene hat sich für die Vollmachtserteilung entschieden und hatte ihr fehlerfreies Gelingen in der Hand. Dann soll er auch für ihre Fehlerhaftigkeit im Außenverhältnis gegenüber dem Geschäftsgegner haften.

H hat daher gegen K einen Schadensersatzanspruch aus § 122 (je nach Person des Anfechtungsgegners: analog).

II. H **kannte** die Anfechtbarkeit nicht und **musste sie nicht kennen**, § 122 Abs. 2.

III. Der Anspruch richtet sich auf Ersatz des **Vertrauensschadens** (**negatives Interesse**). H ist so zustellen, wie er stünde, wenn er nicht auf die Wirksamkeit des Geschäfts mit K vertraut hätte. Dann hätte H den Schrank für 13.300 € an D verkauft. Allerdings schuldet H aufgrund der Anfechtung dem K den Schrank nicht mehr, sodass H den Schrank nochmal veräußern (oder behalten) kann und sich daher seinen objektiven Wert i.H.v. 13.000 € anrechnen lassen muss, sodass 300 € verbleiben. Hinzu kommen Kosten i.H.v. von 150 € für die Fahrt und die nicht wiederverwendbare Verpackung, die H ebenfalls nicht entstanden wären, wenn er nicht auf den Vertrag mit K vertraut hätte. Der Vertrauensschaden beträgt also 450 €. **372**

Der Anspruch ist aber gemäß § 122 Abs. 1 a.E. **auf die Höhe des Erfüllungsschadens (positives Interesse) gedeckelt**. Das ist der Schaden, den H dadurch erleidet, dass der Kaufvertrag mit K nicht wirksam ist. H hätte von K einen Gewinn von 400 € (13.400 € - 13.000 €) erhalten. Daher kann H von K nur 400 € verlangen.

C. **Daneben** könnte H nach seiner Wahl einen **Erfüllungs- oder Schadensersatzanspruch aus § 179 Abs. 1** gegen V haben, denn V handelte – aufgrund der rückwirkenden Anfechtung der Vollmacht – als **Vertreter ohne Vertretungsmacht**. **373**

I. Jedoch kannte V bei Kaufvertragsabschluss weder die noch bevorstehende Anfechtung der Vollmacht, noch ihre bereits bestehende Anfechtbarkeit. Daher ist der Anspruch gemäß **§§ 179 Abs. 2, 142 Abs. 2** auf **denselben Inhalt wie der Anspruch aus § 122 (analog)** gerichtet. V schuldet H 400 € aus § 179 Abs. 2.

II. Ein **Grundsatz des Schadensrechts** ist, dass der Geschädigte sich nicht durch eine **Überkompensation** des Schadens bereichern darf. Daher kann H nicht sowohl von K aus § 122 analog als auch von V aus § 179 jeweils 400 € verlangen.

Würden K und V als **Gesamtschuldner** i.S.d. § 421 haften, so könnte H insgesamt nur 400 € verlangen, aber nach seiner Wahl von V und/oder K.[341] Da aber **K** durch sein Verschreiben und seine Anfechtungserklärung **den Schaden des H verursacht** hat, während **V** sich **unverschuldet** dem Anspruch aus § 179 ausgesetzt sieht, ist es gerechter, eine Überkompensation zu verhindern, indem ein Anspruch nur gegen K bejaht und gegen V verneint wird.[342]

H hat daher keinen Anspruch gegen V aus § 179.

---

340 Palandt/Ellenberger § 167 Rn. 3; Staudinger/Schilken § 167 Rn. 82.

341 So die Lösung nach MünchKomm/Schubert, § 167 Rn. 53; ausführlich zur Gesamtschuld AS-Skript Schuldrecht AT 2 (2018), Rn. 474 ff.

342 So die Lösung nach Wolf/Neuner § 50 Rn. 26.

B. Vertretungsmacht kraft guten Glaubens bzw. kraft Rechtsscheins

374 **Grundsätzlich wird derjenige, der an einen nicht bestehenden Umstand glaubt, nicht geschützt.** Im Rechtsverkehr muss jede Person in eigener Verantwortung in Erfahrung bringen, ob die von ihr angenommenen Umstände der Wahrheit entsprechen. Der **gute Glaube an die Vollmacht** ist aber **ausnahmsweise** beachtlich. Drei Fallgruppen sind im BGB AT normiert, sie werden nachfolgend dargestellt.

Hinweis: *Die folgenden Fälle sind normierte (I.) bzw. richterrechtlich anerkannte (II. und III.)* ***Ausprägungen der allgemeinen Rechtsscheinhaftung nach § 242****. Diese erfordert einen von der objektiven Rechtslage abweichenden* ***Rechtsschein****, seine* ***zurechenbare Setzung*** *und das* ***schutzwürdige Vertrauen der gutgläubigen Gegenseite****.*

Hinweis: *Eine vierte Fallgruppe ergibt sich aus* ***§ 366 Abs. 1 HGB****. Dieser betrifft nach seinem Wortlaut zwar nur eine* ***Verfügung des Nichtberechtigten****, der* ***im eigenen Namen*** *verfügt und vermeintlich nach § 185 Abs. 1 ermächtigt ist (****Merke: „§ 366 Abs. 1 HGB schützt den guten Glauben an § 185 Abs. 1 BGB.“****).[343] Nach umstrittener Ansicht wird er aber auf* ***Verpflichtungen und/oder Verfügungen des im fremden Namen ohne Vertretungsmacht*** *Auftretenden* ***analog*** *angewendet. Näher dazu im AS-Skript Handelsrecht.[344]*

Hinweis: *Eine fünfte Fallgruppe ergibt sich aus* ***§ 899a BGB****. Dieser schützt (h.M.: nur) hinsichtlich* ***Verfügungen*** *den guten Glauben an den* ***Gesellschafterbestand einer GbR*** *und daher – angesichts der Vertretungsregelung in §§ 714, 709 Abs. 1 – mittelbar an die* ***Vertretungsmacht der im Namen der GbR Handelnden****.[345]*

I. §§ 170–173

375 Der an eine Vollmacht Glaubende wird in folgenden Fällen **kraft Gesetzes** geschützt:

- Eine **Außenvollmacht** wurde ihm gegenüber zunächst wirksam erteilt und ist zwischenzeitlich wieder ex nunc (also nicht durch Anfechtung)[346] erloschen, ohne dass ihm dies angezeigt wurde (§§ 167 Abs. 1 Var. 2, 170).
- Ihm wurde durch Mitteilung des Vertretenen oder durch Vorlage einer von diesem erstellten Vollmachtsurkunde kundgetan, dass der Vertretene einem Vertreter Innenvollmacht erteilt habe (§§ 171 Abs. 1, 172 Abs. 1, **nach außen kundgetane Innenvollmacht**, s. Rn. 351). In diesem Fall bleibt die benannte Person zur Vertretung berechtigt, bis die Kundgabe widerrufen bzw. die Vollmachtsurkunde zurückgegeben oder für kraftlos erklärt wurde (§§ 171 Abs. 2, 172 Abs. 2).

Kein Schutz ist hingegen geboten, wenn der Empfänger der Mitteilung nicht an eine Vollmacht glaubte oder glauben durfte. § 173 bestimmt daher, dass die vorgenannten Normen (über den Wortlaut hinaus auch ihr erster Absatz)[347] nicht greifen, wenn der Empfänger **im Zeitpunkt der Vornahme des Hauptgeschäfts** das Erlöschen der Vollmacht **kannte oder kennen musste** (§ 122 Abs. 2).

343 Näher zu § 185 Rn. 467 ff. und AS-Skript Sachenrecht 1 (2018) Rn. 145 f.
344 AS-Skript Handelsrecht (2019) Rn. 257 ff.
345 Näher AS-Skript Sachenrecht 2 (2019) Rn. 116 ff. und AS-Skript Gesellschaftsrecht (2018) Rn. 259.
346 Staudinger/Schilken § 170 Rn. 2; MünchKomm/Schubert § 170 Rn. 7.
347 Medicus/Petersen AT Rn. 946.

Ob die **Anfechtung der Kundgabe bzw. Urkundsvorlage** nach §§ 171, 172 zulässig ist, hängt maßgeblich von **drei Punkten** ab: 376

- Teilweise wird vertreten, es handele sich um **rechtsgeschäftlich erteilte Vollmachten.**[348] Dann wäre eine Anfechtung unproblematisch möglich. Die h.M.[349] hält die Kundgabe bzw. Vorlage hingegen für bloße **Wissenserklärungen** und die Normen für **Rechtsscheinstatbestände** (§ 171 Abs. 1 „bevollmächtigt habe", „ist befugt"). 377

  Im Fall des **§ 170** gibt es hingegen nur einen Akt, nämlich die Erteilung der Außenvollmacht. Diese Erteilung ist anfechtbar (Rn. 366 ff.), dann greift aber, wie in Rn. 375 ausgeführt, § 170 ohnehin nicht.

- **Manche**[350] halten **Rechtsscheinstatbestände generell nicht für anfechtbar**. Gemäß § 142 Abs. 1 seien nur Rechtsgeschäfte anfechtbar. Bei Rechtsscheinstatbeständen würden aber nur Rechtsgeschäft fingiert (hier: das Bestehen der Vollmacht), die objektiv-rechtlich nicht (mehr) bestünden. Diese generelle Überlegung wird teilweise auch auf die §§ 171, 172 übertragen. 378

  Die ganz h.M.[351] hält aber eine **Anfechtung (zumindest) der Rechtsscheinstatbestände der §§ 171, 172 für zulässig**. Der bloße Rechtsschein einer Innenvollmacht dürfe nicht stärker binden als eine tatsächlich erteilte und unstreitig anfechtbare Außenvollmacht. Zudem setze letztlich auch jede empfangsbedürftige Willenserklärung einen Rechtsschein, weil im Rahmen ihrer Auslegung der (vermeintliche) innere Wille des Erklärenden anhand des (möglicherweise abweichenden) objektiven Erklärungsgehalts bestimmt werde. Zudem beruhten speziell die Rechtsscheine der §§ 171, 172 auf der Kundgabe bzw. auf der Aushändigung der Vollmachtsurkunde. Dies seien zwar keine Rechtsgeschäfte, aber **geschäftsähnliche Handlungen** (Begriff: Rn. 266). Auf solche fänden anerkanntermaßen die Vorschriften für Rechtsgeschäfte entsprechende Anwendung, also auch die Anfechtungsregeln.

- Hält man die Anfechtung für zulässig, so muss natürlich ein **Anfechtungsgrund** nach §§ 119, 120, 123 bestehen. Der bloße **Irrtum über die Auswirkung** der Kundgabe bzw. Aushändigung ist ein **Motivirrtum über die Rechtsfolgen** der §§ 171 bis 173. Er ist, wie grundsätzlich jeder Motivirrtum, **kein Anfechtungsgrund.**[352] 379

  Der Kundgebende muss also **beispielsweise** bedroht worden sein (§ 123 Abs. 1 Var. 2) oder sich hinsichtlich der Bezeichnung der erfassten Kaufsache geirrt haben (§ 119 Abs. 1).

II. Duldungsvollmacht

Eine Duldungsvollmacht hat folgende **ungeschriebene Voraussetzungen:**[353] 380

- Der **Rechtsschein** einer Vollmacht wird **erzeugt**, indem jemand – regelmäßig wiederholt und für gewisse Dauer – rechtsgeschäftlich in fremdem Namen auftritt.

---

348 Teilweise Staudinger/Schilken § 171 Rn. 3; § 172 Rn. 2.

349 MünchKomm/Schubert § 170 Rn. 1; Palandt/Ellenberger § 173 Rn. 1.

350 Jauernig/Mansel §§ 170–173 Rn. 7.

351 Wolf/Neuner § 50 Rn. 79; MünchKomm/Schubert § 171 Rn. 9; Medicus/Petersen AT Rn. 947; Staudinger/Schilken § 171 Rn. 9; Staudinger/Singer § 119 Rn. 118; Canaris S. 35 f., 455.

352 Palandt/Ellenberger § 172 Rn. 16; Staudinger/Schilken § 171 Rn. 9; differenzierend zur Anfechtbarkeit von Motivirrtümern und Rechtsfolgenirrtümern AS-Skript BGB AT 2 (2019) Rn. 259 ff.

353 Palandt/Ellenberger § 172 Rn. 9; BGH RÜ 2007, 233.

- Der **Namensträger** hat **Kenntnis**, dass ein anderer für ihn **wie ein Vertreter** auftritt **und duldet** dies, d.h. er schreitet nicht dagegen ein, obwohl ihm das möglich wäre.

  Ist eine **Vollmacht nichtig**, dann liegt aus Sicht des Vertretenen nur dann ein Auftreten „wie ein Vertreter" vor, wenn der **Vertretene die Nichtigkeit kennt oder kennen muss**. Ansonsten erfolgt der Auftritt „als Vertreter"; dann ist nicht die Duldungsvollmacht, sondern §§ 177, 179 einschlägig.[354]

- Der **Geschäftsgegner** muss das Dulden des Vertretenen nach Treu und Glauben dahin verstehen dürfen, dass der als Vertreter Handelnde bevollmächtigt ist, d.h. er darf die fehlende Vollmacht **nicht kennen oder kennen müssen** (§ 122 Abs. 2).

Beispiel: V ist von G beauftragt, Kaufverträge im Normalfall nur zu vermitteln. In mehreren Eilfällen hat V aber direkt Kaufverträge namens G abgeschlossen und G hat jeweils nach § 177 genehmigt. – V ist ohne Vertretungsmacht wiederholt für G aufgetreten. G wusste dies und hat es nicht nur geduldet, sondern sogar genehmigt. Für einen Käufer ist nicht erkennbar, dass V nicht bevollmächtigt ist.

381 Manche[355] sehen die Duldungsvollmacht als konkludent erteilte **rechtsgeschäftliche Vollmacht**. Die wohl h.M.[356] verweist darauf, dass ein Dulden wie ein Schweigen keine Willenserklärung beinhalte, sodass ein **Rechtsscheinstatbestand** vorliege.

Wie bei den §§ 171, 172 (Rn. 376 ff.) knüpft daran die Frage an, ob die **Anfechtung der Duldungsvollmacht** – bei tauglichem Anfechtungsgrund – **zulässig** ist.[357] Die Befürworter einer rechtsgeschäftlichen Vollmacht bejahen dies konsequent. Nimmt man mit der h.M. einen Rechtsscheinstatbestand an, dann kommen zunächst die Argumente aus Rn. 378 zum Zuge. Gegen die Anfechtbarkeit spricht allerdings zudem, dass das bloße Dulden nicht einmal eine geschäftsähnliche Handlung ist.

III. Anscheinsvollmacht

382 Die Anscheinsvollmacht als quasi **fahrlässige Duldungsvollmacht** erfordert Ähnliches.

Fall 21: Die teure Werbeagentur

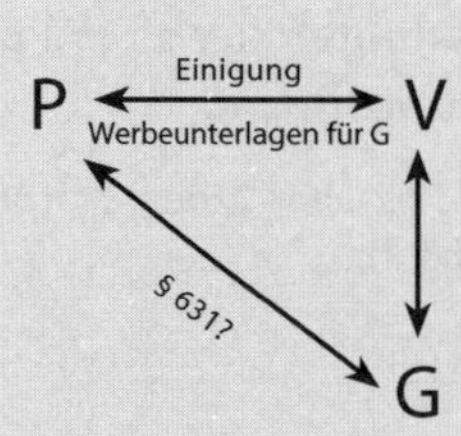

Die G-OHG möchte ein neues Medikament bewerben. Sie beauftragt die Werbeagentur V-OHG, die Werbeunterlagen zu einem Festpreis fertig zu stellen. V bestellt wiederholt bei Druckerei P und bittet, die Rechnungen an G zu schicken. G bezahlt sechs Rechnungen. Als die siebte Rechnung eingeht, fällt diese dem Prokuristen der G in die Hände, der die Zahlung verweigert. Von wem kann P Zahlung verlangen?

383 P könnte gegen G einen Zahlungsanspruch aus **§ 631 Abs. 1** i.V.m. einem Werkvertrag haben. V und P haben sich über eine Werkherstellung gegen Zahlung **geeinigt**.

Vertragspartner der P sollte jedoch nicht V, sondern G werden. Dies hatte V in seiner **eigenen Willenserklärung** nicht ausdrücklich erklärt, aber es war nach den Umständen (§ 164 Abs. 1 S. 2) **offenkundig**. Die Werbeunterlagen betrafen nämlich die Geschäfte

354 Palandt/Ellenberger § 172 Rn. 6; BGH NJW 2005, 2985.
355 Palandt/Ellenberger § 172 Rn. 8 m.w.N.
356 BGH NJW 2005, 2985; Staudinger/Schilken § 167 Rn. 32; Medicus/Petersen AT Rn. 930.
357 Für die Anfechtbarkeit Medicus/Petersen AT Rn. 948; Palandt/Ellenberger § 172 Rn. 8; vgl. insgesamt Staudinger/Schilken § 167 Rn. 45 m.w.N. zu beiden Ansichten.

der G und zudem sollte P die Rechnungen an G schicken. Die Einigung wirkt daher gemäß § 164 Abs. 1 u. Abs. 3 für und gegen G, soweit V **Vertretungsmacht** für G hatte.

I. Eine **Vollmacht** i.S.d. 167 Abs. 1, 166 Abs. 2 S. 1 hatte G der V nicht erteilt. G und V hatten einen **Festpreis** vereinbart, sodass feststand, dass G ausschließlich an V für die Werbekampagne zahlen muss. Sämtliche für das Gelingen der Kampagne erforderlichen Geschäfte sollte V – als nicht den §§ 164 ff. unterfallender, sog. **mittelbarer „Stellvertreter“**[358] – **im eigenen Namen** abschließen und selbst vergüten. **384**

II. Eine gewohnheitsrechtlich anerkannte **Duldungsvollmacht** setzt u.a. voraus, dass G **wusste**, dass V für sie **wiederholt und dauerhaft auftrat**. **385**

Als OHG (§§ 104 ff. HGB) ist G keine natürliche Person und kann daher selbst nichts wissen. Ihr ist aber nicht nur das **Organwissen** ihrer Organe, sondern gemäß **§ 166 Abs. 1** auch das Wissen derjenigen **Personen** zuzurechnen, **die** der V eine entsprechende **Vollmacht erteilen konnten**. Konkret ist dies der Prokurist, der jedoch vom Auftreten der V nichts wusste. Die Buchhalter kannten zwar das Auftreten der V aufgrund der eingegangenen Rechnungen, sie konnten V aber keine Vollmacht erteilen.

Mangels Kenntnis der G besteht also keine Duldungsvollmacht.

III. Es könnte aber eine **Anscheinsvollmacht** vorliegen. **386**

1. Vereinzelt wird dieses Institut **gänzlich nicht anerkannt**. Eine bewusste Duldung möge noch eine vertragliche Erfüllungshaftung begründen können, eine bloße Nachlässigkeit könne dies hingegen nicht. **Andere**[359] meinen, die Anscheinsvollmacht sei **nur im kaufmännischen Verkehr** (wie hier zwischen V und P) anzuerkennen, denn die § 56 HGB, § 362 HGB und die Grundsätze des kaufmännischen Bestätigungsschreibens (§ 346 HGB, Rn. 227 ff.) zeigten, dass im Handelsrecht eine Erfüllungshaftung aufgrund Rechtsscheins möglich sei. Nach **h.M.**[360] ist die Anscheinsvollmacht **auch im nichtkaufmännischen Bereich** anzuerkennen. Der Vertretene könne bei bewusster Duldung zwar weniger schutzwürdig als bei einer Nachlässigkeit sein. Entscheidend sei aber die in beiden Fällen gleich hohe Schutzbedürftigkeit des (gutgläubigen) Geschäftsgegners. **387**

   Mit den beiden letztgenannten Ansichten ist die Anscheinsvollmacht daher für den vorliegenden Fall anzuerkennen.

   Wer eine Erfüllungshaftung ablehnt, der muss sodann diskutieren, ob sich im Einzelfall für den Vertretenen (hier: G) gegenüber der Gegenseite (hier: P) eine **Haftung auf den Vertrauensschaden** aus **§§ 280 Abs. 1, 241 Abs. 2, 311 Abs. 2** aufgrund der Nachlässigkeit ergibt.[361]

2. Die **Voraussetzungen** der Anscheinsvollmacht müssen vorliegen. **388**

   a) Wie bei der Duldungsvollmacht muss der **Rechtsschein einer Bevollmächtigung** dadurch entstehen, dass jemand – regelmäßig wiederholt und während einer gewissen Dauer – rechtsgeschäftlich im Namen eines Dritten auftritt. V hat dies durch wiederholte Bestellungen bei P namens der G getan.

358 Siehe zur mittelbaren „Stellvertretung“ auch Rn. 73, 314, 469.

359 So Medicus/Petersen AT 972.

360 BGH RÜ 2011, 409; BGH RÜ 2007, 233; Palandt/Ellenberger § 172 Rn. 17 u. 11.

361 Vgl. Medicus/Petersen AT Rn. 971.

b) Dieser Rechtsschein ist dem Vertretenen **zuzurechnen**, wenn er das Auftreten des Dritten zwar nicht kannte, aber **hätte erkennen und verhindern können**. G hätte durch regelmäßige Kontrolle der Rechnungen das Auftreten der V erkennen und sodann auch verhindern können.

Bei **nichtiger Vollmacht** gilt auch hier das Kleingedruckte in Rn. 380 entsprechend.

c) Der **Geschäftsgegner** muss den Sachverhalt nach Treu und Glauben so verstehen dürfen, dass der Handelnde bevollmächtigt ist, d.h. er darf die fehlende Vollmacht nicht **kennen oder kennen müssen** (§ 122 Abs. 2). Weder wusste P, dass G die V nicht bevollmächtigt hatte, noch hätte sie dies erkennen können.

Die Voraussetzungen der Anscheinsvollmacht liegen vor. G muss sich daher so behandeln lassen, als hätte sie V bevollmächtigt. Der Werkvertrag zur siebten Rechnung ist zwischen P und G, vertreten durch V gemäß § 164 Abs. 1 u. 3, zustande gekommen. G schuldet P gemäß § 631 Abs. 1 Zahlung des vereinbarten Werklohns.

---

389 Bei der Anscheinsvollmacht lässt sich am ehesten argumentieren, dass (trotz Anfechtungsgrundes) die **Anfechtung generell unzulässig** ist. Sie beruht noch stärker als die Duldungsvollmacht (s. Rn. 380 f.) auf einem bloßen Rechtsschein und ist noch weiter von einer Willenserklärung entfernt.[362] Andererseits wird darauf hingewiesen, dass zur Vermeidung von Wertungswidersprüchen entweder beide Fälle anfechtbar oder nicht anfechtbar sein müssen.[363] Im Übrigen gelten die Argumente aus Rn. 378 und 381.

Hinweis: *Die* ***Zulässigkeit der Anfechtung eines Rechtsscheins*** *ist eine der* ***umstrittensten Fragen des BGB AT****. Beide Standpunkte lassen sich gut begründen. Für die Zulässigkeit spricht* ***klausurtaktisch****, dass dies die in Fall 20 dargestellten* ***Folgeprobleme*** *eröffnet.*

C. Gesetzliche Vertretungsmacht

390 Eine gesetzliche Vertretungsmacht wird durch **Gesetz oder Hoheitsakt** begründet.

- Der **nicht voll Geschäftsfähige** wird durch den gesetzlichen Vertreter vertreten.[364]

  Minderjährige werden von den **Eltern** (§§ 1626 Abs. 1 S. 1, 1629) vertreten, die sich oft gegenseitig Untervollmacht erteilen. Existieren keine Eltern, wir der **Vormund** (§ 1793) tätig. Der **Betreuer** (§ 1896) vertritt geisteskranke Volljährige. Soweit die vorgenannten Vertreter verhindert sind, springt der **Ergänzungspfleger** (§ 1909) ein.

- Die vom Organ einer **juristischen Person** und **Personengesellschaft** in dieser Rolle abgegebene Willenserklärung ist eigene Willenserklärung dieser Person.

  Beispiele: § 26 Abs. 1 S. 2; § 35 Abs. 1 GmbHG; § 78 Abs. 1 AktG

- Der Verwalter einer Vermögensmasse – **Insolvenzverwalter, Testamentsvollstrecker, Nachlassverwalter** – vertritt den Inhaber der Vermögensmasse.

Im weiteren Sinne gehört auch § 1357 (**Schlüsselgewalt**) hierher.[365]

---

362 Vgl. Medicus/Petersen AT Rn. 971; Palandt/Ellenberger § 172 Rn. 16.

363 Staudinger/Schilken § 167 Rn. 45.

364 Näher AS-Skript BGB AT 2 (2019), Rn. 6 und AS-Skript Familienrecht (2019) Rn. 143.

365 Näher zu § 1357 AS-Skript Familienrecht (2019) Rn. 18 ff.

Die **§§ 164–181** gelten **grundsätzlich auch für die gesetzliche Vertretung**, können im Einzelfall aber zu modifizieren sein. Die **§§ 166 Abs. 2 bis 176** gelten hingegen nach ihrem Wortlaut **ausdrücklich nur** für die (rechtsgeschäftlich erteilte) **Vollmacht.** **391**

D. Beschränkung der Vertretungsmacht

Die – **rechtsgeschäftliche oder gesetzliche** – Vertretungsmacht kann insbesondere aus den folgenden zwei Gründen beschränkt bzw. ausgeschlossen sein. **392**

Daneben sind die **§§ 1643, 1795, 1821, 1822** examensrelevant.[366]

I. Insichgeschäfte, § 181

§ 181 soll **Interessenkollisionen** verhindern, die dadurch entstehen, dass dieselbe Person die **Interessen zweier Personen wahrnimmt** (**Insichgeschäft**). Ausgehend von diesem Zweck ist die Norm erweiternd bzw. verengend auszulegen. **393**

1. Grundsätzliche Unzulässigkeit

Gemäß § 181 ist ein **Selbstkontrahieren unzulässig**, also der Vertragsschluss bzw. die Abgabe und Empfangnahme einer einseitigen Erklärung „[auf der einen Seite] im Namen des Vertretenen mit [auf der anderen Seite] sich [selbst] im eigenen Namen". **394**

Beispiel 1: V ist Geschäftsführer der E-GmbH. Er ist ferner Eigentümer eines Grundstücks neben dem Grundstück der E. V erklärt im eigenen Namen und im Namen der E die Einigung über die Eintragung einer Grunddienstbarkeit auf dem Grundstück der E zu seinen Gunsten (§§ 1018, 873).–
Gemäß § 35 Abs. 1 GmbHG ist V gesetzlicher Vertreter der E. Gemäß § 181 erstreckt sich seine Vertretungsmacht aber grundsätzlich nicht auf das vorliegende Selbstkontrahieren. Eine Ausnahme von diesem Grundsatz (dazu sogleich 2.) greift nicht. V hatte daher für dieses Geschäft keine Vertretungsmacht.

Gemäß § 181 ist ferner eine **Mehrfachvertretung unzulässig**, also der Vertragsschluss bzw. die Abgabe und Empfangnahme einer einseitigen Erklärung als Vertreter einer Person mit bzw. gegenüber sich selbst „als Vertreter eines Dritten". **395**

Beispiel 2: V ist Geschäftsführer der G-GmbH und vertretungsberechtigtes Vorstandsmitglied der X-AG. V erklärt G namens der X die Kündigung eines Mietvertrags und nimmt sie namens der G entgegen.

Über den Wortlaut des § 181 hinaus ist es **unzulässig**, die beiden dort normierten Verbote durch Einschaltung eines **Untervertreters** (vgl. zu diesem Rn. 446 ff.) **zu umgehen.** Die Interessenkollision wird dadurch nicht beseitigt. Zudem sind Umgehungsgeschäfte im Allgemeinen unzulässig (vgl. z.B. § 306 a, § 312 k Abs. 1 S. 2).[367] **396**

Beispiele: In Beispiel 1 erteilt V dem A Untervollmacht für E und einigt sich sodann mit A. In Beispiel 2 erteilt V dem A Untervollmacht für G und erklärt sodann im Namen der X dem A die Kündigung.

Über den Wortlaut des § 181 hinaus ist es ferner **unzulässig**, wenn zwar nicht bei streng formaler Betrachtung, aber nach dem **materiellen Ergebnis** eine Person auf beiden Seiten eines Rechtsgeschäfts auftritt. Auch dies ist letztlich ein Fall der **Umgehung**. **397**

---

366 Siehe zu diesen Beschränkungen und Ausschlüssen AS-Skript BGB AT 2 (2019) Rn. 7 ff.

367 Vgl. Palandt/Ellenberger § 181 Rn. 12.

Fall 22: Gelöschte Zwangshypothek

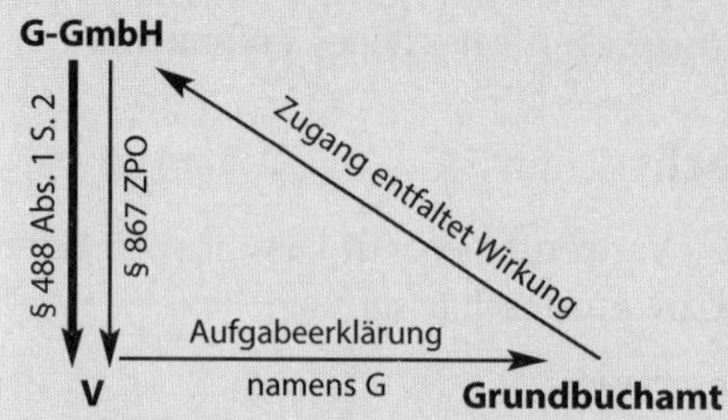

V ist Prokurist der G-GmbH. V schuldet G 30.000 €. Aufgrund eines vollstreckbaren Urteils, das G gegen V erwirkt hat, lässt ein Geschäftsführer der G auf dem Grundstück des V nach §§ 866 Abs. 1, 867 ZPO eine Zwangshypothek eintragen. Bald darauf erklärt V als Prokurist der G die Aufgabe der Hypothek gegenüber dem Grundbuchamt und beantragt Löschung ihrer Eintragung. Das Grundbuchamt löscht die Eintragung. Ist die Hypothek erloschen?

398 Nach **§ 875 Abs. 1** ist die Zwangshypothek, deren **Eintragung gelöscht** wurde, erloschen, soweit eine wirksame **Aufgabeerklärung der G** vorliegt.

Hinweis: *Das **Recht an einem Grundstück** ändert sich **nicht automatisch mit der Änderung seiner Eintragung** im Grundbuch. Es besteht unverändert fort, bis alle materiell-rechtlichen Voraussetzungen seiner Änderung vorliegen. Weicht die Grundbucheintragung von der materiellen Rechtslage ab, so hilft u.a. **§ 894** bei seiner **Berichtigung**.*[368]

V hat eine Aufgabeerklärung im Namen der G abgegeben. Als Prokurist hatte V gemäß § 49 Abs. 1 HGB – ein Fall des § 49 Abs. 2 HGB liegt nicht vor – entsprechende Vollmacht, sodass seine Erklärung grundsätzlich gemäß § 164 Abs. 1 gegen G wirkt. Dies gilt aber gemäß § 181 nicht, wenn V **auf beiden Seiten der Aufgabeerklärung**, also als Erklärender und als Empfänger dieser einseitigen Erklärung, **tätig geworden** ist.

399 I. V hat die Aufgabeerklärung namens G dem Grundbuchamt gegenüber erklärt (§ 875 Abs. 1 S. 2 Var. 1). V ist also nur auf Seiten der Erklärenden (G), nicht aber auf Seiten des Empfängers (Grundbuchamt) aufgetreten. Bei am **Wortlaut** des § 181 orientierter **formeller Betrachtung** sind dessen Voraussetzungen nicht erfüllt.

400 II. Jedoch hätte V die Erklärung auch namens G gegenüber sich selbst abgeben können (§ 875 Abs. 1 S. 2 Var. 2). Dann läge ein bereits nach dem Wortlaut des § 181 unzulässiges **Selbstkontrahieren** vor. In beiden Fällen ist V der **Bevorteilte eines Rechtsgeschäfts**, das er **im Namen der G zu deren Nachteil** abschließt. Das Grundbuchamt tritt im ersten Fall nur zwecks Verfahrensvereinfachung als neutrale Mittelsperson auf. Bei **Betrachtung des materiell-rechtlichen Ergebnisses** liegt daher in beiden Fällen eine Interessenkollision vor. Diese gilt es zu verhindern, gleich welchen der beiden nach § 875 Abs. 1 S. 2 zulässigen Erklärungsgegner V wählt.[369]

Über den Wortlaut des § 181 wirkt die Erklärung des V daher nicht gegen G. Es greift auch keine Ausnahme, sodass die Erklärung des V mangels Genehmigung der G unwirksam ist. Die Hypothek ist daher nicht erloschen, trotz Löschung ihrer Eintragung.

G hat gegen V aus dem ergänzend ausgelegten Anstellungsvertrag, aus § 894 und aus § 812 Abs. 1 S. 1 Var. 2 einen **Anspruch auf Zustimmung zur Wiedereintragung der Hypothek** im Grundbuch.

---

368 Ausführlich zur Berichtigung des Grundbuchs AS-Skript Sachenrecht 2 (2019) Rn. 80 ff.
369 BGH NJW 1980, 1577.

Ein Geschäft ist hingegen nach h.M. **nicht** gemäß § 181 **unwirksam**, wenn ein nur **wirtschaftlicher Interessenkonflikt** zwischen Vertreter und Vertretenem besteht.[370] 401

Beispiel: G erteilt V Generalvollmacht. V hat von D ein Darlehen erhalten und gibt zur Sicherung des Anspruchs aus § 488 Abs. 1 S. 2 dem D gegenüber ein Bürgschaftsversprechen im Namen des G ab.

Es kann aber ein **Missbrauch der Vertretungsmacht** vorliegen, dazu Rn. 404 ff.

2. Ausnahmsweise Zulässigkeit

Zulässig sind Insichgeschäfte, bei denen **keine Interessenkollision** besteht, nämlich 402

- wenn der Vertretene bzw. die Vertretenen sie ausdrücklich oder konkludent durch einseitige empfangsbedürftige Erklärung **zuvor gestattet** haben (§ 181 a.A.),
- wenn sie ausschließlich in der **Erfüllung einer Verbindlichkeit** insbesondere aus einem Verpflichtungsvertrag (§ 181 a.E.) bestehen, also insbesondere **Verfügungen** sind, denn dann wird bloß die Leistungspflicht aus dem Verpflichtungsvertrag umgesetzt – sähe man die Verfügung als nach §§ 181, 177 Abs. 1 schwebend unwirksam an (s. Rn. 403), so wäre der Vertretene aus dem Verpflichtungsvertrag i.V.m. dem dolo-agit-Einwand aus § 242 ohnehin zur Genehmigung verpflichtet[371] –

  Natürlich muss der **Verpflichtungsvertrag**, aus dem sich die Verbindlichkeit ergibt, **seinerseits wirksam** sein. Ihm darf insbesondere nicht § 181 entgegenstehen.

- oder über den Wortlaut des § 181 hinaus, wenn das Rechtsgeschäft für den bzw. die Vertretenen **lediglich rechtlich vorteilhaft** ist.

Punkt 2 und 3 treffen beim **Geschenk an einen Minderjährigen** (Examensklassiker) zusammen.[372]

3. Rechtsfolge

Ein **zulässiges Insichgeschäft** ist **wirksam**, die Vertretungsmacht ist nicht beschränkt. Es muss allerdings **nach außen hinreichend publik und manifestiert** werden.[373] 403

Beispiel: Der Geschäftsführer zweier Gesellschaften kann eine zulässige Mehrfachvertretung nicht rein gedanklich per „Handschlag mit sich selbst" vornehmen. Er muss sie z.B. schriftlich fixieren.

Ein **unzulässiges Rechtsgeschäft** ist nicht (!) etwa stets sofort unwirksam. Der **Vertreter handelt ohne Vertretungsmacht** (näher Rn. 433 ff.), es greifen daher bei Verträgen die **§§ 177–179** (schwebende Unwirksamkeit, Genehmigung möglich) und bei einseitigen Rechtsgeschäften **§ 180** (grundsätzlich sofortige Unwirksamkeit).

II. Missbrauch der Vertretungsmacht

Grundsätzlich ist der Vertretene an das Hauptgeschäft gebunden, wenn der Vertreter im Rahmen der Vertretungsmacht (rechtliches Können) handelt. Ob er dabei seine Weisungen aus dem **Grundgeschäft** (rechtliches Dürfen) **überschreitet** und dadurch seine Vertretungsmacht missbraucht, ist für das Hauptgeschäft **grundsätzlich irrelevant** 404

370 BGH NJW 1984, 2085; Staudinger/Schilken § 181 Rn. 7 f.; Wolf/Neuner § 49 Rn. 121 ff.

371 BGH NJW-RR 2018, 214 Rn. 24.

372 Dazu ausführlich AS-Skript BGB AT 2 (2019), Rn. 44 ff.

373 Palandt/Ellenberger § 181 Rn. 23.

(s. Rn. 345 f., 349). Gerade bei den nicht bzw. kaum beschränkbaren Vertretungsmachten des Handelsrechts darf der **redliche Geschäftsgegner** darauf **vertrauen**, dass das Rechtsgeschäft des Vertreters Wirkungen entfaltet, ohne Nachforschungen über das Innenverhältnis anstellen zu müssen.[374]

Es gibt aber **Ausnahmen**, in denen der **Geschäftsgegner nicht schutzwürdig** ist:

1. Kollusives Zusammenwirken

405 Das Hauptgeschäft ist **sittenwidrig** und daher nichtig, § 138 Abs. 1, wenn Vertreter und Geschäftsgegner **einverständlich zwecks Schädigung** des Vertretenen zusammenwirken (**Kollusion**).[375]

Vertreter und Geschäftsgegner haften aus **§§ 826, 840**. Der Vertreter haftet ggf. aus **§ 280 Abs. 1**.

2. Allgemeiner Missbrauch der Vertretungsmacht

406

Allgemeiner Missbrauch der Vertretungsmacht – Tatbestand laut BGH
1. Überschreitung des Grundverhältnisses/des rechtlichen Dürfens
2. Innerhalb der Vertretungsmacht/des rechtlichen Könnens (sonst: §§ 177–179)
3. Kenntnis des Geschäftsgegners oder sich ihm aufdrängende Evidenz
4. Nur bei handelsrechtlichen Vollmachten: Kenntnis des Vertreters
5. Nur bei Insichgeschäften: Unzulässigkeit des Insichtgeschäfts nach § 181

Auch ohne kollusives Zusammenwirken ist der **Geschäftsgegner** nicht schutzwürdig, wenn er die Überschreitung des Dürfens trotz Könnens **kennt** oder **massive Verdachtsmomente** vorliegen, aufgrund derer der Missbrauch **objektiv evident** ist und sich **nahezu aufdrängt**.[376] Ein bloßes Kennenmüssen i.S.d. § 122 Abs. 2 genügt nicht.

Nur wenige verlangen, dass auch der **Vertreter** die Überschreitung stets **kennen** und daher **bewusst die Vertretungsmacht missbrauchen** muss, während die überwiegende Literaturansicht dies generell nicht für erforderlich hält. Der **BGH** verlangt einen solchen bewussten Missbrauch **nur bei den handelsrechtlichen Vollmachten**, denn nur bei diesen ergebe sich aus dem Handelsregister ein so hoher öffentlicher Glaube, dass dieses weitere Merkmal erforderlich sei.[377]

Erfolgt die Überschreitung des Grundverhältnisses anlässlich eines Insichgeschäfts, so schadet die Überschreitung nur, wenn das Insichgeschäft unzulässig ist. Bei einem **nach § 181 zulässigen Insichgeschäft** (s. Rn. 402) ist der **Vertretene nicht schutzwürdig**, unabhängig davon, ob er das rechtliche Dürfen beschränkt hat.[378]

---

374 BGH NJW-RR 2018, 214 Rn. 21.

375 BGH, NJW-RR 2004, 247; Palandt/Ellenberger § 164 Rn. 13; näher zu § 138 AS-Skript BGB AT 2 (2019) Rn. 124 ff.

376 Palandt/Ellenberger § 164 Rn. 14; BGH NJW-RR 2016, 1138.

377 BGH NJW 1984, 1461; Fleischer NZG 2005, 535, und Palandt/Ellenberger § 164 Rn. 14, jeweils m.w.N.

378 BGH NJW-RR 2018, 214 Rn. 24 f.

Beispiel: Die V-GmbH schuldet ihrem Geschäftsführer G aus einem wirksamen Kaufvertrag i.V.m. § 433 Abs. 1 S. 1 Var. 2 die Übereignung eines Pkw. V verbietet G einstweilen jegliche Vertretung. G übereignet sich trotzdem den Pkw namens V und schenkt und übereignet der V eine Kaffeemaschine. –
Obgleich G innerhalb seines Könnens sein Dürfen überschritten hat (vgl. § 37 GmbHG), sind alle Geschäfte ausnahmsweise zulässige Insichgeschäfte und daher trotz der Weisung im Innenverhältnis wirksam: Der Schenkungsvertrag ist für V rechtlich vorteilhaft, die beiden Übereignungen erfüllen Verbindlichkeiten aus wirksamen Verpflichtungsverträgen.

Die **Rechtsfolge** des allgemeinen Missbrauchs wird uneinheitlich beurteilt: **407**

- Der BGH[379] bejaht einen Fall des **Rechtsmissbrauchs i.S.d. § 242**. Das Hauptgeschäft komme zwar zustande, der Vertretene habe aber eine Einrede gegen die sich aus ihm ergebenden Ansprüche. Andere[380] halten das Hauptgeschäft für **schwebend unwirksam**, der Vertretene könne **analog §§ 177, 182, 184** genehmigen. Manche vertreten hingegen ein **Wahlrecht** des Vertretenen, ob er das Ergebnis nach § 177 oder nach § 242 korrigieren will[381] – die für ihn vorteilhafteste Lösung.
- Hat der **Vertretene** den Missbrauch jedoch mitverschuldet, indem er den Vertreter nicht im erforderlichen Maße kontrolliert hat, so ist nach h.M.[382] das Hauptgeschäft wirksam, die gegenseitigen **Erfüllungsansprüche** aus ihm sollen aber nach dem **Rechtsgedanken des § 254** in Höhe des jeweiligen Verantwortungsteils **gekürzt** werden. Andere[383] lehnen das ab, weil § 254 nur für Schadensersatzansprüche gelte. Hinsichtlich der Erfüllungsansprüche müsse es daher bei der im vorherigen Absatz genannten Rechtsfolgen bleiben. Ein im Einzelfall bestehender Schadensersatzanspruch insbesondere aus **§§ 280 Abs. 1, 241 Abs. 2, 311 Abs. 2**. sei aber zu kürzen.

4. Abschnitt: Rechtsfolgen wirksamer Vertretung

A. Bindung und Berechtigung des Vertretenen

Der wirksam **Vertretene** wird so gebunden und berechtigt, als hätte er die **Willenserklärung bzw. die geschäftsähnliche Handlung selbst abgegeben** (§ 164 Abs. 1) bzw. **selbst in Empfang genommen** (§ 164 Abs. 3). **408**

Realakte werden nicht nach § 164 (ggf. aber nach anderen Normen) zugerechnet (s. Rn. 299 f. u. 332).

Der **Vertreter** ist aus dem Hauptgeschäft **weder berechtigt noch verpflichtet**. Hat er aber **Weisungen aus dem Grundgeschäft** verletzt, so haftet er dem Vertretenen aus § 280 Abs. 1. Zudem haftet er ausnahmsweise dem Geschäftsgegner gemäß §§ 280 Abs. 1, 311 Abs. 3, 241 Abs. 2, wenn er in besonderem Maße **persönliches Vertrauen in Anspruch** genommen oder ein so großes **eigenes wirtschaftliches Interesse** am Hauptgeschäft hatte, dass wirtschaftlich betrachtet er der Geschäftsherr ist. **409**

Beispiel: Der Gebrauchtwagenhändler, der beim Verkauf als Vertreter des Eigentümers auftritt, haftet dem Käufer aus §§ 280 Abs. 1, 311 Abs. 3, 241 Abs. 2 wenn der Käufer wegen der besonderen Fachkenntnis des Händlers auf dessen Angaben und Beratung vertraut.

379 BGH NJW-RR 2004, 247.
380 Staudinger/Schilken § 167 Rn. 103; MünchKomm/Schubert § 164 Rn. 224 f.
381 Vgl. Palandt/Ellenberger § 164 Rn. 14 b.
382 Palandt/Ellenberger § 164 Rn. 14 b; BGH NJW 1968, 1379; offengelassen von BGH NJW 1999, 2883.
383 Staudinger/Schilken § 167 Rn. 104.

B. Willensmängel und Wissenszurechnung, § 166

410 Auf welche Person es hinsichtlich **Willensmängeln** und des **Kennen(müssen)s von Umständen** ankommt, ist in § 166 geregelt.

I. Person des Vertreters, § 166 Abs. 1; Wissensvertreter; aktenmäßiges Wissen

411 **Grundsätzlich** kommt es auf den **Vertreter** an, denn es ist seine Willenserklärung:

412 ■ **Willensmängel des Vertreters**, die die §§ 119 ff. erfüllen, berechtigen den Vertretenen gemäß § 166 Abs. 1 zur **Anfechtung** des ihn betreffenden Hauptgeschäfts.

Der Vertretene kann sich auch bei der Anfechtung vertreten lassen. Ob die **Vertretungsmacht** zum Hauptgeschäft sich auch **auf die Anfechtung erstreckt**, ist Auslegungsfrage im Einzelfall.[384]

Ein **Willensmangel des Vertretenen** kann zur Anfechtung der Vollmacht berechtigen, Rn. 366 ff.

413 ■ Wenn es auf das **Kennen(müssen)** (§ 122 Abs. 2) von **Umständen** ankommt, dann ist gemäß § 166 Abs. 1 der Kenntnisstand des Vertreters maßgeblich.

Beispiele: Beginn der regelmäßigen Verjährungsfrist wegen Kenntnis oder grob fahrlässiger Unkenntnis der den Anspruch begründenden Umstände (§ 199 Abs. 1 Nr. 2); **Ausschluss der Gewährleistung** wegen Kenntnis (§ 640 Abs. 3) bzw. wegen Kenntnis oder grob fahrlässiger Unkenntnis (§§ 442 Abs. 1, 536 b) eines Mangels; **Erwerb eines Rechts vom Nichtberechtigten** ohne Kenntnis (§ 892) bzw. ohne Kenntnis oder grob fahrlässige Unkenntnis (§§ 932 ff.) der fehlenden Berechtigung; **Verschärfte Haftung** desjenigen, der Kenntnis vom Erwerb eines **Bereicherungsgegenstands** ohne Rechtsgrund hat (§ 819 Abs. 1)

Im Falle des Besitzers, der bei Besitzerwerb das **Fehlen seines Besitzrechts** kennt oder grob fahrlässig verkennt (§§ 990 Abs. 1 S. 1, 932 Abs. 2) bzw. der später diese Kenntnis erlangt (§ 990 Abs. 1 S. 2), greift nach h.M. ebenfalls **§ 166**, allerdings nur **analog**, da der Besitzerwerb ein Realakt ist. Die Gegenansicht wendet § 831 an, da die §§ 989, 990 Sondervorschriften zum Deliktsrecht seien.[385]

414 ■ Die **Auslegung** einer Willenserklärung, die **dem Empfangsvertreter** (§ 164 Abs. 3) **zugeht**, ist gemäß §§ 133, 157 aus Sicht eines objektiven Dritten in der Position und mit dem Kenntnishorizont des Vertreters auszulegen, s. Rn. 272.

415 ■ Nach dem Rechtsgedanken des § 166 Abs. 1 entsteht ein Widerrufsrecht nach §§ 312 g Abs. 1, 312 b nur, wenn der **Vertreter des Verbrauchers** sich **in einer Außergeschäftsraumsituation** befindet.[386]

Dem **Unternehmer** wird das Auftreten seines Vertreters nach § 312 b Abs. 1 S. 2 zugerechnet.

416 ■ Über den Wortlaut hinaus wird **analog § 166 Abs. 1** das **Kennen(müssen) des Wissensvertreters**[387] dem Geschäftsherrn zugerechnet. Der Wissensvertreter muss nicht ausdrücklich als solcher oder als Erklärungs- bzw. Empfangsvertreter bestellt sein. Entscheidend ist alleine, ob der Geschäftsherr sich **rein faktisch** einer anderen Person als **Repräsentant zwecks Informationsermittlung und -weiterleitung** bedient und ob diese Person **in ihrem Aufgabenbereich eigenverantwortlich nach**

384 Vgl. Staudinger/Roth § 143 Rn. 14.

385 Näher zu dieser Problematik AS-Skript Sachenrecht 1 (2018), Rn. 535 ff.

386 Palandt/Grüneberg § 312 b Rn. 8; näher zum Außergeschäftsraumvertrag AS-Skript Schuldrecht AT 2 (2018), Rn. 177 ff.

387 Vgl. zum Folgenden BGH NJW-RR 2005, 634; Palandt/Ellenberger § 166 Rn. 6 ff.

außen handelt. Denn wenn der Geschäftsherr die Vorteile einer Wissensaufteilung nutzt, dann muss er auch die damit verbundene Gefahr tragen, dass er selbst nicht immer alles wissen kann. Ansonsten könnte er durch gezielte Aufgabenteilung verhindern, dass ihn die (für ihn regelmäßig negativen) Folgen des Wissens treffen.

Beispiel:[388] Auftrag an einen Anwalt, die Rechtslage zunächst zu prüfen, ohne ihn zugleich zum Auftreten im Rechtsverkehr zu bevollmächtigen. –
Soweit der Anwalt bei der Prüfung Kenntnisse erlangt, die die Verjährungsfrist von Ansprüchen gegen Dritte beginnen lassen (vgl. § 199 Abs. 1 Nr. 2), werden diese dem Auftraggeber zugerechnet. Kenntnisse über (Regress-)Ansprüche gegen den Anwalt selbst werden aber nicht zugerechnet, weil von dem Anwalt nicht erwartet wird, dass er ihm selbst schadende Informationen weitergibt.

Wenn mehrere Wissensvertreter jeweils nur einzelne Teile eines Umstands kennen(müssen), dann wird ihr **Wissen zusammengerechnet**.

Das Wissen **ausgeschiedener Organe einer juristischen Person** (e.V., GmbH, AG) wird weiter zugerechnet. Ausgeschiedene **sonstige Repräsentanten** werden **nicht** mehr zugerechnet, selbst Organe einer Personengesellschaft (GbR, OHG, KG) nicht.

- Über den Wortlaut des § 166 Abs. 1 hinaus wird zudem das gesamte **typischerweise aktenmäßig festgehaltene Wissen**[389] eines Geschäftsbetriebs dem Geschäftsherrn zugerechnet – auch aus **anderen Aufgabenbereichen** sowie das Wissen eines **nicht nach außen als Vertreter auftretenden** Angestellten (Innendienst; „back office"). Argument hierfür ist wiederum, dass die Größe und die Arbeitsteilung eines Unternehmens diesem keinen Vorteil gegenüber einer Einzelperson verschaffen soll. 417

Fall 23: Vergesslicher Einkäufer

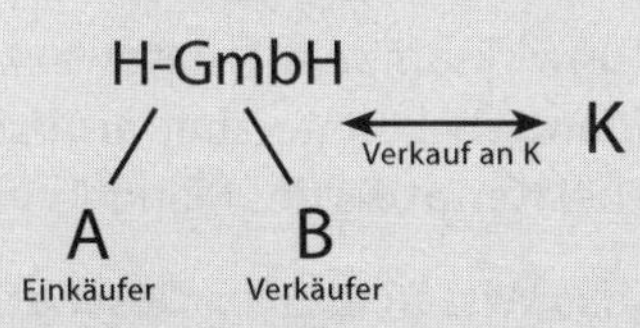

Für den Autohandel H-GmbH kauft der im Einkauf angestellte A einen gebrauchten schwarzen Pontiac Firebird Trans Am mit rotem Lauflicht an der Wagenfront, ein absolutes Unikat. Der Tacho zeigt eine Laufleistung von 37.000 km an. Der Verkäufer informiert A, dass die tatsächliche Laufleistung 53.000 km betrage, was zutrifft. A vergisst diese Information und trägt später, nach einem kurzen Blick auf den Tacho, in die elektronische Datenbank der H 37.000 km ein.

Einige Wochen später verkauft der ebenfalls bei H beschäftigte Verkäufer B das Auto im Namen der H an Michael Knight (K), unter individualvertraglichem Ausschluss der Gewährleistung. B hält dabei den Kilometerstand laut Tacho für richtig. Als K, der das Auto als Firmenauto gekauft hatte, von der tatsächlichen Laufleistung erfährt, erklärt er den Rücktritt und verlangt Rückzahlung des Kaufpreises. Zu Recht?

K könnte gegen H einen Anspruch auf Rückzahlung des Kaufpreises aus **§§ 346 Abs. 1, 437 Nr. 2, 326 Abs. 5, 323** haben. 418

I. K und H, vertreten durch B gemäß § 164 Abs. 1 u. Abs. 3, haben sich über einen **Kaufvertrag geeinigt**.

388 Nach NJW-RR 2019, 116; vgl. dazu auch AS-Skript BGB AT 2 (2019) Rn. 549.

389 Vgl. zum Folgenden Palandt/Ellenberger § 166 Rn. 8 f.

II. Der Pkw hatte bei Übergabe an K eine höhere Laufleistung als vereinbart, sodass er gemäß §§ 434 Abs. 1 S. 1, 446 S. 1 **bei Gefahrübergang sachmangelhaft** war. H hat mithin die aus § 433 Abs. 1 S. 2 geschuldete Leistung nicht vertragsgemäß erbracht, es liegt also ein Fall der **Schlechtleistung** i.S.d. §§ 323 Abs. 1 Var. 2, 437 Nr. 2 vor.

III. Die nach § 323 Abs. 1 grundsätzlich erforderliche **Fristsetzung** zwecks Nacherfüllung nach Maßgabe des § 439 war gem. § 326 Abs. 5 **entbehrlich**. H ist es nämlich i.S.d. § 275 Abs. 1 **unmöglich**, bei dem verkauften Unikat-Fahrzeug den Kilometerstand zu verringern (Nachbesserung, § 439 Abs. 1 Var. 1) oder ein vergleichbares Fahrzeug mit geringerer Laufleistung zu liefern (Nachlieferung, § 439 Abs. 1 Var. 2).

Hätte H ein vergleichbares Fahrzeug, so wäre zu erörtern, ob **beim Stückkauf eine Nachlieferung möglich** ist. Die h.M. bejaht dies, wenn die Sache nach dem Parteiwillen ersetzbar ist. Gebrauchte Pkw zum eigenen Gebrauch sind aber regelmäßig unersetzbar, es läge also Unmöglichkeit vor.[390]

IV. K hat den **Rücktritt erklärt**, § 349.

419 V. Die **Gewährleistungsrechte** könnten aber **ausgeschlossen** sein, wie von K und H, auch insofern vertreten durch B, vereinbart.

Diese Vereinbarung ist wegen der Vertragsfreiheit **grundsätzlich wirksam**. Aus **§ 476 Abs. 1 S. 1** ergibt sich keine Unwirksamkeit, denn K kaufte das Fahrzeug als Firmenwagen, sodass er nicht – wie gemäß §§ 474 Abs. 1 S. 1, 13 erforderlich – Verbraucher ist. Es handelt sich auch nicht um AGB i.S.d. § 305 Abs. 1, sondern um eine Individualvereinbarung, sodass diese nicht gemäß **§ 307 Abs. 1 u. Abs. 2** unwirksam ist.

§ 309 Nr. 8 b ist auf AGB, die einem Unternehmer (wie K) vorgelegt werden, gemäß § 310 Abs. 1 S. 1 nicht anwendbar. Gleichwohl kann sich im Einzelfall aus § 307 Abs. 1 u. Abs. 2. die Unwirksamkeit einer Klausel ergeben, die nach §§ 309, 308 unwirksam wäre.[391]

Der Gewährleistungsausschluss könnte gemäß **§ 444** unwirksam sein. H hat zwar keine Garantie übernommen, das **Verschweigen des Mangels** könnte aber **arglistig** gewesen sein. Arglist liegt jedenfalls (s. noch Rn. 427) bei **Kenntnis** des Mangels vor.

420 1. Als juristische Person (§ 13 Abs. 1 GmbHG) hat H das Wissen, das ihr **Geschäftsführer** hat, als **eigenes Wissen** (Rechtsgedanke des § 26 Abs. 2 S. 2, h.M.).[392] Es ist aber nicht ersichtlich, dass der/die Geschäftsführer der H den Mangel kannte(n).

Manche meinen, analog § 31 (dessen Wortlaut nur Handlungen betrifft) handele es sich um **Wissen des Geschäftsführers**, das „nur" **zuzurechnen** sei. Für das Ergebnis macht das keinen Unterschied. Vorgeschlagen wird auch, das **Wissen des Einkäufers** (hier: A) **sofort** bei Erwerb **dem Geschäftsführer zuzurechnen**. Es sei auch ohne die Voraussetzungen des Wissensvertreters und des typischerweise aktenmäßig festgehaltenen Wissens **nicht mehr „verlierbar"**. Der BGH[393] lehnt das ab, eine GmbH dürfe nicht strenger als ein Einzelkaufmann behandelt werden.

421 2. Gemäß **§ 166 Abs. 1** werden der GmbH die Kenntnisse des **Vertreters**, der den Kaufvertrag mit K geschlossen hat, zugerechnet. **B** kannte den Mangel aber nicht.

390 BGH RÜ 2006, 505, 507; näher AS-Skript Schuldrecht BT 1 (2019), Rn. 69.

391 Vgl. AS-Skript BGB AT 2 (2019), Rn. 486; Palandt/Grüneberg § 309 Rn. 71.

392 Palandt/Ellenberger § 26 Rn. 8 m.w.N.

393 BGH NJW 1996, 1339.

3. **A** kannte zwar den Mangel und **analog § 166 Abs. 1** werden H Kenntnisse des Wissensvertreters zugerechnet. **Wissensvertreter** ist, wer mit der Erledigung der betreffenden Angelegenheit in eigener Verantwortung nach außen betraut ist. A war aber beim Verkauf nicht gegenüber K tätig. A war rechtsgeschäftlicher Vertreter beim Einkauf des Pkw, aber nicht Wissensvertreter bei seinem Verkauf. **422**

4. H wird ferner **analog § 166 Abs. 1** das zwar nicht tatsächlich, aber **typischerweise aktenmäßig festgehaltene Wissen** zugerechnet. Eine **Typizität** erfordert dreierlei:[394] **423**

   a) Der **Geschäftsherr** muss eine **Organisationseinheit** sein, in der aufgrund **Arbeitsteilung typischerweise nicht jeder alles weiß** – dies sind zum einen die juristischen Personen und zum anderen die Personengesellschaften. **424**

   H ist als GmbH gemäß § 13 Abs. 1 GmbHG eine juristische Person. Bei ihr kommt es sogar tatsächlich zu einer Arbeitsteilung zwischen An- und Verkauf.

   b) Es muss im **Zeitpunkt der Wahrnehmung** des Wissens den Umständen nach die **Verpflichtung** bestanden haben, das Wissen **aktenmäßig festzuhalten** – ob das Wissen tatsächlich auch festgehalten wurde, ist irrelevant. **425**

   Als **beispielsweise** Asbest noch als harmlos galt, bestand keine Verpflichtung, Informationen über das Vergraben dieses Stoffes auf einem Grundstück festzuhalten.[395]

   Der (tatsächliche) Kilometerstand ist von wesentlicher Bedeutung für den Wert eines gebrauchten Pkw. Bei einer innerbetrieblichen Aufspaltung in Einkauf und Verkauf ist daher in einem Gebrauchtwagenhandel der (tatsächliche) Kilometerstand so zu dokumentieren, dass er jederzeit ermittelt werden kann.

   c) Es müssen der **konkrete Anlass** und die **tatsächliche Möglichkeit** bestanden haben, **sich des Umstands** durch Heranziehung der Akten **zu vergewissern**. **426**

   Der Verkauf an K bot für H, vertreten durch B, einen konkreten **Anlass**, den Kilometerstand aus der Datenbank abzurufen.

   Zweifelhaft ist aber, ob dies H (vertreten durch B) auch i.d.S. **möglich** war. Zwar hätte B in die Datenbank schauen können, so dass hinsichtlich H als **Geschäftsherrin** eine **Kenntnis** des Mangels und daher Arglist anzunehmen wäre. Jedoch hatte der für die Datenbankpflege zuständige **Vertreter** A **nur fahrlässig-vergessend** das Wissen um den korrekten Kilometerstand nicht festgehalten und daher keine Arglist. Hierin liegt ein Widerspruch.

   Gleichwohl **für**[396] dieses Ergebnis spricht, dass ansonsten die fahrlässig-vergessliche juristische Person ebenso gut dastünde wie die ordentlich arbeitende. Zudem ändert eine Nachlässigkeit im Einzelfall nichts daran, ob ein Wissen generell typischerweise festzuhalten ist.

394 Palandt/Ellenberger § 166 Rn. 8 f.

395 BGH NJW 1996, 1339.

396 So Bayreuther JA 1998, 459, 465; Reischl JuS 1997, 783, 786.

Trotzdem sprechen die besseren Argumente **gegen**[397] die Bejahung der Möglichkeit der Vergewisserung. Der Gesetzgeber hat die Rechtsfolge des § 444 bewusst nur für arglistige, nicht aber für (wenn auch fahrlässig) kenntnislose Verkäufer vorgesehen. Es ist vielmehr ein **Vergleich zu ziehen zwischen der H und einer Einzelperson in der Position der H.** Denn H soll aus ihrer organisatorischen Arbeitsteilung im Vergleich mit einem Einzelkaufmann zwar keine Vorteile ziehen, aber auch keine Nachteile erleiden. Hätte A als Einzelkaufmann das Auto gekauft sowie verkauft und zwischenzeitlich fahrlässig die Unrichtigkeit des Kilometerstands vergessen, so hätte A nicht arglistig gehandelt. Dann darf aber auch H dieser Vorwurf nicht gemacht werden.

H hatte daher in diesem Sinne nicht die Möglichkeit, von dem tatsächlichen Kilometerstand und somit von dem Mangel Kenntnis zu nehmen.

H hat daher dem K den Mangel nicht arglistig verschwiegen. § 444 ist nicht erfüllt. Der vereinbarte Gewährleistungsausschluss ist wirksam. K hat daher gegen H keinen Anspruch auf Rückzahlung des Kaufpreises aus §§ 346 Abs. 1, 437 Nr. 2, 326 Abs. 5, 323.

---

427 Nach h.M. liegt Arglist[398] bereits vor, wenn der Verkäufer den Mangel zwar nicht kennt, aber ihn auf Nachfrage des Verkäufers verneint, obwohl er weiß, dass er nicht weiß, ob der Mangel vorliegt (**Angaben ins Blaue hinein**).[399] In Fall 23 war dies aber nicht relevant, denn nachdem A den falschen Kilometerstand eingetragen hatte, gingen alle Beteiligten davon aus, zu wissen, dass kein Mangel vorliegt. Wenn hingegen der Käufer nicht nachfragt und der Mangel sich dem Verkäufer „nur" aufdrängt, dann hat er nur **grob fahrlässige Unkenntnis**, aber keine Arglist.[400] Wenn **einer von mehreren Verkäufern** arglistig einen Mangel verschweigt, dann treffen die negativen Konsequenzen alle Verkäufer.[401]

II. Person des Vollmachtgebers, § 166 Abs. 2

428 Hinsichtlich der **Kenntnis** (§ 166 Abs. 2 S. 1) und des **Kennenmüssens** (§§ 161 Abs. 2 S. 2, 122 Abs. 2) **von Umständen** ist hingegen auf den Vollmachtgeber abzustellen, wenn die Vertretungsmacht auf einer **Vollmacht** beruht und der Vertreter nach bestimmten **Weisungen des Vertretenen** gehandelt hat. Der bösgläubige Vertretene soll sich nicht durch Weisungen an den gutgläubigen Vertreter, die er aufgrund seines Wissens in eine bestimmte Richtung erteilen kann, einen Vorteil verschaffen können.

Dem Wortlaut nach gilt die Vorschrift nicht für die **gesetzliche Vertretung**, denn eine solche besteht regelmäßig dann, wenn der Vertretene gerade nicht in der Lage ist, rechtlich verbindliche Weisungen auszusprechen. Ist er allerdings ausnahmsweise hierzu in der Lage, dann gilt § 166 Abs. 2 entsprechend, **beispielsweise** wenn der bösgläubige gesetzliche Vertreter dem für ein bestimmtes Rechtsgeschäft bestellten (§ 1909 Abs. 1 S. 1), gutgläubigen Ergänzungspfleger Weisungen erteilt. Weisungen des Vertretenen sind dann hingegen unbeachtlich.[402]

429 Ob § 166 Abs. 2 über seinen Wortlaut hinaus auch für **Willensmängel** gilt, ist strittig.

---

397 So BGH NJW 1996, 1205.

398 Näher zur Arglist nebst Fall zu ihrer Relevanz im gesamten BGB AS-Skript BGB AT 2 (2019), Rn. 326 f., 335 ff.

399 BGH RÜ 2012, 345; OLG Stuttgart RÜ 2011, 345; Palandt/Weidenkaff § 444 Rn. 11.

400 BGH RÜ 2016, 751 Rn. 21; BGH RÜ 2013, 413.

401 BGH RÜ 2016, 552.

402 MünchKomm/Schubert§ 166 Rn. 92 f.

Fall 24: Der arglistige Maschinenverkäufer

H will G eine Bohrmaschine für 3.000 € verkaufen. Als G angesichts des hohen Kaufpreises zögert, erklärt H ihm, dass der Kaufpreis von der Steuer absetzbar sei, obwohl H genau weiß, dass dies nach den gesetzlichen Bestimmungen nicht der Fall ist. G schläft eine Nacht über die Sache und entschließt sich zum Kauf. G bevollmächtigt V, der etwas von Bohrmaschinen versteht, die Maschine für G zu erwerben, falls V sie für tauglich hält. V stellt keine Mängel fest und erwirbt die Maschine für G. Einen Tag später stellt G fest, dass er keinen Steuervorteil hat. Er verweigert die Kaufpreiszahlung, weil er sich von H betrogen fühle. Zu Recht?

H hat gegen G einen Anspruch auf Kaufpreiszahlung gemäß **§ 433 Abs. 2 Var. 1**, wenn zwischen H und G ein **wirksamer Kaufvertrag** besteht. **430**

G, vertreten durch V gemäß § 164 Abs. 1 u. 3, und H haben sich zunächst über den Kaufvertragsschluss **geeinigt**. Die dem G zugerechnete Willenserklärung des V – und damit der Kaufvertrag insgesamt – könnte aber **gemäß § 142 Abs. 1 ex tunc unwirksam** sein.

I. G hat gegenüber H zu erkennen gegeben, dass er wegen der Täuschung über die steuerliche Absetzbarkeit des Kaufpreises den Vertrag nicht gelten lassen will, und dadurch konkludent eine **Anfechtungserklärung** gegenüber dem nach § 143 Abs. 1, 2 Var. 1 korrekten **Anfechtungsgegner** abgegeben. Nicht G hat die Erklärung, die er anficht, abgegeben, sondern V. Gemäß § 164 Abs. 1 bindet die Erklärung aber ausschließlich den G, daher liegt die **Berechtigung zur Anfechtung** bei G (s. Rn. 412). G beruft sich auf eine arglistige Täuschung i.S.d. § 123 Abs. 1 Var. 1 und hat die hierfür geltende **Anfechtungsfrist** des § 124 Abs. 1 eingehalten.

II. Zweifelhaft ist aber, ob der **Anfechtungsgrund des § 123 Abs. 1 Var. 1** besteht. H hat zwar eine Fehlvorstellung über die Absetzbarkeit – also einen **Irrtum durch Täuschung** – hervorgerufen, allerdings **nur bei G und nicht bei V**. **431**

1. Nach **§ 166 Abs. 1** ist hinsichtlich eines Willensmangels, also eines Irrtums, grundsätzlich auf den **Vertreter** (hier: V) abzustellen. V irrte aber nicht.

2. Unter den Voraussetzungen des **§ 166 Abs. 2** ist aber ausnahmsweise auf den **Vollmachtgeber** (hier: den irrenden G) abzustellen.

   a) Für eine **bestimmte Weisung** genügt es, wenn der Vertreter ein Geschäft abschließt, zu dessen Vornahme ihn der Vertretene **veranlasst** hat, die Entscheidung des Vertreters also **bewusst vom Vertretenen bestimmt** oder doch **in eine bestimmte Richtung gelenkt** wurde.[403]

   V durfte, je nach Zustand der Maschine, nur entscheiden, ob er den Kaufvertrag abschließt. Kaufgegenstand und -preis hatte G hingegen konkret vorgegeben, sodass G dem V i.d.S. bestimmte Weisungen erteilt hatte.

   b) § 166 Abs. 2 erfasst aber nach seinem **Wortlaut** nur die **Kenntnis und das Kennenmüssen** von Umständen. Diese Gesetzeslücke ist planwidrig, daher ist **432**

403 MünchKomm/Schubert § 166 Rn. 95.

die Norm **bei Willensmängeln** (zumindest) **nach § 123 Abs. 1 Var. 1 analog** anzuwenden, wenn auch die Interessenlage vergleichbar ist.

Gegen[404] die Vergleichbarkeit spricht, dass § 166 Abs. 2 als Ausnahmevorschrift eng auszulegen und daher nicht analogiefähig sein könnte. Zudem kann sprachlich die Kenntnis einer Person ohne Weiteres einer anderen Person zuzurechnen sein, während ein Willensmangel zuvorderst bei demjenigen vorliegt, der den Willen bildet, und das ist bei der Vertretung der Vertreter.

Für[405] die Vergleichbarkeit spricht aber, dass § 166 Abs. 2 nur verhindern soll, dass ein **wissender Geschäftsherr** (etwa ein den Mangel kennender Verkäufer) für ihn nachteilige Rechtsfolgen (etwa aus § 444 Var. 1) umgeht, indem er einen nichtwissenden Vertreter einsetzt. Beim **Geschäftsherrn mit Willensmängeln** (hier: G) ist es umgekehrt: Stellt man nicht auf seinen Irrtum, sondern auf den nicht irrenden Vertreter (hier: V) ab, so hätte der (mitunter nach § 240 StGB bzw. § 263 StGB sogar straffällige) Geschäftsgegner (hier: H) einen Vorteil.

Bei **Ablehnung der Analogie** wäre sodann in den Fällen des § 123 Abs. 1 eine Einrede des Vertretenen gegen den Geschäftsgegner aus **§ 242** zu erwägen.[406] Manche bejahen die Analogie auch für **alle anderen Willensmängel**.[407] Sie übersehen dabei aber, dass in den Fällen der §§ 119, 120 BGB nicht der Anfechtungsberechtigte, sondern im Gegenteil der Anfechtungsgegner schutzbedürftig ist, was auch in § 122 Abs. 1 BGB zum Ausdruck kommt.

Die Interessenlage ist vergleichbar. G hat mithin analog § 166 Abs. 2 einen Anfechtungsgrund nach § 123 Abs. 1 Var. 1, obgleich V seine anzufechtende Willenserklärung ohne täuschungsbedingten Irrtum oder sonstige Willensmängel abgegeben hat. Daher ist die Kauferklärung des V für G und somit der Kaufvertrag gemäß § 142 Abs. 1 nichtig. H hat gegen G daher keinen Anspruch aus § 433 Abs. 2 Var. 1 auf Kaufpreiszahlung.

---

5. Abschnitt: Rechtsfolgen der Vertretung ohne Vertretungsmacht

433 Die Rechtsfolgen der Vertretung **ohne (wirksame) Vertretungsmacht** sind in den **§§ 177–179** für Verträge und in **§ 180** für einseitige Rechtsgeschäfte geregelt. Auf den Boten **ohne (wirksame) Botenmacht** finden diese Normen **analoge Anwendung**.[408]

A. Vertrag: Schwebende Unwirksamkeit und Haftung, §§ 177–179

434 Ein **ohne Vertretungsmacht** abgeschlossener Vertrag ist zunächst **schwebend unwirksam** (vgl. § 177 Abs. 1 „so hängt die Wirksamkeit ... ab.“).

Hinweis: *Für **Minderjährige** enthalten die §§ 108, 109 eine ähnliche Regelung.[409] Bei bereits **unzulässiger Stellvertretung** ist das Geschäft hingegen nichtig (Rn. 298 ff.), bei **fehlender Offenkundigkeit** liegt ein Eigengeschäft des Erklärenden vor (§ 164 Abs. 2, Rn. 320).*

---

404 So Staudinger/Schilken § 166 Rn. 28.

405 BGH RÜ 2000, 367; Wolf/Neuner § 49 Rn. 91.

406 MünchKomm/Schubert § 166 Rn. 96.

407 So wohl Palandt/Ellenberger § 166 Rn. 12.

408 Palandt/Ellenberger § 179 Rn. 1.

409 Näher zu den §§ 108, 109 AS-Skript BGB AT 2 (2019) Rn. 72 ff.

I. Erteilung der Genehmigung durch den Vertretenen, § 177

Genehmigt der Vertretene den Vertrag, so wird der Vertrag gemäß §§ 177 Abs. 1, 184 Abs. 1 **rückwirkend** (ex tunc) **wirksam** (näher zur Genehmigung Rn. 450 ff., Rn. 463 ff.). Die Parteien werden so behandelt, als hätte der Vertreter Vertretungsmacht gehabt. **435**

Der Vertretene kann die Genehmigung gemäß § 182 Abs. 1 a.E. **sowohl gegenüber dem Vertreter** als auch **gegenüber dem Geschäftsgegner** erklären. Sobald allerdings der Geschäftsgegner den Vertretenen dazu **auffordert**, sich zu entscheiden, ob er genehmigt, kann die Genehmigung **nur noch gegenüber dem Geschäftsgegner** erklärt werden, § 177 Abs. 2 S. 1 Hs. 1. Zudem wird in diesem Fall eine zuvor gegenüber dem Vertreter erklärte Genehmigung unwirksam, § 177 Abs. 2 S. 1 Hs. 2.

II. Verweigerung der Genehmigung durch den Vertretenen, § 177

Verweigert der Vertretene die Genehmigung, tritt grundsätzlich die **endgültige Unwirksamkeit** des Vertrags ein. Die einmal erklärte Verweigerung einer Genehmigung ist bindend, sie kann nicht später widerrufen werden (arg. e con. § 183, s. Rn. 463). **436**

Auch für die Verweigerung gilt **§ 177 Abs. 2 S. 1**. Nach **Aufforderung** des Geschäftsgegners kann die Verweigerung nur noch ihm gegenüber erklärt werden. Eine vorherige Verweigerung gegenüber dem Vertreter ist unwirksam. Zudem **gilt** gemäß § 177 Abs. 2 S. 2 **nach Ablauf von zwei Wochen** die Genehmigung **als verweigert**. Der Geschäftsgegner kann also durch die Aufforderung eine Beendigung des Schwebezustands erzwingen.

Hinweis: *Eine entsprechende Regelung enthält § 108 Abs. 2.*

III. Widerruf durch den Geschäftsgegner, § 178

Gemäß § 178 kann der Geschäftsgegner ferner **sofort den Schwebezustand beseitigen**, indem er den Vertrag **bis zur Genehmigung** gegenüber dem Vertretenen oder dem Vertreter **widerruft**, es sei denn, er hat den Mangel der Vertretungsmacht gekannt. **437**

Ist nach **§ 242** das Berufen auf die **Unwirksamkeit der Vollmacht des Vertreters der Gegenseite unzulässig**, dann besteht auch **kein** Recht zum **Widerruf** (§ 178) oder zur **Aufforderung** (§ 177 Abs. 2).[410]

IV. Haftung des Vertreters ohne Vertretungsmacht, § 179

Der Vertreter, der für eine andere Person – gleich ob sie schon und noch existiert[411] – ohne Vertretungsmacht einen Vertrag abgeschlossen hat, haftet nach **Wahl des Geschäftsgegners** gemäß § 179 Abs. 1 u. Abs. 2[412] **438**

- entweder auf **Erfüllung** des Vertrags; der Vertreter wird dann zwar nicht Vertragspartei. Ihn treffen aber alle vertraglichen Rechte und Pflichten.

  Beispiele für Rechte des Vertreters: Leistungsansprüche; Schadensersatzansprüche wegen vertraglicher Pflichtverletzung (§§ 280 ff.); Anfechtung;[413] Verjährungseinrede[414]

---

410 BGH RÜ 2012, 683.

411 Vgl. BGH NJW-RR 2005, 1585.

412 Vgl. zum Folgenden Palandt/Ellenberger § 179 Rn. 5 ff.

413 BGH RÜ 2002, 243.

414 BGH RÜ 2017, 548.

- oder auf **Schadensersatz**[415] **aufgrund seines unautorisierten Auftretens.** Er muss den Geschäftsgegner nicht in Natur, sondern **in Geld** so stellen, als wäre der Vertrag aufgrund vorhandener Vertretungsmacht zustande gekommen und gehörig erfüllt worden (**Erfüllungsschaden**). Nach der **Differenzhypothese** beläuft sich die Anspruchshöhe auf die Differenz zwischen der hypothetischen und der tatsächlichen Vermögenslage des Geschäftsgegners. Nicht zu ersetzen sind hingegen Schäden, die bei wirksamem Vertragsschluss und gehöriger Erfüllung ebenfalls entstanden wären (**„Sowieso-Schäden"**, Verbot der schadensrechtlichen Bereicherung).

  Daher schuldet der Vertreter insbesondere keinen Ersatz, wenn **der Vertretene vermögenslos** war und daher gegen den Vertreter keine Ansprüche aus dem Vertrag realisiert werden könnten.

  Wenn der Vertreter den **Mangel der Vertretungsmacht nicht gekannt** hat, so muss er gemäß § 179 Abs. 2 nur den **Vertrauensschaden** ersetzen, also den Geschäftsgegner so stellen, als sei es nie zum Vertragsschluss gekommen. Die Höhe des zu ersetzenden Vertrauensschadens ist **auf die Höhe des Erfüllungsinteresses begrenzt.**

  Hinweis: *§ 179 Abs. 2 gleicht § 122 Abs. 1 Hs. 2, vgl. mit Rechenbeispiel Rn. 372.*

Strittig ist, ob das Wahlrecht des § 179 Abs. 1 ein Fall der **Wahlschuld** (wohl h.M.; eine Forderung mit alternativem Inhalt, §§ 262–264) oder der **elektiven Konkurrenz** (zwei inhaltlich verschiedene Forderungen) ist.[416] Für letztere gilt insbesondere § 263 Abs. 2 nicht, daher wirkt die Wahl bei ihr nur ex nunc.

Die **Verjährungsfrist** der Ansprüche aus § 179 entspricht derjenigen, die für die **Erfüllungsansprüche** aus dem Vertrag gegolten hätte. Die Verjährung **beginnt** mit der Verweigerung der Genehmigung.[417]

439 Der Vertreter ohne Vertretungsmacht **haftet** allerdings **nicht** nach § 179, wenn

- der **Vertretene** den Vertrag **genehmigt** hat (vgl. § 179 Abs. 1 a. E.),
- der **Geschäftsgegner** den Vertrag nach § 178 **widerrufen** hat (h.M.),[418]

  Mit dem Widerruf gibt der Geschäftsgegner zu erkennen, dass er **kein Erfüllungsinteresse mehr** hat, daher soll er auch den Anspruch aus § 179 Abs. 1 nicht mehr haben. Den **Vertrauensschaden** kann er hingegen ersetzt verlangen, allerdings **nicht** aus dem an § 179 Abs. 1 anknüpfenden und daher unanwendbaren **§ 179 Abs. 2, sondern** aus **§§ 280 Abs. 1, 241 Abs. 2, 311 Abs. 2**.

- der **Geschäftsgegner** das Fehlen der Vertretungsmacht **kannte** oder **hätte kennen müssen**, §§ 179 Abs. 3 S. 1, 122 Abs. 2,

  Grundsätzlich darf der Geschäftsgegner auf die Vertretungsmacht **vertrauen.** Nur bei **unterlassener Nachforschung trotz konkreten Anlasses**[419] ist seine Unkenntnis i.S.d. § 122 Abs. 2 fahrlässig. Auch wenn der Vertretene nicht (mehr) existiert, kommt es nur auf das Kennenmüssen des Fehlens der Vertretungsmacht und nicht auf das Kennenmüssen der Nichtexistenz des Vertretenen an.[420]

- oder der **Vertreter beschränkt geschäftsfähig** war und **ohne Zustimmung** seines gesetzlichen Vertreters gehandelt hat, § 179 Abs. 3 S. 2.

  Geschäftsunfähige können gemäß § 165 ohnehin nicht als Vertreter auftreten.

---

415 Ausführlich zu den folgenden Begriffen des allgemeinen Schadensrechts AS-Skript Schuldrecht BT 4 (2019), Rn. 435 ff.

416 Staudinger/Schilken § 179 Rn. 13 (Wahlschuld) vs. Staudinger/Bittner/Kölbe § 262 Rn. 10 (elektive Konkurrenz), jeweils m.w.N.

417 BGH NJW 2004, 774; BGH RÜ 2017, 548, 549.

418 MünchKomm/Schubert, § 178 Rn. 10, m.w.N. zu beiden Ansichten.

419 BGH NJW 2000, 1407, 1408.

420 BGH RÜ 2009, 140, Rn. 14 ff.

B. Einseitige Rechtsgeschäfte, §§ 174, 180

Für einseitige Rechtsgeschäfte muss möglichst zeitnah **feststehen**, ob sie wirksam sind. **440**

Hinweise: *Deswegen sind einseitige Rechtsgeschäfte auch **bedingungsfeindlich**, s. Rn. 265. Für **Minderjährige** enthält § 111 eine Regelung, die den §§ 174, 180 ähnelt.*

I. Vorlage einer Vollmachtsurkunde, § 174

Trotz der Formfreiheit nach § 167 Abs. 2 sollte der **bevollmächtigte Erklärungsvertreter** bei Abgabe einer einseitigen, **empfangsbedürftigen** Erklärung eine schriftliche **Vollmachtsurkunde im Original oder als Ausfertigung** vorlegen. Denn wenn der Geschäftsgegner unter Hinweis auf die fehlende Urkunde das Geschäft unverzüglich (§ 121 Abs. 1 S. 1) **zurückweist**, dann ist es gemäß § 174 S. 1 **endgültig unwirksam**. **441**

Beispiel: Rechtsanwältin R kündigt dem Mieter M ihrer Mandantin schriftlich, aber ohne eine Vollmachtsurkunde beizulegen. M beanstandet dies unverzüglich, daher ist die Kündigung unwirksam.

Beglaubigte Abschriften, Fotokopien, Telefaxausdrucke usw. genügen nicht.[421]

Das Geschäft ist aber **wirksam**, wenn **442**

- der Vertretene den Gegner von der Vollmacht **in Kenntnis gesetzt** hat, § 174 S. 2,
- nach § 242 der Vertreter eine Stellung hat, in der **üblicherweise Vollmacht** erteilt wird oder wenn bereits **wiederholt ähnliche Geschäfte** getätigt wurden,[422]

  Beispiele für Stellungen mit üblicher Vollmacht: Prokurist für alle von § 49 HGB erfassten Geschäfte; Leiter der Personalabteilung für Kündigung eines Arbeitsvertrags; Hausverwalter für Kündigung eines Mietvertrags, (zumindest) wenn mit ihm der Vertrag auch geschlossen wurde

- oder nach § 242 der Vertretene das Geschäft nicht zurückweist, um seine Unsicherheit über die Wirksamkeit des Geschäfts zu beseitigen, sondern um **absichtlich das** (vorbehaltlich § 174 S. 1) **als wirksam erkannte Geschäft zu verhindern.**[423]

Nach dem Wortlaut gilt § 174 **nicht** für den **gesetzlichen Vertreter.**[424] **443**

Daher muss **beispielsweise** der GmbH-Geschäftsführer seine Vertretungsmacht nicht nachweisen.

II. Grundsätzlich endgültige Unwirksamkeit, § 180

Nicht empfangsbedürftige, einseitige Erklärungen des Vertreters **ohne Vertretungsmacht** sind gemäß § 180 S. 1 **ausnahmslos endgültig unwirksam.** **444**

Die Ausnahme des § 180 S. 3 kommt nicht zum Tragen, weil eine **Empfangsvertretung** (§ 164 Abs. 3) bei nicht empfangsbedürftigen Erklärungen per definitionem nicht möglich ist.

Empfangsbedürftige, einseitige Erklärungen **ohne Vertretungsmacht** sind hingegen gemäß § 180 S. 2 **ausnahmsweise nicht endgültig unwirksam**, wenn sie unter (konkludenter) Behauptung des Bestehens einer Vollmacht abgegeben wurden und der Geschäftsgegner sie nicht beanstandet (d.h. wie bei § 174 S. 1 unverzüglich zurück- **445**

---

421 Palandt/Ellenberger § 174 Rn. 5; BGH NJW-RR 2018, 116.

422 Palandt/Ellenberger § 174 Rn. 7 m.w.N. zu den Beispielen.

423 OLG Hamm, Urt. v. 04.06.2018 – 5 U 141/17, BeckRS 2018, 28956.

424 Palandt/Ellenberger § 174 Rn. 4.

weist)[425] oder mit ihnen sogar einverstanden ist. Dann gelten vielmehr die §§ 177–179, d.h. die Erklärung ist schwebend unwirksam. Erlangt sie nach Maßgabe der §§ 177, 178 nicht Wirksamkeit ex tunc (§ 184 Abs. 1), dann haftet der Vertreter nach Maßgabe des § 179. Entsprechendes gilt für den Empfangsvertreter ohne Vertretungsmacht, § 180 S. 3.

6. Abschnitt: Untervollmacht

446 Unter diesen **idealen Voraussetzungen** bindet ein Untervertreter den Geschäftsherrn:

- Eigene **Erklärung des Untervertreters im Namen des Geschäftsherrn,**
- **Unterbevollmächtigung** des Untervertreters durch den Vertreter im Namen des Geschäftsherrn und
- **Bevollmächtigung** des Vertreters durch den Geschäftsherrn (auch) zur Erteilung einer Untervollmacht.

Beispiel: V ist Vertreter des G im Außendienst und darf seinen Geschäftsbereich selbst organisieren, erforderlichenfalls durch Einschaltung von Hilfspersonen. V erkrankt und bevollmächtigt daher im Namen des G den U, namens des G aufzutreten. U schließt sodann Verträge namens des G ab.

447 Bei **Abweichungen von den letzten beiden Punkten** stellen sich folgende Fragen:

- Nach der Rspr.[426] kann der Vertreter auch **im eigenen Namen die Untervollmacht** erteilen. Das Handeln des Untervertreters gehe trotzdem „durch den Hauptvertreter hindurch" und binde den Geschäftsherrn. Nach der h.Lit.[427] muss der Vertreter die Untervollmacht offenkundig namens des Geschäftsherrn erteilen. Sonst sei sie als Rechtsgeschäft zulasten des Geschäftsherrn unwirksam. Der Untervertreter sei dann nur „Vertreter des Vertreters". Gebunden werde daher nur der Vertreter.

  Beispiel wie Rn. 446, aber V bevollmächtigt im eigenen Namen U für Geschäfte namens G.

- **Fehlt eine (wirksame) Untervollmacht**, so richtet sich die Bindung des Geschäftsherrn nach den §§ 177–180.

  Beispiel wie Rn. 446, aber V sagt zu U nur, er solle nach Vertragspartnern für G Ausschau halten und V diese benennen. U missversteht dies und schließt Verträge namens des G ab.

- Die Behandlung des **Fehlens einer (wirksamen) Hauptvollmacht** ist umstritten:

Fall 25: Selbstüberschätzender Angestellter und ahnungsloser Praktikant

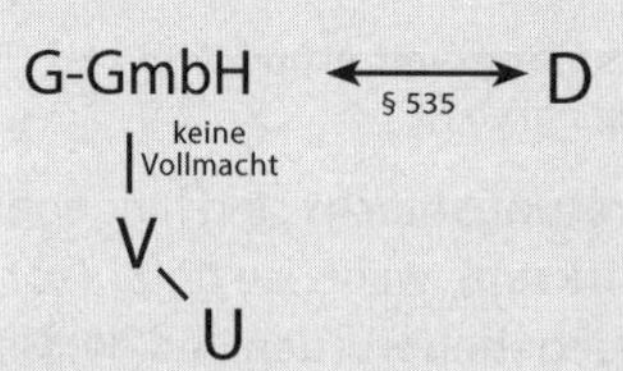

V ist für die G-GmbH im Außendienst tätig. V benutzt einen Pkw der G, Praktikant U ist Beifahrer. Nach einem Unfall erteilt V dem U den Auftrag, bei D im Namen der G einen Ersatzwagen anzumieten. U sagt bei der Anmietung zu D, der V schicke ihn und der Wagen sei für G bestimmt. V hatte jedoch keine Vollmacht, für G Mietverträge abzuschließen, was U allerdings nicht wusste. Ansprüche D gegen U?

---

425 MünchKomm/Schubert Rn. 11 m.w.N.

426 BGH NJW 1977, 1535.

427 Staudinger/Schilken § 167 Rn. 62; Medicus/Petersen AT Rn. 951; Wolf/Neuner § 50 Rn. 36.

A. U ist ausdrücklich nicht im eigenen Namen aufgetreten, sodass zwischen D und U kein Mietvertrag besteht, aus dem D einen Anspruch aus **§ 535 Abs. 2** haben könnte. 448

B. D könnte gegen U einen Anspruch aus **§ 179** haben.

I. U ist **als Vertreter** der G aufgetreten und dürfte dabei **keine** für und gegen G wirkende **Vertretungsmacht** gehabt haben. G selbst hat U nicht bevollmächtigt. V hat U zwar für und namens G bevollmächtigt. Jedoch hatte V selbst nicht die Vertretungsmacht, für und gegen G wirkende Mietverträge abzuschließen, daher konnte V dem U auch keine entsprechende Untervollmacht erteilen. Die **Untervollmacht kann nicht weiter reichen als die Hauptvollmacht.**[428] U hatte daher keine für und gegen G wirkende Vertretungsmacht.

Auch die Befugnis zum Widerruf der Hauptvollmacht knüpft an ihre Erteilung als actus contrarius an (§§ 168 S. 3, 167 Abs. 1). Der **Untervertreter** kann die Hauptvollmacht nicht erteilen (das wäre paradox), daher kann er **die Hauptvollmacht** auch **nicht widerrufen.**[429]

II. **Rechtsfolge** des Anspruchs ist gemäß § 179 Abs. 1 grundsätzlich die Haftung des U nach Wahl des D auf Erfüllung oder auf Ersatz des Erfüllungsschadens. U wusste jedoch nicht, dass ihm die für und gegen G wirkende Vertretungsmacht fehlte, er ging vielmehr davon aus, dass V ihn namens der G unterbevollmächtigen konnte. U haftet daher nach **§ 179 Abs. 2** auf den Vertrauensschaden. 449

Für[430] eine solche Haftung auch des Untervertreters spricht neben dem **Wortlaut**, dass es für die **Schutzwürdigkeit des Geschäftsgegners** (hier: D) keinen Unterschied macht, auf welchem Weg die Vollmacht des Handelnden zustande gekommen ist. Er soll in seinem Vertrauen auf diese Vollmacht geschützt werden. Entweder haftet ihm der offenkundig Vertretene (hier: G) oder der Handelnde (hier: U) als verschuldensunabhängiger Garant für das Bestehen der Vollmacht.

Dagegen[431] lässt sich aber überzeugend einwenden, dass auch die **Schutzwürdigkeit des Untervertreters** (hier: U) eine Rolle spielen muss.

- **Legt der Untervertreter die Mehrstufigkeit der Vertretung nicht offen**, so kann der Geschäftsgegner das kumulierte Unwirksamkeitsrisiko mehrerer Vollmachten nicht erkennen. Der Untervertreter hingegen könnte die Mehrstufigkeit offenlegen. Er ist daher nicht schutzwürdig und haftet nach § 179.
- **Legt der Untervertreter die Mehrstufigkeit hingegen offen**, so ist der Geschäftsgegner gewarnt. Zudem gibt der Untervertreter zu erkennen, dass auch er auf die Hauptvollmacht vertraut. Letztlich sitzen also beide (hier: D und U) im gleichen Boot hinsichtlich des Vertrauens auf die Angaben des Hauptvertreters (hier: V). Der Untervertreter haftet dann nicht nach § 179.

Aufgrund der Offenlegung hat D gegen U keinen Anspruch aus § 179.

D hat aber **gegen den vollmachtlosen Hauptvertreter** V einen Anspruch nach Maßgabe des § 179.

---

428 BGH NJW 2013, 297.

429 BGH RÜ 2017, 681, 682 f.

430 So MünchKomm/Schubert § 167 Rn. 88.

431 So BGH NJW 1977, 1535; Staudinger/Schilken § 167 Rn. 73; Wolf/Neuner § 51 Rn. 35.

Stellvertretung

Zulässigkeit

- Grundsätzlich bei allen Rechtsgeschäften;
  nicht bei Realakten, der Übergabe i.S.v. § 929 S. 1 oder rechtswidrigen Handlungen
- Unzulässig bei höchstpersönlichen Rechtsgeschäften

Eigene Willenserklärung im fremden Namen

- Der Vertreter formuliert eine eigene, der Bote überbringt eine fremde Willenserklärung.
- Bei (bewusst oder unbewusst) abweichendem Auftreten ist das Rechtsgeschäft wirksam, wenn es von der Boten-/Vertretungsmacht gedeckt ist; ohne Boten-/Vertretungsmacht gilt:
  - bei bewusst abweichendem Auftreten gelten die §§ 177 ff. entsprechend
  - bei unbewusst falscher Übermittlung des Boten gilt § 120
- Im fremden Namen: Offenkundigkeit, zumindest aus den Umständen (§ 164 Abs. 1 S. 2)
  - Handeln für einen noch zu benennenden Dritten möglich
  - beim unternehmensbezogenen Geschäft wird der Betriebsinhaber verpflichtet
  - § 164 Abs. 2: Eigengeschäft, wenn keine Offenkundigkeit; Anfechtung ausgeschlossen
  - Offenkundigkeit nicht erforderlich beim Geschäft, für den, den es angeht (Bargeschäfte des täglichen Lebens) und beim Handeln unter fremdem Namen mit Identitätstäuschung

Vertretungsmacht

- Erteilung der Vollmacht: einseitiges Rechtsgeschäft; formfrei (§ 167 Abs. 2), Ausnahme: zumindest bei § 311 b unwiderrufliche Vollmacht und sonstige tatsächliche Bindung sowie bei § 766
- Erlöschen der Vollmacht:
  - wenn das zugrunde liegende Rechtsgeschäft erlischt oder widerrufen wird (§ 168)
  - Anfechtung nach h.M. möglich; Anfechtungsgegner str.; Haftung des Anfechtenden aus § 122 und keine Haftung des Vertreters aus § 179 (a.A.: Gesamtschuldner)
- Fortbestehen bzw. Rechtsschein:
  - §§ 170–173: Außenvollmacht und kundgetane Innenvollmacht wirken bei Vertrauen weiter
  - Duldungsvollmacht, Anscheinsvollmacht
    - Rechtsschein einer Bevollmächtigung (in der Regel Auftreten als Vertreter wiederholt und von gewisser Dauer)
    - Kenntnis vom Auftreten des Dritten als Vertreter bzw. fahrlässige Unkenntnis
    - Keine Kenntnis und kein Kennenmüssen der Gegenseite
  - str., ob (bei tauglichem Anfechtungsgrund) anfechtbar (dafür: Haftung sonst stärker als bei rechtsgeschäftlicher Vollmacht; dagegen: nur Willenserklärung kann Willensmängel haben)
- Vertretungsmacht kraft Gesetzes

Stellvertretung

Beschränkung der Vertretungsmacht

- § 181: Selbstkontrahieren und Mehrfachvertretung
  - über den Wortlaut hinaus: Umgehungsgeschäfte und Insichgeschäft nach materiellem Inhalt; nicht hingegen bei bloßer Interessenkollision
  - wirksam wenn: gestattet, Erfüllung einer Verbindlichkeit oder lediglich rechtlich vorteilhaft
- Missbrauch der Vertretungsmacht:
  - Sonderfall: Kollusion, nichtig nach § 138 Abs. 1
  - allgemeiner Missbrauch: Kenntnis des Geschäftsgegners oder Evidenz (im Handelsrecht zudem Kenntnis des Vertreters); Insichgeschäfte nur, wenn nach § 181 unzulässig
    Rechtsfolge § 242: Einrede gegen vertragliche Ansprüche; bei Mitverschulden nach § 254 Kürzung (a.A.: Kürzung nur bei Schadensersatz, z.B. aus §§ 280 Abs. 1, 311 Abs. 2, 241 Abs. 2)

Rechtsfolgen wirksamer Vertretung

- Rechtsgeschäft wirkt für und gegen den Vertretenen
- Willensmängel und Kenntnis/Kennenmüssen, § 166:
  - grundsätzlich Person des Vertreters maßgeblich, § 166 Abs. 1
    - Zurechnung der Kenntnisse des Wissensvertreters analog § 166 Abs. 1. Wissensvertreter ist jeder, der mit der Angelegenheit in eigener Verantwortung betraut ist.
    - Zurechnung von Aktenwissen: juristische Person; Verpflichtung zur Speicherung und Organisation von Information; tatsächliche Möglichkeit des Zugriffs und Anlass dafür
  - § 166 Abs. 2: Kenntnisse des Vertretenen entscheidend bei Handlungen nach bestimmten Weisungen; analog für Willensmängel, jedenfalls solche nach § 123 Abs. 1

Vertreter ohne Vertretungsmacht

- §§ 177, 178: Vertrag schwebend unwirksam; endgültige Rechtsfolge richtet sich nach Genehmigung, Verweigerung der Genehmigung oder Widerruf des Vertrags.
- § 179: Haftung des vollmachtlosen Vertreters bei Verträgen auf Erfüllung bzw. Erfüllungsinteresse (Abs. 1) oder Vertrauensinteresse (Abs. 2); Ausschluss nach Abs. 3
- Einseitige Erklärungen: § 174 bei Vollmacht ohne Urkunde; § 180 ohne Vertretungsmacht

Untervollmacht

- Erteilung namens des Geschäftsherrn, nach Rspr. auch namens des Hauptvertreters möglich
- Fehlende Untervollmacht: Untervertreter haftet aus § 179
- Fehlende Hauptvollmacht:
  - bei offener Untervertretung: Haftung (nur) des Hauptvertreters aus § 179;
  - bei verdeckter Untervertretung: Haftung des Untervertreters aus § 179

4. Teil: Zustimmung und Ermächtigung, §§ 182–185

1. Abschnitt: Zustimmung, §§ 182–184

450 Die Zustimmung ist das **zur Wirksamkeit** eines Rechtsgeschäfts **erforderliche Einverständnis**. Allgemeine Voraussetzungen und Rechtsfolgen sind in §§ 182–184 geregelt. Zustimmungserfordernisse und Besonderheiten sind im Sachzusammenhang normiert.

Beispiele: Rechtlich nachteilhaftes Geschäft eines beschränkt Geschäftsfähigen, §§ 107, 108 (gemäß § 108 Abs. 3 hat der Minderjährige ab Eintritt der Volljährigkeit selbst das Zustimmungsrecht); Vertretung ohne Vertretungsmacht, § 177; Verfügung eines Nichtberechtigten, § 185; Schuldübernahme zwischen Schuldner und Drittem, § 415; Aufhebung eines belasteten Grundstücksrechts, § 876; Verfügung eines Ehegatten in Zugewinngemeinschaft über sein Vermögen im Ganzen, § 1365

451 Zu unterscheiden sind die **Einwilligung** (= vorherige Zustimmung, §§ 182, 183) und die **Genehmigung** (= nachträgliche Zustimmung, §§ 182, 184).

Mitunter **weicht** allerdings der **Gesetzgeber** selbst von dieser Terminologie **ab**, vgl. §§ 1828 ff.

452 Die Zustimmung und ihre Verweigerung sind von dem zustimmungsbedürftigen Rechtsgeschäft **unabhängige, einseitige empfangsbedürftige Willenserklärungen**. Grundsätzlich gelten für sie (neben den §§ 182–184) die übrigen Regeln des BGB AT, vorrangig gelten aber Sonderregeln. Beachten Sie insbesondere:

453 ■ Grundsätzlich kann der zustimmungsberechtigte Dritte **beiden Parteien** eines Vertrags die Zustimmung oder ihre Verweigerung erklären, § 182 Abs. 1. Hat allerdings der (designierte) Vertragspartner des beschränkt Geschäftsfähigen bzw. des Vertreters ohne Vertretungsmacht den gesetzlichen Vertreter bzw. den Vertretenen **zur Erklärung über die Genehmigung aufgefordert**, so muss die Erklärung ihm gegenüber erfolgen, § 108 Abs. 2 S. 1 bzw. § 177 Abs. 2 S. 1.

454 ■ Die Zustimmung ist gemäß § 182 Abs. 2 auch bei zustimmungsbedürftigen Rechtsgeschäften **formfrei** möglich. Nach h.M. besteht aber in **denselben Ausnahmefällen wie bei § 167 Abs. 2** (Rn. 357 ff.) **ein Formbedürfnis**, insbesondere bei Unwiderruflichkeit oder faktischer Bindungswirkung der Zustimmung.

Andere halten jede Zustimmung oder zumindest jede Genehmigung für formfrei.[432]

455 ■ Die Zustimmung kann aus allgemeinen Gründen **nichtig** sein. Diese Nichtigkeitsgründe müssen dann aber **speziell die Zustimmung** als selbstständiges Rechtsgeschäft betreffen. Sie können **nicht vom Hauptgeschäft abgeleitet** werden.[433]

Beispiel: X schließt ohne Vertretungsmacht einen Vertrag im Namen des K mit V und irrt dabei. K genehmigt nach 11 Jahren. Dann bemerkt K den Irrtum des X und erklärt, er fechte „alles" an. – Zwischen K und V besteht ein Kaufvertrag. Die Vertragserklärung des X kann K wegen Fristablaufs nicht mehr anfechten (§ 121 Abs. 2). Für die Genehmigung liegt kein Anfechtungsgrund vor.

456 ■ Zustimmungsbedürftige **einseitige Rechtsgeschäfte** ohne Einwilligung sind sofort und ohne Genehmigungsmöglichkeit nichtig (allgemeiner Rechtsgedanke, vgl. §§ 111, 180 und Rn. 263 f.). Zudem kann eine Erklärung ohne schriftlich belegte Einwilligung zurückgewiesen werden, § 182 Abs. 3 i.V.m. § 111 S. 2 u. 3 (vgl. Rn. 263).

---

432 Erman/Maier-Reimer, § 182 Rn. 5 m.w.N. zu allen Ansichten; Staudinger/Gursky § 182 Rn. 27 f.

433 Palandt/Ellenberger § 182 Rn. 4 a.E. (für die Anfechtung der Verweigerung der Zustimmung).

Hinweis: *§ 174 (dazu Rn. 441 f.) enthält eine ähnliche Regelung.*

- Nach h.M.[434] genügt der **Mindesttatbestand der Willenserklärung** (Rn. 94): 457

Fall 26: Unbewusste Genehmigung

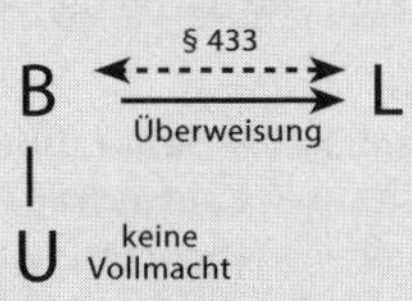

Bauunternehmer U schließt im Namen des Bauherrn B ohne Vertretungsmacht einen Kaufvertrag mit dem Lieferanten L. L, der vom Fehlen der Vertretungsmacht wusste, fordert B schriftlich auf, das ohne Vertretungsmacht abgeschlossene Geschäft zu genehmigen. B heftet das Schreiben jedoch ungelesen ab. Als die Rechnung des L bei B eingeht, geht dieser irrtümlich davon aus, sie betreffe ein von ihm selbst abgeschlossenes Geschäft, und überweist daher an L. Als B seinen Irrtum bemerkt, verlangt er das Geld von L zurück. Zu Recht?

L hat von B eine **Kontogutschrift durch Leistung erlangt**, sodass B gegen L aus **§ 812** 458
Abs. 1 S. 1 Var. 1 einen Anspruch auf Rücküberweisung hat, soweit zwischen B und L kein **Rechtsgrund** in Form eines Kaufvertrags i.S.d. § 433 besteht.

Der von U im Namen des B ohne Vertretungsmacht geschlossene Kaufvertrag war zunächst gemäß § 177 Abs. 1 **schwebend unwirksam**. Womöglich hat B den Vertrag **konkludent** durch die Überweisung i.S.d. §§ 177 Abs. 1, 182, 184 Abs. 1 **genehmigt**.

I. Der **äußere Erklärungstatbestand** ist durch **Auslegung** (§§ 133, 157) aus Sicht eines **objektiven Empfängers** zu ermitteln. Eine Genehmigung liegt vor, wenn das Verhalten des Vertretenen erkennen lässt, dass er die schwebende Unwirksamkeit kennt bzw. mit ihr rechnet und er den Vertrag gleichwohl gelten lassen will.[435]

   L hatte B auf den Schwebezustand hingewiesen und wenig später die Überweisung erhalten. Aus Sicht eines objektiven Empfängers lässt dies nur den Schluss zu, dass B den Vertrag trotz der Schwebelage gelten lassen und daher genehmigen will.

II. Der **innere Erklärungstatbestand deckt sich** jedoch **nicht** mit dem äußerlich Er- 459
klärten. B ging davon aus, aufgrund eines eigenen Geschäfts dem L fest verpflichtet zu sein. Er hielt eine optionale Genehmigung nicht für möglich und wollte sie daher nicht erklären. Jedoch hätte B bei Anwendung der üblichen Sorgfalt, nämlich durch Lesen des vorherigen Schreibens des L, erkennen können und müssen, dass die Überweisung aus objektiver Sicht als Genehmigung aufgefasst werden wird.

   B hatte also **potenzielles Erklärungsbewusstsein**. Zum Schutz des Rechtsverkehrs und des Adressaten (hier: L) muss dies zur Bejahung einer Willenserklärung genügen. Der Erklärende wird hinreichend dadurch geschützt, dass ihm analog § 119 ein Anfechtungsrecht eingeräumt wird. Dass dies konsequent zugleich eine Schadensersatzpflicht analog § 122 begründet, ist angesichts der vorausgehenden Sorgfaltswidrigkeit des Erklärenden nicht unbillig. Mithin hat B konkludent genehmigt.

---

434 BGH NJW-RR 2000, 1583; MünchKomm/Schramm § 177 Rn. 24; Palandt/Ellenberger § 182 Rn. 3; a.A. Staudinger/Gursky § 182 Rn. 17 ff. m.w.N.

435 MünchKomm/Schramm § 177 Rn. 27.

III. Mit der Rückforderung hat B konkludent seine **Genehmigung angefochten** und dadurch analog §§ 142 Abs. 1, 119 Abs. 1 rückwirkend beseitigt.

Mangels Genehmigung besteht zwischen L und B kein Kaufvertrag und daher kein Rechtsgrund. B kann von L gemäß § 812 Abs. 1 S. 1 Var. 1 Rücküberweisung verlangen.

Allerdings kann L nach Maßgabe des § 122 analog von B **Schadensersatz** verlangen und die beiden Ansprüche nach Maßgabe der §§ 387 ff. gegeneinander aufrechnen.

Eine Mindermeinung führt an, dass laut BGH keine Genehmigung vorliege, wenn **beide Seiten übereinstimmend von der Wirksamkeit des Geschäfts** ausgingen.[436] Würde auch L den Kaufvertrag für wirksam halten, dann würde aber wohl auch die h.M. eine Genehmigung verneinen, denn dann hätte B bereits aus objektiver Sicht nicht genehmigt. Es fragt sich dann, ob die Parteien konkludent ein inhaltsgleiches neues Geschäft abschließen. Dieses wollen sie zwar nicht, aber nur deshalb nicht, weil sie glauben, es gäbe das Geschäft bereits. Die Situation ist ähnlich wie bei der falsa demonstratio (Rn. 283), wobei es bei dieser allerdings nur um den Inhalt und nicht bereits um das „Ob" des Geschäfts geht.

A. Einwilligung, §§ 182 u. 183

460 Liegt die Einwilligung vor, so wird das zustimmungsbedürftige Rechtsgeschäft mit seiner Vornahme **sofort voll wirksam**. Die Einwilligung kann aber gemäß (und ihre Verweigerung analog)[437] § 183 gegenüber beiden Teilen durch **Widerruf** – eine Willenserklärung – beseitigt werden. Das ist grundsätzlich **bis zur Vornahme** des Rechtsgeschäfts möglich, wenn sich nicht etwas anderes aus dem Gesetz oder aus ihm ergibt.

So kann **ausnahmsweise** die Zustimmung zu einer **Verfügung bereits ab Wirksamkeit der Verpflichtung unwiderruflich** sein. **Beispielsweise** wird dies bei einer nach § 5 Abs. 1 ErbbauRG zustimmungspflichtigen Veräußerung eines Erbbaurechts angenommen, weil § 6 Abs. 1 ErbbauRG zeigt, dass Verfügung und Verpflichtung dasselbe Schicksal teilen sollen.[438] Weitere Beispiele für eine Verschiebung des Zeitpunkts finden sich in §§ 876 S. 3, 1183 und 1255 Abs. 2.

461 Die Einwilligung erlischt im Zweifel mit dem Erlöschen des ihr **zugrunde liegenden Rechtsverhältnisses** (Rechtsgedanke des § 168 S. 1).[439]

462 Es werden sowohl die **§§ 170–173** als auch die Grundsätze der **Duldungs- und Anscheinsvollmacht** (dazu Rn. 380 ff.) angewendet, wenn die Einwilligung fehlt.[440]

B. Genehmigung, §§ 182 u. 184

463 Ein zustimmungsbedürftiges, beidseitiges Rechtsgeschäft ist ohne Einwilligung **schwebend unwirksam**. Die Genehmigung führt zur Wirksamkeit, ihre Verweigerung zur Unwirksamkeit. Diese Rechtsfolgen treten **grundsätzlich rückwirkend** (ex tunc, § 184 Abs. 1 Hs. 1) auf die Vornahme des Geschäfts und **endgültig** ein. Anders als bei der Einwilligung ist also ein **Widerruf der Genehmigung nicht möglich** (arg. e con. § 183).

---

436 Staudinger/Gursky § 182 Rn. 17, unter Verweis auf BGH NJW 2004, 2745.

437 Palandt/Ellenberger § 182 Rn. 4.

438 BGH NJW 2017, 3514; a.A. noch BGH NJW 1963, 36.

439 Staudinger/Gursky § 183 Rn. 20.

440 Palandt/Ellenberger § 182 Rn. 3.

Einseitige Rechtsgeschäfte erklärt das Gesetz in der Regel **nicht für genehmigungsfähig**, weil keine Schwebezustände gewollt sind. **Umstritten** ist dennoch, ob **analog § 180 S. 2** eine schwebende Unwirksamkeit nebst Genehmigungsfähigkeit besteht, wenn der **Erklärungsempfänger mit der Vornahme des Geschäfts ohne Einwilligung einverstanden** ist.[441]

Es gibt aber zwei Ausnahmen von dieser strengen Wirkung: **464**

- Für den Wirkungszeitpunkt kann gemäß § 184 Abs. 1 Hs. 2 **„ein anderes bestimmt"** sein: **vertraglich** von den Parteien des Rechtsgeschäfts (nicht: einseitig vom Genehmigenden) oder durch das **Gesetz**, ausdrücklich oder zumindest durch seinen Zweck. Insbesondere tritt der **Beginn von Fristen** vielfach erst ex nunc ein.

  Beispiele:[442] Verjährungsbeginn durch Genehmigung eines Rechtsgeschäfts, das die Anspruchsentstehung i.S.d. § 199 Abs. 1 Nr. 1 zur Folge hat; Beginn der Widerrufsfrist (§ 355 Abs. 2 S. 2) durch Genehmigung des zu widerrufenden Vertrags; Beginn des Schuldnerverzugs (§ 286) durch Genehmigung des Schuldverhältnisses, aus dem sich der zu erfüllende Anspruch ergibt

- Die Genehmigungswirkung tritt gemäß § 184 Abs. 2 überhaupt nicht ein, soweit der Genehmigende seine **Verfügungsberechtigung verlieren** und eine von ihm während der Schwebezeit getroffene **Zwischenverfügung unwirksam** werden würde.

  Hinweis: *Bei* ***Bedingungen*** *gilt nach § 161 Abs. 1 u. 2 das Gegenteil (s. Rn. 254).*

Fall 27: Zweimal abgetreten

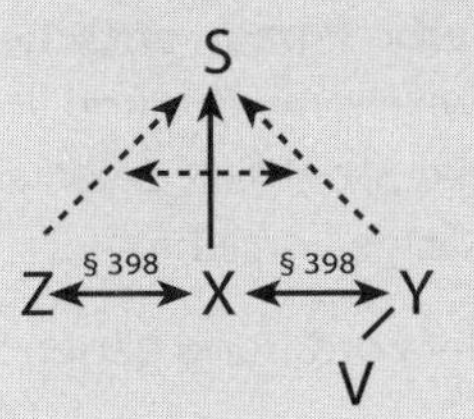

X tritt an Y, der dabei von V vertreten wird, seine Forderung gegen S ab. Dabei besaß V keine Vertretungsmacht für Y. Kurz darauf tritt X dieselbe Forderung an Z ab. Erst dann genehmigt Y die von V vereinbarte Abtretung.

Wer ist Inhaber der Forderung gegen S?

I. **Ursprünglich** war X Inhaber der Forderung gegen S. **465**

Aufbauhinweis: *Wird allgemein nach der Rechtsinhaberschaft gefragt, so ist es am einfachsten, wie hier* ***chronologisch*** *aufzubauen. Wird hingegen gefragt, ob eine konkrete Person Rechtsinhaber ist, so muss* ***personenbezogen*** *aufgebaut werden.*[443]

II. Y kann gemäß § 398 S. 2 durch **Abtretung** Inhaber der Forderung geworden sein. Gemäß § 398 S. 1 müssen Y und X sich **vertraglich geeinigt** haben. Zudem muss X zur Abtretung **berechtigt** gewesen sein. Berechtigt ist – neben dem kraft Gesetzes oder nach § 185 Abs. 1 Ermächtigten – der verfügungsbefugte Forderungsinhaber.

Aufbauhinweis: *Die* ***Abtretung*** *ist eine* ***Verfügung****, also sollten Sie sie nach dem entsprechenden* ***Schema*** *prüfen (s. Rn. 23: Einigung; ggf. Publizitätsakt; Berechtigung).*

V hat eine eigene Erklärung im Namen des Y abgegeben und die korrespondierende Erklärung des X angenommen, aber **ohne** die gemäß § 164 Abs. 1 u. 3 erforderliche **Vertretungsmacht**. Die **Einigung** war daher zunächst **schwebend unwirksam**.

441 Vgl. Palandt/Ellenberger § 184 Rn. 1 a.E. u. § 182 Rn. 5.

442 Vgl. Palandt/Ellenberger § 184 Rn. 2, m.w.N.

443 Ausführlich mit Beispielen AS-Skript Sachenrecht 1 (2018), Rn. 11 ff.

466 1. Jedoch hat Y die Vertretung durch V **rückwirkend genehmigt**, sodass die Einigung gemäß **§§ 177 Abs. 1, 182, 184 Abs. 1 von Anfang an wirksam** ist. **Im Zeitpunkt der Einigung** war X auch verfügungsbefugter Inhaber der Forderung und daher zu ihrer Abtretung an Y **berechtigt**. Es hat keine Auswirkung, dass X später dieselbe Forderung an Z abgetreten hat. X war in diesem Zeitpunkt ohnehin nicht mehr Inhaber der Forderung und daher nicht mehr zu ihrer Abtretung an Z berechtigt. Daher ist Y (und nicht Z) Inhaber der Forderung geworden.

Wirksam ist also grundsätzlich nur die erste Verfügung. So weit sie reicht, verliert der Verfügende seine Berechtigung, sodass für spätere Verfügungen die Berechtigung fehlt (**Prioritätsprinzip**).

2. Nach **§ 184 Abs. 2** sind aber **Zwischenverfügungen** nach der zu genehmigenden Verfügung und vor der Genehmigung **nicht unwirksam**. Danach könnte Z, an den X zwischen der Abtretung an Y und ihrer Genehmigung die Forderung abgetreten hatte, Inhaber der Forderung sein. Die **Zwischenverfügung** muss aber **„von dem Genehmigenden getroffen"** werden. Hier hat Y genehmigt, aber X die Zwischenverfügung getroffen.

§ 184 Abs. 2 würde also etwa greifen, **wenn V den X** bei der Abtretung an Y **vertreten hätte**.

Es ist auch **nicht** geboten, § 184 Abs. 2 **korrigierend gleichwohl** anzuwenden.[444] Als Ausnahmevorschrift ist die Norm eng auszulegen und grundsätzlich nicht analogiefähig. Zudem ist die Interessenlage nicht vergleichbar, denn die Rechtsfolge der Norm wird nur dadurch gerechtfertigt, dass **dieselbe Person entscheiden kann**, ob sie die Erstverfügung genehmigt oder die Zwischenverfügung vornimmt. Dass die Norm keinen allgemeinen Rechtsgedanken enthält, zeigt ein Blick auf § 161 Abs. 1 u. Abs. 2, der die gegenteilige Rechtsfolge vorsieht.

Also bleibt es bei dem zu 1. gefundenen Ergebnis: Y ist Inhaber der Forderung gegen S.

---

2. Abschnitt: Ermächtigungen nach § 185 (analog)

467 § 185 ist Ankernorm für **Ermächtigungen**.

Die **Blankettermächtigung** ist allerdings ein Fall von **§ 164 analog**, s. Rn. 106 ff.

A. Ermächtigung zu und Genehmigung einer Verfügung

468 Die Zustimmung zur **Verfügung** (Begriff: Rn. 23) **eines Dritten über ein Recht des Zustimmenden** ist in § 185 ausdrücklich geregelt. Der Dritte muss dabei nicht offenlegen, dass er über das Recht einer anderen Person verfügt. Er kann die Verfügung **im eigenen Namen** treffen. Das **Offenkundigkeitsprinzip** des § 164 Abs. 1 gilt also nicht.

Die Zustimmung kann nach § 185 Abs. 1 als **Einwilligung** (Synonym: **Ermächtigung**) oder nach §§ 185 Abs. 2 S. 1 Var. 1, 184 Abs. 1 als **Genehmigung ex tunc** erfolgen.

§ 185 Abs. 2 S. 1 Var. 2 u. 3 sieht zudem vor, dass die Verfügung wirksam wird, wenn **Berechtigter und Verfügender personenidentisch** werden. Diese sog. **Konvaleszenz** tritt **ex nunc** ein und bei mehreren Verfügungen gilt das **Prioritätsprinzip**, § 185 Abs. 2 S. 2.

---

444 BGH NJW 1978, 813; MünchKomm/Bayreuther § 184 Rn. 37.

Hinweis: *Die **Terminologie** des **§ 185 Abs. 1** ist nach h.M. nicht korrekt. Wer **mit Einwilligung** des Berechtigten übereignet, ist **Berechtigter** (vgl. das Schema in Rn. 23).*[445]

Beispiel: E will sein wertvolles Gemälde an X übereignen, ohne dabei in Erscheinung zu treten. Er schickt daher den N vor, der an X übergibt und übereignet, ohne den E zu erwähnen. –
1. X hat das Eigentum **nicht von E selbst, vertreten durch N** erworben. Dazu hätte N bei der dinglichen Einigung i.S.d. § 929 S. 1 offenkundig **im Namen des E** auftreten müssen (§ 164 Abs. 1, 2 u. 3).
2. X hat aber das Eigentum **direkt von N** gemäß § 929 S. 1 erworben. N und X sind Parteien der dinglichen Einigung, N ist **im eigenen Namen** aufgetreten. N hat an X übergeben. Ferner war N auch zur Übereignung **berechtigt**. Er war zwar nicht Eigentümer, aber gemäß § 185 Abs. 1 vom verfügungsbefugten Eigentümer E **zur Übereignung ermächtigt**.
Ohne die **Ermächtigung** durch E wäre N **Nichtberechtigter** und die Übereignung schwebend unwirksam. Würde E **genehmigen** (§ 185 Abs. 2 S. 1 Var. 1), so würde X ex tunc Eigentum erwerben.

B. Verpflichtungsermächtigung und mittelbare Stellvertretung

Unzulässig ist es hingegen nach h.M.,[446] **einen Dritten zu ermächtigen, im eigenen Namen eine Verpflichtung** (Begriff: Rn. 22) abzuschließen, die **den Ermächtigenden berechtigt und verpflichtet**. **469**

Eine solche verdeckte, **„mittelbare Stellvertretung"** ist mangels Offenkundigkeit **kein Fall der §§ 164 ff.** (s. Rn. 313). Sie fällt ferner **nicht** unter **§ 185**, da dieser nur Verfügungen betrifft. Schließlich ist **§ 185 nicht analog** anzuwenden. Es gibt keine Regelungslücke, eben weil § 164 Abs. 1 für Verpflichtungen, die Dritte treffen sollen, die Offenkundigkeit anordnet. Dem Geschäftsgegner soll kein unbekannter Vertragspartner aufgezwungen werden. Sollen die wirtschaftlichen Folgen der Verpflichtung einen geheimen Hintermann treffen, so müssen er und der für ihn auftretende Strohmann dies über eine entsprechende Abrede **im Innenverhältnis** (oft: **Auftrag**) sicherstellen.

Wenn im **Beispiel** aus Rn. 468 Rechtsgrund der Übereignung an X ein Kaufvertrag ist, den N mit X vereinbart hat, dann kommt dieser Kaufvertrag – wie die dingliche Einigung – mangels Offenkundigkeit nicht zwischen X und E, sondern zwischen X und N zustande. Die Rechte und Pflichten des Verkäufers aus §§ 433, 437 treffen dann – anders als die Übereignung wegen § 185 Abs. 1 – nicht den E, sondern den N. Damit letztlich E wirtschaftlich wie ein Verkäufer dasteht, muss N dem E seine Ansprüche gegen X abtreten – darauf hat E gegen N einen Anspruch aus § 667. Spiegelbildlich muss E den N von den Ansprüchen, die X gegen N hat, freistellen – darauf hat N gegen E einen Anspruch aus § 670.

C. Ermächtigung zu verfügungsähnlichen Verpflichtungen

Nach ganz h.L.[447] kann § 185 allerdings auf **verfügungsähnliche Verpflichtungen** angewendet werden, wenn der Ermächtigte im eigenen Namen ein **Verpflichtung zur Besitz- oder Gebrauchsüberlassung** eingegangen ist, wie etwa einen **Mietvertrag**. Der BGH[448] lehnt diesen Ansatz allerdings ab. § 185 verlange eine echte Verfügung. Zudem bestimme § 546 Abs. 2, dass der Vermieter die Sache vom Untervermieter zurückverlangen könne. Dem letztgenannten Argument ist entgegenzuhalten, dass § 546 **470**

445 Siehe auch ausführlicher AS-Skript Sachenrecht 1 (2018), Rn. 145.

446 BGH, Beschl. v. 20.03.1991 – VIII ARZ 6/90, NJW 1991, 1815; Staudinger/Schilken Vorbem. zu §§ 164 ff. Rn. 70 ff. m.w.N.; MünchKomm/Bayreuther § 185 Rn. 31 ff.

447 Vgl. zum Folgenden Staudinger/Gursky § 185 Rn. 102 ff. m.w.N.; AS-Skript Sachenrecht 1 (2018), Rn. 490.

448 BGH NJW 1991, 1815.

Abs. 2 disponibel ist, sodass der Vermieter auf diesen Anspruch (konkludent) verzichten kann. Ohnehin kommt der BGH über § 242 regelmäßig zum selben Ergebnis wie die h.L.

Die Problematik stellt sich nicht, wenn der Ermächtigte **gewerblich tätig** ist. Gemäß **§ 565 Abs. 1 S. 1** führt dann die Aufkündigung seiner Einwilligung ohnehin dazu, dass er in den Mietvertrag mit dem Dritten eintritt, sodass dieser dann ein eigenes Recht zum Besitz erlangt.

Beispiel: E gestattet V, der nicht gewerblich tätig ist, die Wohnung des E im eigenen Namen zu vermieten. V vermietet im eigenen Namen an M. E verlangt von M kurz darauf Herausgabe der Wohnung. – Eigentümer E hat gegen Besitzer M keinen Herausgabeanspruch aus § 985.
1. M hat zwar kein **eigenes Besitzrecht** (§ 986 Abs. 1 S. 1 Var. 1) aus seinem **Mietvertrag**. Vermieter des M ist nicht der E, sondern der V. Daran ändert auch eine eventuelle Aufkündigung der Vereinbarung des E mit V nichts, denn V hat nicht gewerblich an M vermietet, sodass § 565 Abs. 1 S. 1 nicht greift.
2. Ferner wird man wohl auch ein **abgeleitetes Besitzrecht** (§ 986 Abs. 1 S. 1 Var. 2) verneinen müssen, denn die bloße Gestattung des E gegenüber V, vermieten zu dürfen, gewährt dem V kein Besitzrecht, zu dessen Weiterleitung an M der V i.S.d. § 986 Abs. 1 befugt wäre.
3. Die Anmietung des M von V und die **Gestattung** des E gegenüber V, **im eigenen Namen zu vermieten**, ergeben aber **in der Gesamtschau** ein Besitzrecht des M gegenüber E. Eine Vermietung ist zwar keine Verfügung, aber sie beschränkt den Eigentümer in seinem Recht, die Mietsache frei nutzen zu können (§ 903 S. 1), ähnlich wie eine Verfügung. Die §§ 565, 566 zeigen, dass der Mieter sogar dann die Sache gegenüber dem Eigentümer besitzen darf, wenn sein Vermieter, der nicht Eigentümer ist, dies nicht mehr darf. Ob man diese Überlegung im Rahmen des § 185 Abs. 1 analog oder im Rahmen des § 242 anstellt, hat auf dieses Ergebnis keine Auswirkung.

D. Einziehungsermächtigung

471 Der **Gläubiger** einer Forderung kann **einen Dritten ermächtigen**, sie geltend zu machen (einzuziehen). Der Einzug ist bereits kein Rechtsgeschäft und daher keine Verfügung. Als Ergebnis richterlicher Rechtsfortbildung wird die Einziehungsermächtigung gleichwohl aus **§ 185 Abs. 1 analog** hergeleitet.[449] Der **Schuldner** ist **verpflichtet, an den** zum Einzug ermächtigten **Dritten zu zahlen**.

Beispiel: K hat bei der B-Bank einen Kredit aufgenommen. Zur Sicherung des Darlehens hat er Forderungen, die er gegen seine Kunden hat, an B abgetreten. Damit die schlechten finanziellen Verhältnisse des K nicht bekannt werden, hat B dem K gestattet, die nunmehr von ihr innegehabten Forderungen weiterhin im eigenen Namen einzuziehen, solange er seine Verpflichtungen gegenüber B erfüllt.

E. Empfangsermächtigung

472 Von der Einziehungsermächtigung zu unterscheiden ist die **Ermächtigung zum Empfang der Leistung** nach §§ 362 Abs. 2, 185 Abs. 1. Sie begründet die für die Erfüllungswirkung erforderliche **Empfangszuständigkeit.**[450]

Im vorherigen **Beispiel** hat B den K auch zum Zahlungsempfang ermächtigt. Mit den Zahlungen der Schuldner an K erlöschen also die Forderungen der B. Käme es nicht zur Erfüllungswirkung, so wären die Schuldner nicht verpflichtet (und sicherlich auch nicht bereit), an K zu zahlen.

***Klausurhinweis:** Die beiden letztgenannten Ermächtigungen werden regelmäßig gemeinsam erteilt, sind aber getrennt zu prüfen. Die **Einziehungsermächtigung** sprechen Sie im Bereich **„Aktivlegitimation bzw. Gläubigerstellung“** an. Die **Empfangsermächtigung** wird hingegen beim **Erlöschen des Anspruchs durch Erfüllung** relevant.*

---

449 Palandt/Grüneberg § 398 Rn. 32, m.w.N.; BGH NJW 2014, 1963.

450 Ausführlich zur Erfüllung nach §§ 362 ff. AS-Skript Schuldrecht AT 2 (2018), Rn. 1 ff.

Stichwortverzeichnis

Die Zahlen verweisen auf die Randnummern.